Karin Feuerstein-Praßer
Augusta

PIPER

Zu diesem Buch

Als Prinzessin Augusta von Sachsen-Weimar-Eisenach den preußischen Prinzen Wilhelm heiratet, kann sie nicht ahnen, dass sie einmal die erste deutsche Kaiserin werden wird. Aufgewachsen in der kulturellen Atmosphäre der Goethezeit, glänzt sie vor allem durch ihre hohe Bildung und ihren ausgeprägten Kunstsinn. Erst durch die sich überschlagenden Ereignisse der 1848-Revolution tritt die liberale und freisinnige Augusta ins Rampenlicht der Geschichte. Als Frau des preußischen Königs und späteren Kaisers versucht sie, Einfluss auf die konservative Politik Wilhelms I. zu nehmen. Aber Augusta hat einen mächtigen Feind: den »eisernen Kanzler« Bismarck, dessen kriegerische Pläne zur Einigung Deutschlands der überzeugten Pazifistin verhasst sind ...

Karin Feuerstein-Praßer, geboren 1956, studierte Geschichte, Philosophie und Politische Wissenschaften an der Universität Köln und war im Schuldienst tätig. Sie lebt heute als freie Historikerin und Autorin in Köln und veröffentlichte zahlreiche Biografienbände.

Karin Feuerstein-Praßer

Augusta

Kaiserin und Preußin

Mit zahlreichen Abbildungen im Text

Piper München Zürich

Mehr über unsere Autoren und Bücher:
www.piper.de

Von Karin Feuerstein-Praßer liegen bei Piper vor:
Die preußischen Königinnen
Die deutschen Kaiserinnen
Frauen, die aufs Ganze gingen
Augusta

FSC
www.fsc.org
MIX
Papier aus verantwortungsvollen Quellen
FSC® C083411

Originalausgabe
Mai 2011
2. Auflage Dezember 2011

Umschlag: semper smile, München
Umschlagabbildung: bpk | Stiftung Preussische Schlösser und Gärten Berlin-Brandenburg
Satz: Kösel, Krugzell
Gesetzt aus der Garamond Pro
Papier: Munken Print von Arctic Paper Munkedals AB, Schweden
Druck und Bindung: CPI – Clausen & Bosse, Leck
Printed in Germany ISBN 978-3-492-26456-3

Vorwort

Augusta – »Feuerkopf« und Friedensfürstin

2010 war bekanntlich das Jubiläumsjahr der Königin Luise, jener früh verstorbenen Lichtgestalt der preußischen Geschichte. Ihr Leben und Wirken wurde in zahlreichen Ausstellungen, Filmen, Vorträgen und neuen Publikationen gewürdigt, sie selbst damit endgültig zur »Königin der Herzen« erhoben.

Im Jahr 2011 jährt sich nun der 200. Geburtstag der Kaiserin Augusta (1811–1890), die ganz im Schatten ihrer beliebten Vorgängerin steht. Sie hat Luise natürlich niemals kennengelernt, schließlich kam die geborene Prinzessin von Sachsen-Weimar-Eisenach erst ein Jahr nach deren Tod zur Welt. Doch 1829 heiratete die junge Augusta Luises zweitältesten Sohn, den späteren deutschen Kaiser Wilhelm I., wurde also deren Schwiegertochter. Luise und Augusta – zwei Frauen, wie sie unterschiedlicher kaum hätten sein können. Augusta besaß weder das einnehmende Wesen noch die besondere Ausstrahlung der verstorbenen Preußenkönigin, im Gegenteil. Dafür aber hatte sie andere Qualitäten, die die Nachwelt allerdings kaum zur Kenntnis genommen hat. Aus diesem Grund ist Augusta schon bald nach ihrem Tod in Vergessenheit geraten. Völlig zu Unrecht.

Aufgewachsen am liberalen und kunstsinnigen Weimarer »Musenhof«, an dem noch der alte Goethe ein und aus ging, kam die erst 17-jährige Augusta anlässlich ihrer Hochzeit ins militärisch-nüchterne Berlin, eine für sie völlig fremde Welt. Ihre Ehe mit dem preußischen Prinzen Wilhelm war mit einer schweren Hypothek belastet, denn das Herz des Hohenzollern gehörte noch immer der »engelsgleichen« Elisa Radziwiłł, die aber nicht heiraten durfte. Augusta war also nur »zweite Wahl«.

Doch die junge Prinzessin biss tapfer die Zähne zusammen und nahm sich fest vor, an der Spree trotz allem glücklich zu werden. Wirklich glückliche Zeiten waren freilich selten, zumal ihr in Berlin ein geistig anregendes Klima fehlte und sie zunächst keine erfüllende Aufgabe fand. Nachdem sich Augusta in den ersten Jahren der Ehe weitgehend der Erziehung ihrer beiden Kinder Friedrich Wilhelm und Luise gewidmet hatte, erwachte in den Vierzigerjahren ihr Interesse an der Politik, das durch die 1848er Revolution in Berlin auch gleich auf eine praktische Probe gestellt wurde. Mit ihrer gemäßigt liberalen Einstellung stand Augusta am Hohenzollernhof aber ziemlich allein da, selbst wenn sich Wilhelms Haltung während der Koblenzer Jahre – er residierte dort als Generalgouverneur der preußischen Rheinprovinz – in eine »gesundkonservative« Richtung änderte und er als König von Preußen die sogenannte Neue Ära einleitete. Schwierig wurde es jedoch, als der altpreußische »Hardliner« Otto von Bismarck auf den Plan trat und 1862 zum preußischen Ministerpräsidenten ernannt wurde. Es entstand eine erbitterte Feindschaft zwischen ihm und Augusta, die fast ein Leben lang andauerte. Zunächst hatte Augusta noch geglaubt, in ihrem Sohn Friedrich Wilhelm und dessen englischer Gemahlin Vicky zwei Verbündete zu haben, weil auch sie gemäßigt liberale Reformen einforderten und die nationale Einigung Deutschlands durch »moralische Eroberungen« herbeiführen wollten. Bekanntlich kam es anders. Die deutsche Einheit war zwar auch Bismarcks Ziel, aber um sie zu erreichen, setzte er auf »Blut und Eisen« statt »Reden und Parlamentsbeschlüsse«. Die Methoden des Ministerpräsidenten, der innerhalb weniger Jahre drei Kriege anzettelte, an deren Ende 1871 die Gründung des Deutschen Reiches stand, haben Augusta entsetzt. Heute würde man sie mit Fug und Recht als Pazifistin bezeichnen. Für sie war Krieg keineswegs ein Mittel zur Durchsetzung der Politik, sondern ein barbarisches Unterfangen, das nichts als Leid und Unheil über die Menschen brachte. Auch wenn Augusta die Hände gebunden waren und sie das Blutvergießen nicht verhindern konnte, so war es ihr doch ein Herzensanliegen, wenigstens das schlimmste Leid zu lindern. Als Königin und später auch als Kaiserin arbeitete sie eng mit Henri Dunant, dem Gründer des Roten Kreuzes, zusammen, bemüht, die Not der Kriegsopfer auf beiden Seiten, nicht ausschließlich auf der deutschen, zu mildern. Nachdem sich ihr Engagement zunächst auf verwundete Soldaten beschränkt hatte, dehnte sich ihr Tätigkeitsgebiet schließlich auf die Verbesserung der hygienischen Bedingungen und der Krankenpflege überhaupt aus.

Nicht minder energisch wehrte sich Augusta im Kulturkampf gegen die Maßnahmen ihres Widersachers Bismarck und konnte zumindest durchsetzen, dass damals die Kranken pflegenden Orden nicht aufgelöst wurden.

Augusta war nämlich eine Frau von ungewöhnlicher religiöser Toleranz. Selbst evangelisch erzogen – nicht protestantisch, wie sie immer wieder betonte –, verkehrte sie trotzdem unbefangen mit Katholiken und Juden. Als sie in den Fünfzigerjahren in Koblenz lebte, machte sich ihre unvoreingenommene Haltung besonders bezahlt. Die katholischen Rheinländer, die 1815 eher widerwillig zu Preußen geworden waren, hatten sich vor allem aufgrund ihrer Konfession stets als »Untertanen zweiter Klasse« gesehen. Das änderte sich jetzt allmählich.

Doch Augusta war nicht nur die milde Wohltäterin und die preußische »Friedensfürstin«. Sie war auch jener »Feuer-

Ernst August Konstantin II
von Sachsen-Weimar-Eisenach
(1737–1758)
∞ Anna Amalia von
Braunschweig-Wolfenbüttel
(1739–1807)

Karl August
(1757–1828)
Ghzg. v. Sachsen-
Weimar-Eisenach
∞ Luise von Hessen-
Darmstadt
(1757–1830)

Paul I.
(1754–1801)
Zar v. Russland
∞ Sophie Dorothea v.
Württemberg =
Maria Feodorowna
(1759–1828)

Carl Friedrich (1783–1853)
Ghzg. v. Sachsen-Weimar-
Eisenach
∞ Maria Pawlowna
(1786–1859)
Gfstn. v. Russland

Marie (1808–1877)
∞ 1827 Carl Prz.
v. Preußen

Karl Alexander
(1818–1890)
∞ Sophie Przn.
der Niederlande

AUGUSTA
Przn. v. Sachsen-
Weimar-Eisenach
(1811–1890)
∞ 1829
Wilhelm v. Preußen
(1797–1888)
Kg. v. Preußen 1861
Dt. Kaiser
(= Wilhelm I.) 1871

Friedrich
Wilhelm IV.
(1795–1861)
∞ 1823 Elisabeth
Przn. v. Bayern
(† 1873)

Friedrich Wilhelm
(1831–1888)
Dt. Kaiser 1888
(= Friedrich III.)
∞ 1858 Victoria
Przn. v. Großbritannien

Luise
(1838–1923)
∞ 1856 Friedrich II.
Ghzg. v. Baden

Stammtafel Augusta Preußen/Sachsen-Weimar

Friedrich Wilhelm III. — ∞ — Luise Hzgn. zu Mecklenburg
(1770–1840) 1793 (1776–1810)
Kg. v. Preußen (1797)

Charlotte (1798–1860) ∞ Aleksandra Fjodorovna ∞ 1817 Nikolaus I. Zar v. Russland († 1855)	Carl (1801–1883) ∞ 1827 Marie Przn. v. Sachsen-Weimar-Eisenach	Alexandrine (1803–1892) ∞ 1822 Paul Friedrich Ghzg. v. Mecklenburg	Luise (1806–1870) ∞ Friedrich Prz. d. Niederlande	Albrecht (1809–1873) ∞ 1) 1830 Marianne Prz. d. Niederlande ∞ 1853 2) Gfn. v. Hohenau

kopf«, unter dem ihre Umgebung, einschließlich des kaiserlichen Gemahls, immer wieder zu leiden hatte: eine mitunter halsstarrige und eigensinnige Frau, die zu heftigen Wutausbrüchen neigte und es nicht ertragen konnte, die Kontrolle über ihre Umgebung zu verlieren. Bismarck schrieb später in seinen Erinnerungen über Augusta, »deren Temperament, wenn es galt, ihren Willen durchzusetzen, auch in der Rücksicht auf Alter und Gesundheit des Gemahls nicht immer die Grenze fand«.

Augusta verübelte es Bismarck, dass er schließlich mehr Einfluss auf den Kaiser hatte als sie selbst, und sie nahm es vor allem ihrer Schwiegertochter Vicky übel, dass sie ihr den einzigen Sohn entfremdete. Das führte schließlich dazu, dass sich ihre Wege trennten, menschlich wie politisch. Augusta, die so große Hoffnungen in ihren Sohn gesetzt hatte, war zutiefst enttäuscht und glaubte nicht mehr, dass er die nötigen Qualitäten für das Amt des Kaisers mitbrachte. Stattdessen setzte sie auf ihren Enkel Wilhelm, der so zum Instrument eines sich immer weiter ausdehnenden Familienkonflikts wurde und der sich schließlich eng an die Großeltern anlehnte. Zum Schluss ging Augusta sogar so weit, über ihren eigenen Schatten zu springen und ihren alten Hass auf Bismarck zu überwinden, nur um den Enkel ganz auf ihre Seite zu ziehen. Die kaiserliche Familie war völlig zerstritten.

Bekanntlich ging Augustas heimlicher Wunsch 1888 in Erfüllung. Nach dem Tod Wilhelms I. saß ihr an Kehlkopfkrebs erkrankter Sohn Friedrich III. nur 99 Tage auf dem Thron, bevor ihr Enkel als Wilhelm II. tatsächlich deutscher Kaiser wurde. Augusta starb nur knapp zwei Jahre später und hat deshalb nicht mehr einsehen können, wie sehr sie sich geirrt hatte. »Herrliche Zeiten« hatte der Kaiser seinen Untertanen versprochen. Stattdessen führte er das Deutsche Reich 1914 durch seine sprunghafte Politik in den Ersten Weltkrieg.

»Ein ganz liebenswertes und originelles Geschöpf«

Prinzessin am Weimarer »Musenhof«

Augusta, die (fast) vergessene deutsche Kaiserin

Sie war weder die »Königin der Herzen« noch eine populäre »Landesmutter« wie Deutschlands letzte Kaiserin Auguste Viktoria (1858–1921), die Gemahlin Wilhelms II. Reichskanzler Otto von Bismarck, ihr politischer Gegner, hat Augusta einmal sogar als »alte Fregatte« bezeichnet. Und selbst nach ihrem Tod sah man die Kaiserin durchaus kritisch: »Sehr geachtet, aber nicht beliebt und volkstümlich«, heißt es in einem Nachruf der *Kölnischen Zeitung* vom 8. Januar 1890. »Sie war eine geborene Kaiserin, und niemand konnte besser als sie die Majestät repräsentieren, aber es war ihr weniger verliehen, im Umgang sich schlicht, einfach und natürlich zu geben. Man glaubte, etwas Absichtliches zu merken.« Wie aber wurde Augusta so? Als sie jung war, schwärmte die höfische Gesellschaft noch von ihrer »Heiterkeit« und »Natürlichkeit«. Goethe nannte die Weimarer Prinzessin »ein ganz liebenswertes und originelles Geschöpf«. Welche Erfahrungen haben sie geprägt und schließlich so verhärtet, dass sie begann, sich gleichsam hinter einer »Maske« zu verstecken? Und was führte dazu, dass man Augusta, die preußische Königin und erste Kaiserin des Deutschen Reiches, heute fast vergessen hat?

Ein freudiges Ereignis für ganz Weimar

In Weimar war es Anfang des 19. Jahrhunderts schon wieder ruhiger geworden. Der Glanz des legendären »Musenhofs« begann allmählich zu verblassen, selbst wenn Goethe im Schloss noch immer ein und aus ging. Doch Herzogin-Mutter Anna Amalia, die einst aus ihrem Wittumspalais den berühmten Salon gemacht hatte, war 1807 gestorben. Auch Schiller und Herder lebten nicht mehr. Politisch hatte das kleine Herzogtum schwere Zeiten durchmachen müssen, nachdem Napoléon im Oktober 1806 mit seinen Truppen eingefallen war. Jetzt aber gab es endlich wieder Grund zur Freude. Am 30. September 1811 wurde im Weimarer Schloss eine kleine Prinzessin geboren und sechs Tage später auf den Namen Marie Luise Augusta Katharina getauft. Ihre Eltern waren Erbprinz Karl Friedrich von Sachsen-Weimar und seine russische Gemahlin Maria Pawlowna, eine Enkelin Katharinas der Großen. Augusta war nach der 1808 geborenen Marie das dritte Kind des Erbprinzenpaares; der 1805 geborene Sohn Alexander war allerdings schon im Säuglingsalter gestorben. Oberhaupt der fürstlichen Familie war Herzog Karl August, ein enger Freund Goethes und Sohn von Anna Amalia, die ihn und seinen jüngeren Bruder nach dem frühen Tod ihres Mannes allein aufgezogen und auch die Regentschaft geführt hatte. Das kleine Weimar konnte bekanntlich etliche bemerkenswerte Frauen vorweisen, zu denen auch Augustas Mutter Maria Pawlowna gehörte. Eher im Hintergrund hielt sich hingegen Augustas Großmutter Luise, Gemahlin des vitalen Herzogs Karl August, eine geborene Prinzessin von Hessen-Darmstadt. Und doch verehrten die Weimarer Bürger gerade sie als heimliche Heldin. Nach der Schlacht bei Jena und Auerstedt, in der Preußen im Oktober 1806 eine vernichtende Niederlage hinnehmen musste, hatte der Verbündete Karl August zunächst die Flucht ergriffen. Lediglich Luise hielt im Weimarer Schloss tapfer die Stellung, als wenig später die Franzosen anrückten. Das kleine Städtchen an der Ilm, das seit Jahrhunderten keine Kriege mehr erlebt hatte, war den Siegern schutzlos ausgeliefert. Angst und Schrecken machten sich breit, es kam zu Plünderungen, Vergewaltigungen und anderen Gräueltaten. Selbst Goethe wäre fast den marodierenden Franzosen zum Opfer gefallen, wenn seine Christiane nicht todesmutig eingeschritten wäre. Auch Herzogin Luise bewies Courage. Als Napoléon auf der Suche nach Karl August wütend die Schlosstreppen hochstürmte, trat sie ihm unbeeindruckt entgegen und erklärte dem Kaiser kühl, ihr Mann sei gerade dabei, seinen Pflichten nachzugehen. Dann drehte sie sich um und ließ den verdutzten Napoléon einfach stehen. Beeindruckt von dem souveränen Auftritt der sonst eher schüchternen Herzogin befahl Napoléon, der Feldherr, seinen Soldaten, die Plünderungen unverzüglich einzustellen. Doch die Kriegslasten waren hart genug. Als Karl August Ende 1806 nach Weimar zurückkehrte, musste er, um seinen Herzogstitel zu behalten, nicht nur dem Rheinbund beitreten, sondern an Frankreich auch Kontributionen in Millionenhöhe zahlen.

Weimar im Glanz russischer Pracht

Durch die Hochzeit des Erbprinzen Karl Friedrich mit der russischen Großfürstin Maria Pawlowna war im November 1804 ganz neuer Glanz nach Weimar gekommen, und das sogar im wahrsten Sinne des Wortes. Um die reiche Aussteuer der 18-jährigen Zarentochter von St. Petersburg an die

Ilm zu transportieren, mussten 80 Planwagen eingesetzt werden! Marias kostbare Besitztümer wurden nach ihrer Ankunft mehrere Wochen lang im Weimarer Schloss ausgestellt, um den Bürgern die Gelegenheit zu geben, die Reichtümer ihrer neuen Erbprinzessin und künftigen Herzogin gebührend zu bewundern: Porzellan, Gold und Silber, Möbel, Tapeten, Gobelins, Spiegel, Kronleuchter, Vasen, Gläser, Stoffe und natürlich Marias prächtige Garderobe. Und das war noch nicht alles. Hinzu kam nämlich, dass Maria Pawlowna auch künftig mit finanziellen Zuwendungen aus dem Zarenhaus rechnen konnte.

Dass die Deutschkenntnisse der jungen Russin eher rudimentär waren, stellte kein großes Problem dar. In Hofkreisen sprach man ohnehin meistens Französisch.

Die Frage war natürlich: Wie kam eine russische Großfürstin aus dem Hause Romanow, einer der mächtigsten und reichsten Dynastien des Kontinents, in das kleine und politisch eher unbedeutende Herzogtum Sachsen-Weimar-Eisenach? Und das, obwohl die Weimarer protestantisch waren, während Maria Pawlowna russisch-orthodox erzogen wurde und ihren Glauben auch weiterhin beibehielt? Liebe, so viel steht fest, war mit Sicherheit nicht im Spiel gewesen, und Karl Friedrich galt, anders als sein Vater, auch nicht als Mann von besonderer Ausstrahlung und intellektueller Brillanz. Tatsächlich war die Verbindung eine Idee ebendieses Vaters gewesen. Karl August wusste, dass es nur noch eine Frage der Zeit sein würde, bis das marode Heilige Römische Reich Deutscher Nation auseinanderbrechen würde. Deswegen hielt er es für ratsam, sich frühzeitig nach mächtigen Bündnispartnern umzusehen. Schon im März 1799 hatte der Weimarer Herzog einen seiner Diplomaten nach St. Petersburg gesandt, um Zar Paul I. (1756–1801) und dessen deutschstämmiger Gemahlin Maria Fjodorowna (Sophie Dorothea von Württemberg) die Hochzeitspläne zu unterbreiten. Man wurde sich schneller einig, als Karl August zu hoffen gewagt hatte. Das Zarenpaar hatte mehrere Töchter, die alle standesgemäß und politisch vorteilhaft verheiratet werden mussten. Da schien es naheliegend, dynastische Verbindungen mit verschiedenen europäischen Herrscherhäusern zu knüpfen. Doch noch waren die Hochzeitspläne nicht in trockenen Tüchern. Als der despotische Paul I. 1801 einem Attentat zum Opfer fiel, atmete zwar ganz Europa auf, doch Karl August war unsicher, ob auch dessen Sohn, der neue Zar Alexander I., das vom Vater gegebene Heiratsversprechen einhalten würde. Und so schickte er seinen bewährten Diplomaten Wilhelm von Wolzogen ein weiteres Mal nach St. Petersburg, um die Lage zu sondieren. Nachdem dieser schließlich mit guten Nachrichten nach Weimar zurückgekommen war, konnten Karl Friedrich und Maria Pawlowna am 3. August 1804 vor den Traualtar treten.

Alexander I. wusste, dass seine jüngere Schwester am Weimarer »Musenhof« eine gute Figur machen würde. Tatsächlich fügte sich Maria von Anfang an klug in die eher bescheidenen Verhältnisse ein und verzauberte ihre Umgebung mit jugendlichem Charme und großer Freundlichkeit. Goethe bezeichnete sie später schmeichelhaft als »eine der besten und bedeutendsten Frauen ihrer Zeit«. Doch was Maria Pawlowna bei der Bevölkerung wirklich beliebt machte, war ihr unermüdlicher Einsatz für Kranke und Bedürftige, mit dem sie sich schließlich den ehrenvollen Namen »Engel der Armen« erwarb. Seit dem Ende der Napoleonischen Kriege widmete sie sich intensiv karitativen Tätigkeiten – kümmerte sich um die Pflege von Verwundeten, die Betreuung der Kriegswitwen und die Linderung der allgemeinen Armut überhaupt. So wurde Maria Pawlowna zum »Motor« einer breiten Wohlfahrtsbewegung, die sie durch großzügige Spenden aus ihrem Privatvermögen zusätzlich förderte. Ein Schwerpunkt ihrer Arbeit galt vernachlässigten Kindern. Sie sorgte dafür, dass die Kleinen wenigstens ein Mindestmaß an Ausbildung erhielten, um den Anforderungen einer Welt im Aufbruch in die Moderne gewachsen zu sein. Es waren erste, aber durchaus wichtige Schritte in ein gesellschaftliches Neuland, das ohne Maria Pawlownas Engagement wahrscheinlich noch lange Zeit brachgelegen hätte. In diesem Sinne hat die Erbprinzessin auch ihre Kinder erzogen und vor allem bei Augusta ein großes Mitgefühl für die Kranken und Bedürftigen geweckt.

Fürstliche Kindererziehung

Augusta, ihre Schwester Marie und der 1818 geborene Bruder Karl Alexander wuchsen im Wesentlichen genauso auf wie andere Fürstenkinder auch. Gleich nach der Geburt wurden sie der Obhut einer mütterlichen Kinderfrau übergeben. In diesem Fall war es Amalie Batsch (1786–1847 oder 1852), an der Augusta bis zu deren Tod in zärtlicher Liebe hing und mit der sie auch als erwachsene Frau noch regelmäßig korrespondierte. Frau Batsch kümmerte sich nicht nur zuverlässig um das Wohlergehen ihrer Schützlinge, sie hielt die viel beschäftigte Maria Pawlowna auch schriftlich darüber auf dem Laufenden. Von 1808 bis 1843 erhielt die Mutter ausführliche Berichte über die Entwicklung ihrer Kinder, meist wöchentlich, mitunter sogar täglich. Und das selbst noch, als Augusta und Marie schon längst in Berlin verheiratet waren. Sie nahmen ihr geliebtes »Bätschchen« nämlich mit an die Spree, damit sie in bewährter Weise auch für den Nachwuchs der Prinzessinnen sorgen konnte.

Bei Amalie Batsch fand Augusta die Nestwärme, die ihr die

Mutter schon allein aus Zeitmangel nicht geben konnte. Und doch hat sie es ihrer aufopferungsvollen Kinderfrau nicht immer leicht gemacht. Frau Batsch charakterisierte ihren Schützling nämlich als »heftiges, energisches, starkes Kind«, das seine Umgebung mit Sturheit und Wutausbrüchen in Atem hielt. Diese Eigenschaften behielt Augusta ein Leben lang bei. Kaiser Wilhelm, ihr späterer Gemahl, pflegte sie deshalb nicht nur als »Feuerkopf« zu bezeichnen, er hat unter ihren Ausbrüchen auch erheblich gelitten. Doch dazu kommen wir später. Zunächst einmal war es wohl eher Marie, die zu leiden hatte. Charlotte von Schiller, Witwe des 1805 verstorbenen Dichters, fiel häufiger auf, dass sich die drei Jahre Ältere viel von ihrer kleinen Schwester gefallen lassen musste.

Doch auch ein »Feuerkopf« hatte sich aristokratischen Zwängen zu beugen. Augusta wurde, wie ihre Geschwister, von Anfang an zu strenger Pflichterfüllung erzogen. »Eine Prinzessin darf niemals müde werden«, pflegte Maria Pawlowna zu sagen, eine Maxime, die sie freilich auch selbst beherzigte. Augusta hatte einen vollen Stundenplan, der eine umfassende Bildung ebenso berücksichtigte wie die höfische Etikette, der sich die Prinzessin unterwerfen musste. Für Launen und Allüren gab es hier keinen Platz, auch wenn es in den Aufzeichnungen der Lehrer hin und wieder heißt: »Prinzessin Augusta war heute nicht so aufmerksam wie sonst.« Auf dem Stundenplan standen Sprachen wie Französisch und Russisch, Geschichte, Geografie und natürlich Religion. Der protestantische Glaube spielte in Augustas gesamtem Leben eine bedeutende Rolle. Die religiöse Unterweisung der Fürstenkinder erfolgte weitgehend im Sinne des verstorbenen Hofpredigers Johann Gottfried Herder (1744–1803), der 1776 nach Weimar gekommen war. Der Schriftsteller und evangelische Theologe war ein Vertreter des Humanitätsideals und eines Christentums, das nicht ausschließlich auf althergebrachten Dogmen basierte, sondern auf praktizierter Nächstenliebe. Augusta lernte also schon frühzeitig, sich ihre eigenen Gedanken zur Religion zu machen. Häufig begleitete sie auch ihre Mutter zum russisch-orthodoxen Gottesdienst, wo sie einen ganz anderen Ritus kennenlernte als den vergleichsweise nüchternen der evangelischen Kirche. Hier, in der weihrauchgeschwängerten mystischen Atmosphäre, fühlte sie sich Gott ganz besonders nahe. So wurde damals die Grundlage für Augustas ungewöhnliche Toleranz in religiösen Dingen begründet, eine durchaus fortschrittliche Haltung, die ihr aber in späteren Jahren noch eine Menge Ärger bereiten sollte.

Auch die musische Seite des Unterrichts kam nicht zu kurz. Es gab Klavierstunden, Tanz- und Malunterricht. Um das Zeichentalent der Prinzessin zu fördern, hatten die Eltern eigens die Künstlerin – und ab 1837 sächsische Hofmalerin – Louise Seidler (1786–1866) engagiert, die auf ausdrückliche Empfehlung Goethes angestellt wurde. Die Malerin war eine begeisterte Anhängerin der Nazarener, einer 1809 gegründeten Künstlergruppe, die sich durch eine romantische Rückbesinnung auf die »alten Meister« und die Konzentration auf religiöse Motive auszeichnete. Heutzutage werden die Werke der Nazarener in der Regel als etwas »kitschig« bezeichnet, doch Augustas späterer Kunstgeschmack wurde durch den Unterricht von Louise Seidel maßgeblich geprägt.

Pflichterfüllung und Entbehrungen

Zur Erziehung der Prinzessinnen gehörte auch das Zeremoniell des »Zirkelhaltens«, eine eher ermüdende Prozedur, die von den fürstlichen Herrschaften jedoch mit hoheitlichem Verhalten, Charme und Würde durchgeführt werden musste.

Das »Zirkelhalten« lag wohl kaum jemandem im blauen Blut und musste daher erst mühsam erlernt werden – vor einer Anzahl leerer Stühle. Auch Augusta musste immer wieder an solchen Sitzreihen vorbeigehen, freundlich lächeln und »jedem Stuhl« etwas Nettes und Verbindliches sagen. So etwas gab es nicht nur in Weimar, es war an allen Fürstenhöfen üblich. Schließlich erwartete man von einer Prinzessin, dass sie bei einem feierlichen Empfang Hunderte von Gästen mit liebenswürdiger Sicherheit und formvollendeter Höflichkeit begrüßte. Sprachliche Gewandtheit war dabei ebenso wichtig wie eine tadellos aufrechte Haltung. Augusta hat deshalb später einen Holzstab zwischen den Schultern getragen, der sie daran hindern sollte, einen unmajestätisch krummen Rücken zu machen. Er hat jedoch ihre Bewegungsfähigkeit derartig beeinträchtigt, dass sie mehrmals schwer gestürzt ist. Auch ein solcher Holzstab war damals nichts Ungewöhnliches, ebenso wie eine Brettvorrichtung, die man benutzte, um die Füße an das gerade Voranschreiten zu gewöhnen und einen »Watschelgang«, wie man ihn später Queen Victoria nachsagte, zu vermeiden.

Trotz des vielseitigen Lehrprogramms scheint Augusta eine recht unbeschwerte Kindheit verlebt zu haben. Charlotte von Schiller glaubte zumindest, die beiden Weimarer Prinzessinnen seien »glücklich wie die Engel« gewesen. Nur eines hat Augusta offenbar missfallen: ihre angeblich unzureichende Ernährung. Zumindest behauptete sie später, sie habe sich in ihrer Kindheit niemals so richtig satt essen dürfen. Die spärliche Kost – bei der offenbar Schwarzwurzeln eine wichtige Rolle spielten – habe ihrer Gesundheit auf Dauer geschadet und sei Ursache für die geringe Widerstandskraft ihres Körpers gewesen. So ganz mag man das nicht glauben. Die Behauptung erinnert ein wenig an die Memoiren der Wilhelmine von Bayreuth, die ebenfalls beklagte, sie und ihre Geschwister hätten nie genug zu essen bekommen. Dass mehrere Kinder des »Soldatenkönigs« Friedrich Wilhelm I. eher als mollig zu bezeichnen waren, scheint Wilhelmines Angaben jedoch zu widersprechen. Auch Augusta war als junges Mädchen alles andere als eine »Bohnenstange«, sondern schon »sehr formiert«, wie wir es zuverlässig von ihrem späteren Bräutigam wissen, Prinz Wilhelm von Preußen. Dennoch kann ihre Behauptung nicht ganz von der Hand gewiesen werden. Zu Beginn des 19. Jahrhunderts war es an allen europäischen Fürstenhöfen üblich, die Portionen für die Kleinen überschaubar zu halten. Genau das entsprach nämlich dem damaligen Erziehungsprinzip. Der Pädagoge Joachim Heinrich Campe (1746–1818) vertrat die Ansicht, Kinder sollten von frühester Jugend an Mäßigung und Enthaltsamkeit gewöhnt werden. Ein leider unbekannter Zeitgenosse schrieb sogar: »Ich glaube, ihnen eine der höchsten Glückseligkeiten zu schenken, wenn ich sie entbehren lehre. Meine Kinder haben schon vom dritten Jahre an sich die Versagung der Speisen, welche auf dem Tische standen, ohne Tränen gefallen lassen und sich mit der gemeinsten Kost, oft hartem Brot, begnügt.« Denn – so seine Begründung, »so schnell die kräftig genährten Kinder blühen, so schnell welken sie auch«. Tatsächlich aber hoffte man, durch eine asketische Ernährung das Erwachen der Sexualität so lange wie möglich hinauszögern zu können: »Junge Leute, mit magerer Kost ernährt … entwickeln ihre Lüste später.« Und bei einer Prinzessin war es natürlich besonders wichtig, dass sie bis zu ihrer Heirat einen untadeligen Ruf besaß und nicht mit irgendwelchen Skandalgeschichten in Verbindung gebracht wurde.

Politischer Neubeginn

Zunächst war Augusta noch viel zu klein, um die politischen Wirren ihrer Zeit bewusst mitzuerleben. Inzwischen nämlich war das geschehen, was ihr kluger Großvater schon längst vorausgesehen hatte: Das Heilige Römische Reich Deutscher Nation, das seit der Zeit Karls des Großen existierte und zum Schluss nur noch als »lebendiger Leichnam« dahinsiechte, war zusammengebrochen. Auf Druck Napoléons musste Franz II. 1806 in Wien seine Krone niederlegen und künftig als österreichischer Kaiser Franz I. weiterregieren. Das entstandene Vakuum füllte Napoléon zum Teil durch die Gründung des Rheinbunds, dem 16 Fürsten aus Süd- und Mitteldeutschland beitraten und die »Seine Majestät, den Kaiser der Franzosen« zum Protektor ausriefen. Auch Karl August war bekanntlich widerwillig zum Mitglied des Rheinbunds geworden. Doch mit dem gescheiterten Russlandfeldzug hatte der »kleine Korse« den Zenit seiner Macht überschritten. Ende Februar 1813 schloss Russland ein Bündnis mit Preußen, dem auch Österreich beitrat. Karl August beeilte sich daraufhin, die Seiten zu wechseln, wenngleich Goethe noch im selben Jahr in Anspielung auf Napoléon zu den Deutschen sagte: »Schüttelt immer an euren Ketten, ihr werdet sie nicht zerbrechen, der Mann ist zu groß.« Aber bald musste Goethe seinen Irrtum einsehen. In der Völkerschlacht bei Leipzig im Oktober 1813 konnten die Verbündeten das napoleonische Heer nach schweren Kämpfen besiegen. Das war der Anfang vom Ende. Mit der Schlacht bei Waterloo 1815 war Napoléons Schicksal endgültig besiegelt. Er wurde auf die Atlantikinsel St. Helena verbannt, wo er sechs Jahre später verbittert starb.

Unterdessen hatte der Wiener Kongress 1814/15 bereits eine Neuordnung Europas durchgeführt, aus der der Deutsche Bund hervorgegangen war. Dabei handelte es sich um ein lockeres Bündnis von 35 Fürstenstaaten und vier freien Städten. Nach der Verfassung waren sie durch jeweils mindestens einen Gesandten im Bundestag in Frankfurt am Main vertreten. Den Vorsitz führte Österreich unter seinem Staatskanzler Fürst Metternich.

Fortschrittliches Weimar

Nach der unruhigen Zeit, die die europäischen Staaten durchgemacht hatten, standen jetzt alle Zeichen auf Wiederherstellung der alten Ordnung und der »Erhaltung der äußeren und inneren Sicherheit Deutschlands«. Es begann die träge Epoche des Biedermeier. Zwar hatte Artikel 13 der Bundesakte versprochen: »In allen Bundesstaaten wird eine landständische Verfassung stattfinden«, doch das nahm kaum einer der Fürsten wirklich ernst. Rühmliche Ausnahme war Augustas Großvater, den man im Februar 1815 zum Großherzog von Sachsen-Weimar-Eisenach befördert hatte. Als Karl August am 5. Mai 1816 die Verfassung für sein Großherzogtum unterzeichnete, war er der erste deutsche Fürst, der diese Zusage einlöste – und blieb auch für längere Zeit der einzige. In den nächsten Jahren machte Karl August aus seinem kleinen Land einen vergleichsweise liberalen Staat. Außer der Verfassung setzte er die Pressefreiheit durch und unterstützte die damals fortschrittlichen Burschenschaften, die Jenaer Studenten im Juni 1815 gegründet hatten. Viele kannten sich aus den Freiwilligenverbänden der Befreiungskriege, als sie 1813 für Freiheit und Einheit des deutschen Vaterlandes gekämpft hatten. Jetzt aber sahen sie sich betrogen, der hohe Blutzoll schien umsonst gewesen zu sein. Doch sie wollten auch künftig für die nationale Einigung Deutschlands eintreten und »Flagge zeigen«. Mit ihren schwarz-rot-goldenen Fahnen, die die Farben der Lützower Jäger* trugen, demonstrierten sie deutlich sichtbar für ihre Forderungen. Es dauerte nicht lange, bis sich ihnen auch Studenten von anderen deutschen Universitäten anschlossen.

Großherzog Karl August verfolgte das Treiben der Burschenschaftler mit großer Sympathie. Als die jungen Leute für den 18. und 19. Oktober 1817 zum dritten Jahrestag der Leipziger Völkerschlacht und zur 300-Jahr-Feier von Luthers Wittenberger Thesenanschlag auf die Wartburg bei Eisenach einluden, gewährte ihnen der Großherzog seine Unterstützung. Fürsorglich stellte er den »Burschen« sogar Brennholz zu Verfügung, um den Räumen des alten Gemäuers eine wohlige Atmosphäre zu verleihen. Vergleichbares wäre wohl in kaum einem anderen deutschen Land möglich gewesen. Zum »Wartburgfest« kamen mehr als 500 Studenten und mehrere angesehene Professoren aus Jena. Sie sangen vaterländische Lieder, hielten hitzige Reden und mahnten die deutsche Einheit und Freiheit an. Reaktionäre Kräfte wie Fürst Metternich verspotteten den »Schirmherrn« Karl August daraufhin als »Altburschen«, doch Augustas Großvater dürfte darin eher einen Ehrentitel gesehen haben.

Hausfreund Goethe

Somit wuchs Augusta am Hof von Weimar im Spannungsfeld zwischen strenger höfischer Etikette und vergleichsweise liberaler Politik auf. Beides hat sie entscheidend geprägt.

---

* Das Lützowsche Freikorps war eine Freiwilligeneinheit der preußischen Armee während der Befreiungskriege. Es unterstand dem Kommando des Major von Lützow. Die Uniformen waren schwarz mit roten Aufschlägen und goldfarbenen Messingknöpfen.

Gewissermaßen »zur Familie« gehörte auch Johann Wolfgang von Goethe, der schon seit 1775 in Weimar lebte und dem Hof seither eng verbunden war.

Ebenfalls 1775 war Karl August 18 Jahre alt und somit volljährig geworden. Nachdem bislang seine Mutter Anna Amalia die Regentschaft für ihn geführt hatte, konnte er künftig selbst als Herzog von Sachsen-Weimar-Eisenach regieren. Der Start in sein neues Leben sollte auch gleich mit einer Hochzeit besiegelt werden. Als Karl August im Oktober 1775 nach Karlsruhe reiste, um Luise von Hessen-Darmstadt zu heiraten, machte er auch in Frankfurt Station. Hier traf er sich mit dem 26-jährigen Goethe, dem er bereits im Vorjahr zum ersten Mal begegnet war. Die beiden jungen Männer verstanden sich ausgesprochen gut, und schließlich lud Karl August den Poeten sogar ein, ihn nach Weimar zu begleiten. Sein Angebot galt freilich weniger dem unlängst berühmt gewordenen Autor des *Werther* als vielmehr dem staatspolitisch orientierten Juristen, von dessen Fachwissen sich der unerfahrene Herzog eine Menge erhoffte. Sachsen-Weimar-Eisenach war damals mit seinen rund 100 000 Einwohnern nicht nur ein kleines, sondern auch ein armes Land. Die Agrarwirtschaft erzielte keine großen Erträge, und die Industrie war erst ansatzweise entwickelt. Karl August konnte also jeden klugen Kopf gut gebrauchen! Der Zeitpunkt des Zusammentreffens mit Goethe hätte günstiger kaum sein können. Der Dichter hatte soeben seine Verlobung mit Lili Schönemann gelöst und suchte nicht nur beruflich nach neuen Perspektiven. So kam er am 7. November 1775 nach Weimar – und blieb dort bis zu seinem Tod 1832.

Während sich Karl August freute, einen tüchtigen Juristen an Land gezogen zu haben, war seine Mutter Anna Amalia aus ganz anderen Gründen von dem »Neuzugang« begeistert. Dieser bemerkenswerten Frau, Augustas Urgroßmutter,

Herzogin Anna Amalia, Augustas Urgroßmutter, war die Begründerin des Weimarer »Musenhofs«

wollen wir uns ein wenig genauer widmen. Anna Amalia, eine geborene Prinzessin von Braunschweig-Wolfenbüttel und Nichte Friedrichs des Großen, war 1756 mit 17 Jahren als frischgebackene Herzogin nach Weimar gekommen. Kurz zuvor hatte sie daheim im Braunschweiger Schloss den nur zwei Jahre älteren Ernst August II. Konstantin geheiratet, der gleichwohl schon als Herzog von Sachsen-Weimar-Eisenach große Verantwortung trug. Die Stadt Weimar, die heute nicht nur mit klangvollen Namen wie Goethe und Schiller in Verbindung gebracht wird, sondern auch mit Anna Amalia selbst, war damals noch ein dorfähnliches Städtchen mit gerade mal 6000 Einwohnern. Die Gassen waren eng und verwinkelt, die meisten Gebäude noch mit Stroh oder Holzschindeln gedeckt. Ansehnliche Bürgerhäuser suchte man vergeblich. Anna Amalias Eltern, Karl I. und Charlotte von Braunschweig-Wolfenbüttel, machten sich große Sorgen, ob ihre Tochter in ihrer neuen Heimat Fuß fassen würde. Am 3. September 1757 brachte die junge Herzogin ihr erstes Kind zur Welt, Erbprinz Karl August. Nur wenige Monate später war sie erneut schwanger. Doch Konstantin, der zweite Sohn, der im September 1758 das Licht der Welt erblickte, lernte seinen Vater nicht mehr kennen. Der Herzog starb im Mai 1758 kurz vor seinem 21. Geburtstag. Wenngleich der junge Mann seit jeher eine äußerst schwache Gesundheit gehabt hatte, so kam sein Tod doch völlig überraschend. Die eigentliche Todesursache wurde nie geklärt, eine Obduktion ergab lediglich, dass mehrere Organe angegriffen waren. Jetzt, da Anna Amalia Witwe geworden war, wurden die Sorgen der Eltern noch größer, denn sie hatten kein großes Vertrauen in die Fähigkeiten ihrer Tochter, die immer so etwas wie das »hässliche Entlein« der Familie gewesen war. Tatsächlich stand Anna Amalia vor einer schier unlösbaren Aufgabe, doch vielleicht war es gerade das, was sie antrieb, sich in einen »stolzen Schwan« zu verwandeln. Von 1758 bis 1775 führte sie nicht nur die Regentschaft für ihren unmündigen Sohn, sie legte auch den Grundstein für die kulturelle Entwicklung Weimars. Anna Amalias Initiative ist es zu verdanken, dass aus dem unscheinbaren Städtchen an der Ilm binnen kurzer Zeit ein Zentrum des Geisteslebens wurde, Brennpunkt der deutschen Literatur in ihrer Glanzzeit. Wirklich geplant war das freilich nicht. 1772 holte die Herzogin Christoph Martin Wieland nach Weimar, weil sie dringend einen kompetenten Erzieher für ihre pubertierenden Söhne brauchte. In dieser Hinsicht hatte sie Wielands Qualitäten zwar überschätzt, doch unter seinem Einfluss begann das brachliegende Weimarer Geistesleben allmählich aufzublühen.

Und schließlich ist es Anna Amalias Verdienst, dass die seit 1991 nach ihr benannte Bibliothek noch heute existiert. Die Herzogin drängte nämlich darauf, die wertvolle und umfangreiche Büchersammlung aus dem Weimarer Stadtschloss in das nahe gelegene sogenannte Grüne Schloss zu verlagern. Auf diese Weise rettete sie die kostbaren Bände und Handschriften vor den Flammen, als das Stadtschloss 1774 niederbrannte. Der dreigeschossige Bibliothekssaal hatte sein Vorbild vermutlich in der alten Bibliothek von Wolfenbüttel, ihrem Geburtsort und dem damaligen »Arbeitsplatz« des Schriftstellers Gotthold Ephraim Lessing. In Weimar übernahm natürlich Goethe eine Zeit lang die Stellung des Hofbibliothekars.

Nachdem Karl August 1775 volljährig geworden war und die Regierungsgeschäfte selbst übernommen hatte, machte Anna Amalia aus ihrem Haus einen Salon. Sie lud Dichter und Wissenschaftler, Philosophen und Generäle zum geistigen Austausch ins Weimarer Wittumspalais, wo sie bis zu ihrem Tod 1807 lebte. Hier diskutierte man über »Gott und die Welt«, las sich gemeinsam vor und führte sogar kleine Theaterstücke auf. Goethe erinnerte sich später: »Anna Amalia gefiel sich im Umgang mit geistreichen Personen und freute sich, Verhältnisse dieser Art anzuknüpfen.« Wenngleich es in höfischen Kreisen noch immer üblich war, sich des Französischen zu bedienen, so ermunterte Anna Amalia ihre Gäste doch immer wieder, die deutsche Sprache zu benutzen, die auf diese Weise allmählich »hoffähig« wurde. Damit führte sie eine Tradition fort, die bereits ihre Mutter Charlotte, eine Schwester Friedrichs des Großen, in Braunschweig begründet hatte. Der Preußenkönig selbst hingegen verachtete die deutsche Sprache und behauptete, sie sei nur die Sprache der »Kutscher und Knechte«. Er selbst sprach in der Regel französisch und konnte sich im Deutschen – schriftlich wie mündlich – nur recht unbeholfen ausdrücken.

Es versteht sich von selbst, dass Goethe rasch zum Mittelpunkt des Weimarer »Musenhofs« wurde, nicht nur als brillanter Dichter und geistreicher Gesprächspartner. Er erwies sich auch als geschmeidiger Höfling, der bereitwillig sein Talent zur Verfügung stellte, wenn anlässlich von Geburten, Jubiläen und Hochzeitstagen ein passendes Gedicht benötigt wurde.

Bis 1788 fungierte Goethe zudem als Staatsminister. In dieser Funktion half er Karl August, das Rechtswesen zu reformieren, Land- und Forstwirtschaft zu erneuern und nicht zuletzt natürlich Kunst und Wissenschaft zu fördern. So regte er die Gründung des Weimarer Hoftheaters und den Ausbau der Landesuniversität Jena an.

Der Herzog und der Dichter waren ein gutes Gespann, nicht nur politisch, sondern auch privat. Sie verbrachten so manche durchzechte Nacht miteinander, sehr zum Leidwesen von Herzogin-Mutter Anna Amalia. Überhaupt war das Privatleben des vitalen Herzogs keineswegs makellos. Seine

Gemahlin Luise (1757–1830) hatte ein schweres Ehelos gezogen. Sie war eine introvertierte und schwermütige Frau, die nicht nur ganz im Schatten der beliebten Anna Amalia stand, sondern auch die Gunst des Gatten mit anderen Damen teilen musste. Eine ihrer Rivalinnen war die Weimarer Schauspielerin Karoline Jagemann (1777–1844).

»Es ist von jeher mein Los gewesen, verkannt zu sein«, schrieb Luise einmal ziemlich verbittert, »denn ich habe nicht die Gabe, dasjenige, was ich im Innersten meines Herzens fühle, darzubringen.« Diese Charaktereigenschaften hat Augusta wohl von ihrer Großmutter geerbt, ebenso wie eine eher pessimistische Sicht der Dinge, die ihr später den Namen »Kassandra« einbrachte. Hinzu kamen die Neigung, alles schwerzunehmen, das ernste Wesen und das unsinnliche Temperament.

Doch mochte Karl August auch ein miserabler Ehemann sein, als Staatsmann hat er sich durchaus bewährt. Als die französische Schriftstellerin Madame de Staël (1766–1817) im Jahr 1803 Deutschland bereiste, schrieb sie: »Von den deutschen Fürstentümern macht keines die Vorzüge eines kleinen Landes, wenn sein Oberhaupt ein Mann von Geist ist, der, ohne dass dadurch der Gehorsam aufhörte, seinen Untertanen auch zu gefallen suchen kann, besser als in Weimar … Die militärischen Talente des Herzogs stehen in allgemeinem Ansehen, und seine pikante, durchdachte Unterhaltung erinnert immerfort daran, dass er von Friedrich dem Großen geschult worden ist. Sein Geist und der seiner Mutter haben die bedeutendsten Schriftsteller nach Weimar gezogen. Deutschland hatte hier zum ersten Mal eine literarische Hauptstadt.« Für Napoléon war das zu viel des Lobes. Auf seine Anordnung musste de Staëls Buch *Über Deutschland* später vernichtet werden.

»Sie kann schon mitsprechen in der Welt« – Augusta und Goethe

Auch als Goethe schon längst seine politischen Ämter niedergelegt hatte, um sein Leben völlig der Kunst und Wissenschaft zu widmen, unterhält er weiterhin beste Kontakte ins (groß)herzogliche Schloss. Für Augusta wurde der Dichter so etwas wie ein großväterlicher Freund. Zu ihrem neunten Geburtstag am 30. September 1820 schrieb er der kleinen Prinzessin ein Gedicht, das mit den Zeilen begann: »Alle Pappeln in den Lüften, jeder Strauch in seinen Düften, alle sehn sich nach Dir um …«

Hin und wieder widmete Goethe Augusta und ihrer Schwester Marie seine kostbare Zeit auch persönlich. Dann erzählte er ihnen Märchen aus fernen Ländern, berichtete »allerlei Merkwürdiges aus dem Orient« und versuchte, den Prinzessinnen chinesische und arabische Schriftzeichen beizubringen. Am 7. September 1820 beobachteten die drei eine Sonnenfinsternis, und es war für Goethe ein besonderes Vergnügen, den staunenden Mädchen das seltene Naturereignis zu erklären. Ganz ohne Zweifel hat Augusta von der Anwesenheit des berühmten Dichters profitiert. Von der schöngeistigen Atmosphäre am Weimarer Hof wurde sie sicherlich geprägt, aber keinesfalls inspiriert. Erstaunlicherweise ist die deutsche Dichtung Augusta ein Leben lang fremd geblieben. Goethe wäre gewiss enttäuscht gewesen, hätte er noch erlebt, dass die Prinzessin später fast ausschließlich französische Bücher las. Auch ansonsten besaß Augusta kein überdurchschnittliches künstlerisches Verständnis. Zwar malte und musizierte sie auch noch in späterer Zeit, kam aber nicht über das Stadium einer Dilettantin hinaus. In keinem dieser Bereiche zeigte sich eine besondere Begabung.

Und doch war Augusta ein Mädchen von wacher Intelligenz. Schon Goethe freute sich über die Lebhaftigkeit der Prinzessin, er hielt die damals 12-Jährige für ein »ganz liebenswürdiges und originelles Geschöpf«, rühmte »ihren hellen Verstand, die hohe Bildung, das reiche Wissen«. Voll Überzeugung versicherte er: »Sie kann schon mitsprechen in der Welt.« Und genau das hat Augusta auch ihr Leben lang getan.

Außer Goethe haben sich aber noch andere Zeitgenossen anerkennend über die heranwachsende Augusta geäußert. So schrieb Wilhelm von Humboldt, der sich häufiger in Weimar aufhielt, damals an seine Frau: »Man kann sich nicht hübscher, lebendiger und geistvoller ausdrücken, als sie es tut.« Und in einem Brief an den Freiherrn vom Stein heißt es: »Ihr lebendiger und durchdringender Geist spricht aus ihrem Blick. Ihre Züge sind im höchsten Grad bedeutungsvoll.«

Die russischen Wurzeln

Und doch gab es einen dunklen Schatten in Augustas Leben, über den sie aber nie wirklich gesprochen hat: ihre russische Familie. 1824/25 reiste sie mit ihren Eltern und Schwester Marie zum ersten Mal nach St. Petersburg, die Heimat von Maria Pawlowna, wo jetzt ihr Onkel Alexander I. residierte. Vermutlich war das Schicksal der Zarenfamilie in Weimar nie ein Thema gewesen. Doch es ist anzunehmen, dass Augusta mehr über die dunklen Geheimnisse wusste, als ihre Eltern ahnten.

Der Aufstieg Russlands zu einer europäischen Großmacht war untrennbar mit der Zarendynastie der Romanows verbunden. Im 16. Jahrhundert gehörte die Familie noch dem russischen Dienstadel an, rückte aber ins Zentrum der Macht vor, als Iwan IV. – genannt Iwan der Schreckliche – 1547 Anastasija Romanowa heiratete. Nach einer Zeit politischer Wirren wurde 1613 überraschend Michael Fjodorowitsch aus der Familie der Romanows zum neuen Zaren gewählt. Seitdem herrschte die Dynastie uneingeschränkt über Russland und drückte ihm ein autokratisches Regierungssystem auf, das sich in den zwei darauffolgenden Jahrhunderten kaum veränderte. Die deutlichsten Spuren in der Geschichte hinterließen der »Modernisierer« Peter der Große, Gründer der neuen Hauptstadt St. Peterburg – die übrigens nicht nach dem durch und durch weltlichen Zaren, sondern nach dem heiligen Petrus benannt wurde –, sowie die deutschstämmige Katharina die Große, eine geborene Prinzessin von Anhalt-Zerbst und Augustas Urgroßmutter.

1762 hatte sie ihren Ehemann Peter III. vom Thron gestürzt und sich als Katharina II. selbst zur neuen Zarin gemacht. Die Russen respektierten sie trotz allem, denn sie beherrschte nicht nur die Landessprache, sondern war auch gleich nach ihrer Ankunft zum russisch-orthodoxen Glauben konvertiert. Und schließlich konnte sich ihre Erfolgsbilanz sehen lassen: Bei ihrem Tod 1796 war Russland sowohl wirtschaftlich als auch militärisch stärker als je zuvor, ein Land mit 37 Millionen Einwohnern. Doch dann häuften sich die Probleme, wie es Katharina vorhergesehen hatte.

Ihr Sohn und Nachfolger Paul I. (1756–1801) – pikanterweise nicht der Spross ihres Gemahls, sondern der eines Höflings – erwies sich als denkbar schlechter Herrscher: despotisch, sprunghaft und taktlos. Um mögliche revolutionäre Ideen von seinem Land fernzuhalten, errichtete er beinahe so etwas wie einen »Eisernen Vorhang« zwischen Russland und dem Westen und erließ zum Teil lächerliche Zensurvorschriften. Das Tragen der neuesten Mode, die nach der Französischen Revolution in ganz Europa Furore machte, untersagte er ebenso wie die Verwendung der Wörter »Bürger« oder »Gesellschaft«. Doch nicht nur die Untertanen litten unter der Zarenherrschaft, auch seine eigene Familie. Paul und seine Gemahlin Maria Fjodorowna, geborene Sophie Dorothea von Württemberg, hatten zehn Kinder, darunter die späteren Zaren Alexander und Nikolaus sowie die 1786 geborene Maria Pawlowna, Augustas Mutter. Am Zarenhof herrschten damals klaustrophobische Zustände, denn Paul I. lebte in ständiger Angst vor einer Palastrevolution. Immer neue Putschgerüchte führten dazu, dass er schließlich sogar unter Verfolgungswahn litt. Um sich vor möglichen Attentätern zu schützen, ließ er den Michalowski-Palast (Michaelschloss, heute Teil des Russischen Museums) in St. Petersburg zu einer Festung umbauen und mit Wassergräben, Zugbrücken und Geschütztürmen versehen. Trotzdem wurde Paul zunehmend misstrauischer, auch gegenüber der eigenen Familie. Zum Schluss vertraute er noch nicht einmal mehr seiner Ehefrau. Doch mochte sich der Zar auch noch so verbarrikadieren, seinem Schicksal konnte er nicht entgehen. Gerade durch sein merkwürdiges Verhalten schuf er sich immer wieder neue Feinde. Kaum hatte er im Februar 1801 den befestigten Palast bezogen, als eine Verschwörergruppe konkrete Pläne für ein Attentat diskutierte. Angehörige der Hocharistokratie, aber auch ehemalige Günstlinge des Zaren und unzufriedene Gardeoffiziere waren der Ansicht, dass es so in Zukunft nicht mehr weitergehen könne. Am Abend des 24. März 1801 erzwangen sie sich Einlass in den Gebäudekomplex, drangen bis in den Schlafraum des Zaren vor, überwältigten zwei Kammerherrn und griffen sich ihr Opfer, das hinter einem Wandschirm Zuflucht gesucht hatte. Wie es heißt, soll einer der Attentäter dem Zaren so lange einen Briefbeschwerer gegen den Hals gedrückt haben, bis dieser seinen letzten Atemzug tat. Offiziell wurde der Mord nie bestätigt. Es hieß lapidar, Paul I. sei einem Schlaganfall erlegen.

Jetzt bestieg der junge Alexander I. (1777–1825) den Zarenthron, Augustas Onkel. Zusammen mit der Familie verließ er den unheimlichen Michalowski-Palast und bezog wieder das Winterpalais in St. Petersburg, seit 1760 Wohnsitz der Zaren. Ganz anders als sein Vater war Alexander ein Mensch, der sich äußerst charmant und liebenswürdig gab und viele Menschen bezaubern konnte – so auch Preußens Königin Luise. Und doch verbarg sich dahinter eine zwar schillernde Persönlichkeit, die aber einen politischen Schlingerkurs verfolgte. Vorübergehend spielte Alexander I. mit dem Gedanken an eine liberale Erneuerung Russlands – 1818 sollte das Land sogar eine Verfassung erhalten –, doch dann schwenkte er plötzlich um und verfolgte einen genau entgegengesetzten Kurs: Künftig war weder von einer Verfassung noch von der versprochenen Bauernbefreiung die Rede, im Gegenteil. Die Zensur arbeitete strenger als je zuvor, die Universitäten hatten schlimme Verfolgungen zu erdulden, denn gerade hier sollte jedes freiheitliche Gedankengut radikal ausgemerzt werden. Unterdessen kapselte sich Alexander I. zunehmend in einer mystisch-religiösen Scheinwelt ab. Er stand ganz unter dem Einfluss der russischen Adligen Juliane von Krüdener (1764–1824), einer religiösen Exzentrikerin und fanatischen Anhängerin der pietistischen Erweckungsbewegung. Die 13-jährige Augusta lernte ihren Onkel beim Besuch in St. Petersburg daher als weltabgewandten Frömmler kennen.

Familientreffen in St. Petersburg

Augusta fühlte sich in der bedrückenden Atmosphäre am Zarenhof äußerst unwohl. Noch empfand sie gewiss nur ein diffuses Gefühl des Missfallens, aus dem später aber eine generelle Abneigung gegen alles Russische wurde. Selbst die imperiale Pracht von St. Petersburg, die sogar Paris in den Schatten stellte, ließ die Weimarer Prinzessin vollkommen kalt.

Der eigentliche Zweck der Russlandreise 1824 war mehr als nur ein Familientreffen, denn der Besuch des Weimarer Großherzogspaars diente hauptsächlich dazu, Heiratspläne zu schmieden. Die eigentliche Initiative ging von Augustas russischer Großmutter aus. Maria Fjodorowna hatte sich nach dem Tod ihres Gemahl nämlich nicht ins Privatleben zurückgezogen, sondern versuchte nach wie vor, Einfluss auf die Politik zu nehmen. Dem Zaren war daran gelegen, die dynastischen Bande mit Preußen weiter zu verstärken. Als junger Mann hatte Alexander I. heftig mit Preußens schöner Königin Luise geflirtet und auch mit ihrem eher spröden Gemahl Friedrich Wilhelm III. Freundschaft geschlossen. Als 1803 eine Tochter geboren wurde, fungierte Alexander als Taufpate. Nach ihm wurde das kleine Mädchen Alexandrine genannt. Schon damals hatte man darüber gesprochen, das gute Einvernehmen zwischen Berlin und St. Petersburg, auch und vor allem in politischer Hinsicht, durch Heiratsbeziehungen dauerhaft zu festigen.

Preußen war durch seinen Einsatz in den Befreiungskriegen wieder in den Kreis der europäischen Großmächte aufgestiegen, stand allerdings in einem gewissen Abhängigkeitsverhältnis zu Russland. Aufgrund seiner militärischen Stärke war Russland nach 1815 die mächtigste Macht Europas. Sein internationales Gewicht gewann durch die treue Gefolgschaft Preußens noch weiter an Bedeutung.

Die erste preußisch-russische Hochzeit war bereits geschlossen worden. 1816 hatte Charlotte, die 1799 geborene Tochter des Preußenkönigs, Alexanders jüngeren Bruder, den russischen Großfürsten und späteren Zaren Nikolaus geheiratet. Seitdem lebte sie als Alexandra Fjodorowna in St. Petersburg. Was lag also näher, als auch Augusta und Marie, die beide so langsam ins heiratsfähige Alter kamen, mit preußischen Prinzen zu vermählen? Durch Maria Pawlowna war Weimar schließlich so etwas wie der »verlängerte Arm« des Zarenhofs geworden. Infrage kamen zwei Söhne Friedrich Wilhelms III.: der 1797 geborene Wilhelm und sein vier Jahre jüngerer Bruder Karl. Kronprinz Friedrich Wilhelm hingegen war bereits in festen Händen einer bayerischen Prinzessin, was vor allem Maria Pawlowna sehr bedauerte.

Zwei Preußen in Weimar

Schon bald nach ihrer Rückkehr in die Heimat sollten die beiden Prinzessinnen Bekanntschaft mit den potenziellen Heiratskandidaten machen, ohne dass sie jedoch über den wahren Zweck der Zusammenkunft informiert wurden. Über dieses arrangierte Treffen in Weimar schrieb Prinz Wilhelm von Preußen am 1. Oktober 1825 an seine Schwester Charlotte nach St. Petersburg: »Am 27. früh kamen wir [Wilhelm und Karl] nach Weimar und erhielten gleich Einladung, auf zwei Tage zu bleiben und zu jagen und zu tanzen … Von der unbeschreiblichen Güte, mit welcher wir von allen Herrschaften aufgenommen wurden, hast Du keine Vorstellung. Der Großherzog jovial und herzlich wie immer, die Großherzogin unendlich freundlich und gnädig. Es ist eine wahre Freude, sich mit ihr zu unterhalten. Die Großfürstin [Maria Pawlowna] nun wie immer die Güte selbst, ganz unverändert.

Marie finde ich noch sehr embelliert [herausgeputzt, hübsch anzusehen], wozu die Toilette auch wohl beitrug, da ich sie beide Male bisher nur im Reisekostüm sah. Auch Auguste sah sehr gut aus. Von Marie ist jemand mehr wie je enchantiert [entzückt] und an ein Wechseln nicht zu denken. Ich gestehe auch, dass Marie mir bei der längeren Bekanntschaft und Unterhaltung immer mehr gefällt und ihre Art zu sprechen nicht Affektion zu sein scheint. Ob dem ungeachtet Auguste nicht mehr gepasst hätte, will ich unentschieden lassen. Karl hat den Großeltern und Eltern sehr gefallen ... Wie Karl der Marie gefallen, weiß ich nicht ...«

Wie aus Wilhelms Schreiben hervorgeht, war es der ursprüngliche Plan gewesen, dass einerseits die 17-jährige Marie und der elf Jahre ältere Wilhelm ein Paar werden sollen, andererseits Augusta und Prinz Karl, bei denen der Altersunterschied zehn Jahre betrug. Vor allem Maria Pawlowna war sehr daran gelegen, dass ihre älteste Tochter nicht mit einem »Drittgeborenen« abgespeist wurde. Doch jetzt war es anders gekommen. Karl hatte sich ganz offensichtlich Hals über Kopf in die hübsche Marie verliebt, und so war »an ein Wechseln nicht zu denken«, wie es Wilhelm formulierte.

Modebewusste Prinzessin Augusta

Die Hochzeitspläne wurden auch weiter verfolgt, als Alexander I. im Dezember 1825 völlig überraschend am »Krimfieber« starb und sein Bruder Nikolaus I. (1796–1855) neuer Zar von Russland wurde. Inzwischen war Augusta 14 Jahre alt. Aus dem bisweilen schwierigen Kind war eine pflichtbewusste Prinzessin geworden, die gelernt hatte, lernen musste, ihren »Feuerkopf« zu beherrschen. Trotzdem haben die Zeitgenossen immer wieder Augustas heiteres und unbefangenes Wesen hervorgehoben. Schauen wir uns Bilder der Prinzessin an, dann blickt uns ein apartes dunkelhaariges junges Mädchen entgegen, das eindeutig Mut zum neuesten modischen Trend beweist. War zur Zeit der Königin Luise noch die »antike Mode« en vogue gewesen, mit dünnen Stoffen und hochgerutschter Taille, so war man um 1822 wieder zu den alten Schnitten zurückgekehrt. Jetzt trug die Dame auch wieder ein Korsett, um so die berühmte »Wespentaille« zu erreichen. Neu und geradezu »revolutionär« war hingegen, dass die Röcke, wenngleich weit aufgebauscht, den Fuß frei ließen – ein Anlass zu teils heftiger Kritik, gerade in konservativen Fürstenhäusern. Doch nicht nur der Schneider bestimmte das modische Erscheinungsbild der Damen. Ebenso wichtig war die Arbeit des Coiffeurs. Man trug die Haare aus dem Nacken in die Höhe gekämmt, wickelte sie in Löckchen und ließ diese rechts und links in die Stirn fallen. Augusta lag sehr viel an einem perfekten äußeren Erscheinungsbild. Daran hat sich bis zu ihrem Tod auch nichts geändert.

Verbindungen mit und ohne »Verdruss«

Im November 1826 warteten Augusta und ihre Schwester gespannt auf hohen Besuch aus Berlin. Die Preußenprinzen Wilhelm und Karl hatten sich angekündigt, Letzterer in der festen Absicht, endlich um die Hand der schönen Marie anzuhalten. Die standesbewusste Maria Pawlowna konnte sich freilich immer noch nicht damit abfinden, dass ihre Älteste »nur« den drittgeborenen Sohn Friedrich Wilhelms III. heiraten sollte, mochte es sich bei den Hohenzollern auch um eine bedeutende Dynastie handeln. Lieber hätte sie es gesehen, wenn Marie den Thronfolger eines kleineren Hauses geheiratet hätte.

Der Preußenkönig hingegen war ganz begeistert über die bevorstehende Hochzeit: »Endlich einmal eine Verbindung ohne Verdruss!«, verkündete er optimistisch. »Ohne Verdruss« – das bedeutete in diesem Fall sowohl protestantisch als auch eindeutig standesgemäß. Dabei hatte Friedrich Wilhelm III. in dieser Hinsicht selbst für »Verdruss« gesorgt. Nach dem frühen Tod seiner geliebten Luise, die 1810 an den Folgen einer Lungenentzündung gestorben war, hatte er lange Zeit in tiefer Trauer verbracht und höchstens ein wenig Trost bei seinen Töchtern gefunden. Doch als Prinzessin Luise, seine fünfte Tochter, 1824 als letzte der Prinzessinnen den Berliner Hof verließ, um Friedrich der Niederlande zu heiraten, wurde es einsam um den Hohenzollernkönig. Deshalb entschloss er sich noch im gleichen Jahr, eine zweite Ehe zu wagen. Die Auserwählte war die 1800 in Wien geborene Auguste, Gräfin Harrach. Der König hatte die junge Frau mehrmals während eines Kuraufenthalts im böhmischen Teplitz getroffen und sich ein wenig in sie verliebt. Trotzdem waren die Söhne und Töchter des alternden Monarchen wenig von dem Gedanken begeistert, dass jetzt eine andere an die Stelle ihrer Mutter treten sollte, zudem auch noch eine Katholikin. Das freilich wollte auch Friedrich Wilhelm III. nicht: »Luise kann mir keine ersetzen«, betonte er ausdrücklich. Königin konnte Auguste ohnehin nicht werden, denn sie war nicht nur katholisch, sondern als Gräfin auch nicht ebenbürtig. So kam nur eine morganatische Ehe infrage. Allmählich aber gewöhnten sich auch die preußischen Prinzen und Prinzessinnen an die neue Frau an der Seite ihres Vaters. Wilhelm fand sie »ganz hübsch, 24 Jahre alt … ist sehr einfach und spricht angenehm und mit Verstand. Sie ist sehr bescheiden und fängt an, ihre Stellung ganz zu begreifen.« Auch Charlotte meinte schließlich tapfer: »Mamas Segen wird gewiss auf diesem Ereignis ruhen.« Friedrich Wilhelm III. erhob Auguste zur Fürstin Liegnitz und Gräfin von Hohenzollern, bevor er mit ihr vor den Traualtar trat. Er hatte eine gute Wahl getroffen, denn seine neue Lebensgefährtin brachte nicht nur wieder etwas Freude in das Leben des einsamen Königs, sie pflegte ihn auch aufopferungsvoll, wenn er krank war. Das brachte ihr schließlich auch den Respekt seiner Kinder ein.

»Verdruss« hatte dem König auch sein Ältester bereitet, der 1795 geborene Kronprinz Friedrich Wilhelm. Der junge Mann hatte 1819 bei einem Aufenthalt in Baden die bayerische Prinzessin Elisabeth kennengelernt, eine Tochter von König Max Joseph und seiner zweiten Gemahlin Karoline. Der Preußenkönig konnte eigentlich nichts gegen die hübsche Bajuwarin einwenden, missbilligte jedoch, dass sie katholisch war. Er verlangte, dass sie vor der Hochzeit auf jeden Fall zum protestantischen Glauben konvertieren müsse. Auch der Kronprinz war nicht zu Kompromissen bereit: »Katholisch will ich keine!«, betonte er ausdrücklich. Elisabeth aber, so sehr sie den preußischen Kronprinzen auch liebte, konnte es nicht mit ihrem Gewissen vereinbaren, die evangelische Konfession anzunehmen. Erst nach jahrelangem Tauziehen fand sich eine Lösung, mit der alle Beteiligten leben konnten: Elisabeth erklärte sich bereit, protestantischen Religionsunterricht zu nehmen, aber erst dann zu konvertieren, wenn sie sich dazu in der Lage sähe. Im September 1822 stimmte der Preußenkönig endlich der Ehe seines ältesten Sohnes mit Elisabeth von Bayern zu, und damit stand dem Happy End nichts mehr im Wege. Die beiden heirateten im November 1823, aber erst im Mai 1830 wurde Elisabeth nach langem Ringen doch noch Protestantin.

Wilhelms große Liebe: Elisa Radziwiłł

Den meisten »Verdruss« hatte es jedoch mit Prinz Wilhelm gegeben, obwohl der im Grunde ein äußerst gehorsamer Sohn war und als Kind höchstens für Aufregung gesorgt hatte, weil er häufig kränkelte. Königin Luise glaubte damals in ihm das Ebenbild ihres Mannes zu sehen. So schrieb sie an ihren Vater, den Herzog von Mecklenburg-Strelitz: »Wilhelm wird, wenn mich nicht alles trügt, wie sein Vater, einfach, bieder und verständig. Auch in seinem Äußeren hat er die meiste Ähnlichkeit mit ihm.« Die Mutter war eine gute Beobachterin gewesen. Anders als sein älterer Bruder, Kronprinz Friedrich Wilhelm, neigte der Zweitgeborene niemals zu irgendwelchen geistigen Höhenflügen, begnügte sich mit seinen militärischen Pflichten und besaß eine vergleichsweise schlichte Persönlichkeit.

Wilhelm war 13 Jahre alt, als seine Mutter während eines Besuchs bei ihrem Vater auf dessen Sommersitz Schloss Hohenzieritz starb. Er vermisste sie sehr und suchte deshalb engen Anschluss an seine Tante, eine enge Freundin der verstorbenen Königin: Luise Radziwiłł, die bis zu ihrem Tod 1836 Wilhelms mütterliche Freundin blieb.

Luise war eine Tochter des Prinzen Ferdinand von Preußen, des jüngsten Bruders Friedrichs des Großen. Zu ihren Geschwistern gehörte auch Louis Ferdinand, der »preußische Apoll«, der 1806 in der Schlacht bei Saalfeld gefallen war. Über Ferdinands Familie wurde in Berlin gerne geklatscht. Weil seine Ehe mit Luise von Brandenburg-Schwedt lange Zeit kinderlos geblieben war, wurde gemunkelt, nicht Ferdinand sei der Vater der Töchter und Söhne, sondern ein langjähriger Vertrauter seiner Gemahlin. Die Gerüchte verdichteten sich, als Luise und Louis Ferdinand zu vielseitig

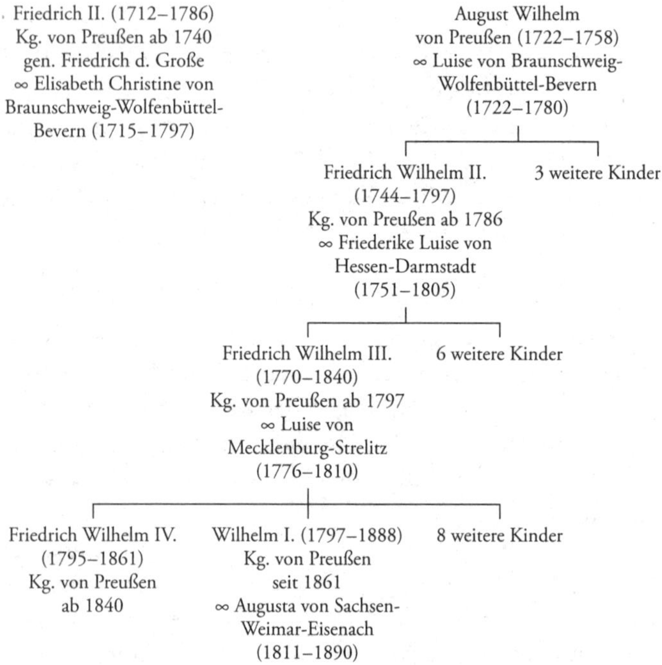

Stammtafel von Preußen/Radziwiłł

begabten jungen Menschen heranwuchsen und Talente offenbarten, die man bei Vater und Mutter vergebens suchte. Aber beweisen ließ sich natürlich gar nichts.

Luise von Preußen heiratete 1796 den polnischen Grafen Anton Radziwiłł, Statthalter in Posen. Was für beide eine Liebesheirat war, wurde vom preußischen Hof als Mesalliance angesehen, denn Anton war nicht nur Pole, sondern auch katholisch und erst recht nicht ebenbürtig. Folglich

Ferdinand von Preußen
(1730–1813)
∞ Luise von Brandenburg-
Schwedt (1738–1820)

- Luise von Preußen (1770–1836) ∞ Anton Fürst Radziwiłł (1775–1833) Statthalter in Posen
  - Wilhelm Radziwiłł (1797–1870) ∞ 2. Gräfin Mathilde Christine von Clary und Aldringen (1806–1896)
    - Anton Radziwiłł (1833–1940) ∞ Marie de Castellane (1840–1915)
  - Elisa Radziwiłł (1803–1834)
  - 6 weitere Kinder
- 6 weitere Kinder

kamen seine Nachkommen für eine Ehe mit Mitgliedern eines regierenden Fürstenhauses nicht infrage, zum Beispiel mit den Hohenzollern. Bereits 1819 wurde ein entsprechendes Gutachten erstellt.

Acht Kinder hatten die Radziwiłłs, von denen drei jedoch vorzeitig starben. Für den jungen Prinzen Wilhelm von Preußen waren seine kleinen Cousins und Cousinen Spielgefährten gewesen, nicht nur in Berlin, sondern auch in Memel,

Tilsit und Königsberg, wohin die Hohenzollernfamilie geflohen war, als Napoléon 1806 siegreich in Berlin Einzug hielt. Die 1803 geborene Elisa war das vierte Kind der Radziwiłłs, für Wilhelm zunächst nur ein niedliches kleines Mädchen, das den Heranwachsenden nicht weiter interessierte. Aber die Familien blieben in Kontakt, sodass sich Wilhelm und Elisa immer wieder begegneten. Schon bei einem Familientreffen in Freienwalde 1820 hat es zwischen den beiden offenbar ein wenig »gefunkt«. Kein Wunder, Elisa Radziwiłł war wirklich ganz bezaubernd, und alle schwärmten von der schönen Prinzessin: »Schlank von mittlerer Größe mit feiner Taille besaß sie wundervolle große blaue Augen von einem schwärmerischen Ausdruck, als blickten sie immer in die Höhe oder in die Ferne, aschblondes Haar und eine leicht gebogene Nase unter der edlen Stirn.« So wurde Elisa von den Zeitgenossen geschildert, eine wahrhaftige Märchenprinzessin. Ernsthaft verliebt hat sich Wilhelm dann am 27. Januar 1821, als in Berlin das Stück »Lalla Rookh« aufgeführt wurde, ein orientalisches Spektakel zu Ehren des Besuchs von Wilhelms Schwester Charlotte und ihres Gemahls, des damaligen Großfürsten Nikolaus. Der ganze Hof beteiligte sich an einem farbenfrohen Maskenumzug durch den Berliner Lustgarten. Wilhelm verkörperte den Sohn eines indischen Kaisers, Elisa die Himmelssehnsucht in Gestalt der Peri. Sie war der Star der Aufführung. Alle Anwesenden und selbst die Berliner Zeitungen priesen ihren Liebreiz, ihre Schönheit und »Engelsgleichheit«. Nach fachmännischem Urteil seiner Schwester Charlotte war Wilhelm »bis über beide Ohren« in Elisa verliebt. Er wollte sie deshalb unbedingt heiraten, doch leider war sie nicht ebenbürtig, selbst wenn in ihren Adern auch das blaue Blut der Hohenzollern floss. Doch Wilhelm dachte gar nicht daran, sich in sein Schicksal zu fügen. Neue Gutachten wurden angefertigt, die freilich kein anderes Ergebnis brachten. Die Ehe

Weil Elisa Radziwiłł keinem regierenden Fürstenhaus entstammte, galt sie als »nicht ebenbürtig« und durfte Wilhelm nicht heiraten

mit Elisa war und blieb unmöglich. Wilhelm war untröstlich und schrieb am 18./19. Februar 1822 seiner Schwester nach St. Petersburg: »Die lange gefürchtete Katastrophe – sie ist eingetroffen! Lege diesen Brief lieber fort, ehe Du weiterliest, wenn Du nicht in der Stimmung bist, eine ernste, für mich herzzerreißende, entsetzliche Schilderung meines Zustands zu lesen. Die letzten drei Tage sind mir die schmerzlichsten und grauenvollsten, welche ich noch erlebte. Es ist aus!! Das teure, liebe, engelsgute Wesen ist für mich verloren!! Dies auszusprechen ist für mich unendlich schwer …«

Trotzdem bat Wilhelm am 22. März 1822, seinem 25. Geburtstag, den königlichen Vater Friedrich Wilhelm III. noch einmal inständig um die Erlaubnis, Elisa heiraten zu dürfen. Aber die Antwort lautete: Nein. Dabei wäre es für den Preußenkönig als Chef des Hauses Hohenzollern ein leichtes gewesen, Elisa Radziwiłł aus eigener Kraft für ebenbürtig zu erklären. Doch einen solchen Schritt hat er sich wohl nicht zugetraut. Zwar sagte er seinem Sohn immer wieder, wie sehr auch er die bezaubernde Prinzessin schätze, aber der Fürstenstand sei nun einmal gewissen Gesetzen unterworfen, denen man sich zu beugen habe.

Doch Wilhelm wollte sich nicht beugen und hoffte weiter. Schließlich war auch die Liebe zwischen dem Kronprinzen und Elisabeth von Bayern trotz aller Hindernisse zu einem glücklichen Ende gelangt. Dann aber fiel die endgültige Entscheidung plötzlich doch – und zwar nicht in Berlin, sondern ausgerechnet in Weimar! Maria Pawlowna, die ja ohnehin schon verärgert war, dass Marie »nur« den drittgeborenen Hohenzollernprinzen heiraten sollte, erklärte kategorisch, sie würde keinesfalls in diese Ehe einwilligen, wenn Wilhelm die nicht ebenbürtige Elisa zur Frau nehmen würde. Und Maria Pawlownas Wort hatte am Weimarer Hof sehr viel Gewicht. Da aber nun Friedrich Wilhelm III. unbedingt die Verbindung seines Sohnes Karl mit Prinzessin Marie wünschte, gab er den Forderungen der Großherzogin nach. Im Juni 1826 sprach er das endgültige Machtwort und erklärte dem betrübten Wilhelm, dass er seine »Einwilligung leider versagen« müsse und »die ganze Sache als definitiv entschieden und beendet« ansehe. Als gehorsamer Sohn fügte sich Wilhelm in das scheinbar Unabänderliche: »Mit dem innigsten Gefühl kindlicher Liebe, aber auch mit tief erschüttertem Herzen ergreife ich in diesem schmerzlichen Augenblick die Feder«, schrieb er seinem Vater. »Sie haben, teuerster Vater, die Entscheidung für mein Schicksal gegeben ... Lesen Sie in meinem Herzen, um in demselben den unaussprechlichen Dank zu finden, der es belebt für die unzähligen Beweise Ihrer Gnade, Liebe und Langmut, die Sie mir in diesen bewegten fünf Jahren gaben ...« Kein Vorwurf, kein Wort der Klage. Als Soldat war Wilhelm Gehorsam gewohnt, und dem König von Preußen gehorchte man allemal. »In tiefer Demut und Unterwürfigkeit«, fügte er hinzu, »werde ich ein Schicksal tragen, das der Himmel mir auferlegt.« Doch er litt unendlich und schüttete seiner Schwester Charlotte sein Herz aus: »Das, was ich verlor, wie ich liebte, wie man nur zum ersten Male liebt, das kehrt nie zurück, dafür gibt es keinen Ersatz.«

Maries Verlobung

Damit stand zumindest der Verlobung von Marie und Karl nichts mehr im Wege. Am 14. November 1826 konnte Wilhelm nach St. Petersburg melden: »Alles hat seine Richtigkeit zwischen dem glücklichen Karl und seiner Marie! ... Dass wir uns gleich in den Armen lagen, kannst Du Dir denken ... Wie mir freilich zumute war in jenem Moment und auch nachher, wo die frühere Schüchternheit zwischen beiden mit einem Male verschwand und das vertrauliche, zärtliche Wesen zwischen ihnen eintrat, brauche ich Dir nicht weiter zu schildern! Es war wohl gemacht, eine kaum vernarbte Wunde wieder aufzureißen ... Wir werden noch acht Tage bleiben. Marie ist ganz aufgetaut, heiter, lustig, lacht usw. … Sie ist überglücklich! Ich finde sie noch embelliert. Auguste ist so groß wie sie und deliziös komisch. Sie war ungemein herzlich, als ich sie nach dem Theater gestern sah …«

Augusta hatte während des Weimar-Aufenthalts der beiden Hohenzollernprinzen ausgiebig Gelegenheit, den knapp 30-jährigen Wilhelm näher kennenzulernen. Offenbar fand sie rasch Gefallen an dem stattlichen blonden Preußen, ahnte sie doch bereits, welche Absichten ihre Familie mit ihm hatte. Ob es mehr war als Sympathie, lässt sich nicht sagen. Leider hat Augusta über ihre wahren Empfindungen keine Aufzeichnungen hinterlassen. Wilhelm freilich hatte in dieser Hinsicht ohnehin keine Ambitionen. Zwar fand er die 15-Jährige »interessant« und »sehr formiert für ihr Alter, mit lebhaftem Blick und lebendigem Wesen«, aber sein Herz hing noch immer an Elisa.

Augustas »ausgezeichnete Persönlichkeit«

Doch der König drängte Wilhelm auf eine baldige Heirat. Die Ehe des Kronprinzenpaares war zwar nach drei Jahren noch immer so glücklich wie am Anfang, allerdings hatte es bislang bei Elisabeth noch keine Anzeichen einer Schwangerschaft gegeben. So wie es aussah, würde die Ehe kinderlos bleiben. Jetzt war es Wilhelms Aufgabe, für einen Thronfolger zu sorgen, und damit sollte er sich nicht mehr allzu lange Zeit lassen. Friedrich Wilhelm III. hätte Augusta nur zu gern als Schwiegertochter gehabt, und auch Wilhelms Schwestern Charlotte, Zarin von Russland, und Alexandrine, Großherzogin von Mecklenburg-Schwerin, sprachen sich für die intelligente junge Weimarer Prinzessin aus. Besonders großes Vertrauen hatte Wilhelm zu Charlotte, der er immer wieder sein Herz ausschütten konnte. Die zahlreichen Briefe, die er an sie schrieb, sind eine unschätzbare Quelle für Informationen über sein innerstes Denken und Fühlen, nicht zuletzt auch in der Beziehung zu Augusta. Jetzt aber sah sich Wilhelm unter Druck und bestätigte Charlotte in seinem Brief, den er am 24./25. November 1826 nach seiner Rückkehr nach Berlin schrieb: »Ich bin nach näherer Bekanntschaft vollkommen mit euch einverstanden, dass Auguste viel mehr ist als Marie. Sie hat wirklich einen deliziösen Humor, sehr viel Charakter, viel Verstand und viel gelernt und ein exzellentes Herz … Sie hat mich sehr interessiert, das gestehe ich gern. Aber etwas mehreres kann ich nicht sagen, weil die Vergleichung, welche ich noch gewohnt bin zu ziehen, zu frisch nach früherem gefundenem Ideale sich neigt! Ich ging ohne allen und jeden Gedanken nach Weimar; selbst eher war vorgefasste Meinung bei mir anzutreffen, dass mir Auguste missfallen sollte, als man hier allgemein aussprengte, ich gehe in gleichen Absichten wie Karl nach Weimar … Wenn Auguste mich also dennoch interessierte, so ist nur ihre ausgezeichnete Persönlichkeit, das heißt die innere, denn im Äußeren kann sie sich mit ihrer Schwester nicht messen, daran schuld. Ob dies je von Einfluss auf meine Zukunft sein wird, steht bei Gott! – Dass es Papas Wunsch ist, dass ich an eine Verbindung denke, schrieb er mir noch nach Weimar.«

Aber Wilhelm war auch ehrlich: »Ob ich mich dazu entschließen werde und ob den Entschluss zu fassen mir, wenn ich auch Gefallen an einem Gegenstand gefunden haben sollte, möglich sein wird – das ist einer ferneren Zukunft vorbehalten! – Du bist das einzige Wesen, dem ich dies anvertraue, weil die sichere Gelegenheit sich bietet, denn gegen niemand sonst hätte ich das Vertrauen, es auszusprechen. Nur an Karl sagte ich, als ich bemerkte, dass er und Marie meine längeren Unterhaltungen mit Auguste falsch auslegen wollten, dass Auguste mir zwar sehr interessant erschien, aber von Weiterem konnte nicht die Rede sein, wie er jetzt wohl begriffe! Als ich gestern beim Radziwiłłschen Palais vorbeifuhr – was ging mir da nicht für ein Stich durchs Herz!! Da schien mir alles andere unmöglich!! …«

Der »Gegenstand«, wie Wilhelm Augusta in diesem Brief bezeichnete, musste sich wohl oder übel in Geduld fassen.

Augustas »Konkurrentinnen«: Wilhelm auf »Besichtigungsreise«

Im Mai 1827 heiratete Augustas Schwester Marie ihren Bräutigam Karl von Preußen. In Weimar hätte man es gerne gesehen, wenn sich auch Augusta und Wilhelm möglichst bald verlobt hätten, denn das Großherzogspaar wollte seiner jüngeren Tochter die peinliche »Wartezeit« gerne ersparen. Doch Wilhelm hatte sich noch keineswegs entschieden. Um sich über den Verlust der geliebten Elisa Radziwiłł hinwegzutrösten, begann er zunächst einmal eine Affäre mit Emilie von Brockhausen, einer hübschen Hofdame von Kronprinzessin Elisabeth. Am 28. Januar 1827 hatte er an seine Schwester Charlotte geschrieben, ganz Berlin spreche davon, »dass ich Emilie von Brockhausen heiraten wolle. Wie ein solches Gerücht möglich ist, begreife ich nicht.« Natürlich hatte Wilhelm keineswegs vor, Emilie zu heiraten und somit für weiteren »Verdruss« zu sorgen. Peinlich war nur, dass sich das Gerücht auch bis Weimar verbreitete. Was Augusta gefühlt haben mag, als sie erfuhr, dass sie nicht die einzige »Kandidatin« war, lässt sich nur erahnen.

Wilhelm entschuldigte sich unterdessen beim königlichen Vater für sein Zögern: »Wäre mein bisheriges Geschick nicht so ernst und streng gewesen, so würde ich vielleicht schon imstande sein, einen Entschluss zu fassen. Aber gerade die ernste Richtung meines Charakters erlaubt mir nicht, so rasch mich zu entscheiden; und es ist etwas in mir, was mich vor dieser Entscheidung zurückhält; und ich weiß nicht zu sagen, ob dies der Glaube ist, dass ich einen anderen Gegenstand finden würde, oder ob es der Wille ist, mich durch die Bekanntschaft anderer nur noch mehr zu überzeugen, dass ich bereits die gefunden habe, die der Himmel mir bestimmt haben mag.«

Friedrich Wilhelm III. zeigte Verständnis. Da es in Deutschland noch weitere Prinzessinnen gab, die für eine Ehe mit dem Preußenprinzen infrage kamen, schickte er Wilhelm im Sommer 1827 erneut auf Brautschau. Kurz zuvor hatte die Familie von Pauline von Württemberg (1810–1856) ein entsprechendes Interesse signalisiert. Pauline war schließlich die Tochter des Prinzen Paul von Württemberg und eine Großnichte von Königin Luise.

Natürlich erfuhr Wilhelms Schwester Charlotte als Erste davon: »Nun kam es zur Frage, ob ich mich, da ich geneigt scheine, meine Zukunft zu entscheiden, gleich für Auguste bestimmen wollte, oder ob ich noch erst Pauline sehen wolle. Ich entschied mich zwar für nichts. Doch um Bedenkzeit zu bekommen, nahm ich das Anerbieten an, Luise (Wilhelms Schwester) nach dem Rhein zu begleiten, um mich … dann zu entscheiden, ob ich von Koblenz aus nach Süden gehen will oder … mich für Auguste erkläre … Für Auguste spricht die bereits länger und genauer gemachte Bekanntschaft, die sie mir wert macht.« Doch dann folgt gleich der Rückzieher: »Aber gerade da es jetzt auf eine Entscheidung ankommt, fühle ich, dass ich mich nicht unbedingt für sie aussprechen kann. Das ist die innere Stimme, die da spricht, und der muss man Gehör geben … Gott wolle mir aus diesem Labyrinth den rechten Weg zeigen!«

Wie es scheint, war der himmlische Beistand auch dringend nötig. Nach einem kurzen Besuch in Weimar schrieb Wilhelm am 13. August 1827 an Charlotte: »Augustes Eindruck auf mich auch diesmal war günstig; ihre Freundlichkeit und Herzlichkeit für mich unverkennbar. Fragt man mich aber aufs Gewissen: Warum entscheidest Du Dich nicht für sie? – So weiß ich nur eine Antwort: Da ich keine Passion für sie empfinde, so muss nähere Prüfung oder andere Bekanntschaft vorhergehen … Sie ist sehr schön, aber wird sehr stark schon mit 15 Jahren …«

Die Qual der Wahl schien kein Ende zu nehmen, zumal Wilhelm, als er nach Württemberg reiste, um Pauline zu treffen, noch einem weiteren »Gegenstand« begegnete: Cecilie von Schweden (1807–1844), Tochter des Exilkönigs Gustav IV. Adolf. Tatsächlich sah es so aus, als habe der Preußenprinz endlich die Richtige gefunden: Cecilie hatte nämlich große Ähnlichkeit mit der zauberhaften Elisa Radziwiłł!

Die Bekanntschaft mit Pauline von Württemberg verlief hingegen enttäuschend, denn die Prinzessin litt unter starker Schwerhörigkeit: »Ihr Teint ist superbe und ihre Haltung sehr hübsch, man kann sie wirklich ein Rosenknöspchen nennen«, schrieb Wilhelm an Charlotte. »Aber was ihr Gehör betrifft, so habe ich mich leider überzeugt, dass dasselbe schwer ist. Sie hört zwar gut, wenn man auch nur etwas laut und deutlich spricht, aber sobald die allgemeine Konversation anfängt, so überhört sie vieles, wenngleich sie dies mit viel Gewandtheit zu kaschieren weiß. Aber wie nimmt ein solches Leiden mit den Jahren zu – und wie störend ist es schon jetzt.« Pauline kam also nicht infrage. Sie ging 1829 eine unglückliche Ehe mit Wilhelm von Nassau ein, der sie schlecht behandelte und immer wieder wegen ihrer Schwerhörigkeit verspottete.

Es war also Cecilie, die Wilhelm nach eigenem Bekunden

»am meisten im Kopf herumging«. Doch auch hier gab es ein schwerwiegendes Hindernis. Cecilies Vater, Gustav IV. Adolf von Schweden, war 1809 von einer Verschwörergruppe gestürzt und ein Jahr später des Landes verwiesen worden. Seine Gegner behaupteten damals, der König sei geistesgestört gewesen. Nun aber fürchtete Wilhelm, »das Übel ihres Vaters könne erblich sein«. Ähnliche Bedenken hatte auch der Preußenkönig geäußert und bereits ein Gutachten in Auftrag gegeben, das die Vererbbarkeit von Geisteskrankheiten bestätigte. Deshalb heißt es in Wilhelms Brief, den er nach seiner Rückkehr nach Berlin am 29. November 1827 an Charlotte schrieb: »Papa ... äußerte, es scheine bedenklich bei Prinzessin Cecilie, dass ihr Vater doch sozusagen toll gewesen sei und daher zu fürchten stehe, dass so etwas erblich sei, und oft auch nur mit überspringenden Generationen sich vererbe ... Aber ich kann mich nicht so abschrecken lassen. – Befiehlt der König, dass ich Cecilie aufgeben soll, so mag er es sagen.« Doch die Entscheidung zog sich hin, zumal Wilhelm selbst keine Wahl treffen wollte, sondern auf ein väterliches »Machtwort« wartete. Und das sollte er jetzt auch bekommen.

Königliches Machtwort

In Weimar wurde man allmählich ungeduldig, hatte die Hoffnung aber noch nicht aufgegeben, zumal der Preußenkönig Maria Pawlowna bereits eine verbindliche Zusage gemacht hatte, was wiederum Wilhelm ziemlich verwunderte: »Denken Sie sich, dass er hier mit der Großfürstin schon gesprochen hat«, schrieb er an seine Tante Luise Radziwiłł, Elisas Mutter. Die Zeit verging. Am 14. Juni 1828 starb Augustas Großvater Karl August, nachdem er mehr als ein halbes Jahrhundert lang über sein (Groß-)Herzogtum regiert hatte. Jetzt bestieg mit Karl Friedrich sein ältester Sohn den Thron, ein vergleichsweise farbloser Herrscher, mit dem eine etwas biedermeierlich-schläfrige Ruhe in Weimar einzog.

Im Juli 1828 war noch immer keine Entscheidung gefallen, denn in Wilhelms Schreiben an seine Schwester Charlotte heißt es: »Ich hatte heute einen Brief von Marie, die mir schreibt, dass ihre Eltern nichts gegen eine Heirat hätten, wenn ich nur Auguste wirklich liebte. Meine Antwort darauf kennst Du. Lieben kann man nur einmal wirklich. Aber Achtung und Liebe kann und darf man Auguste nicht versagen.« Seit zwei Jahren ging das jetzt schon so. Vermutlich hätte sich Wilhelm nie entschieden, hätte nicht sein Vater tatsächlich eingegriffen und entschieden, »auf Prinzessin Augusta Rücksicht zu nehmen«. Alles andere wäre nicht nur ein Affront gegen die Weimarer Fürstenfamilie gewesen, man hätte sich auch großen Ärger mit Russland eingehandelt. Liebe hin, Liebe her, jetzt waren die Würfel gefallen! Der König hatte seinem Sohn die Qual der Wahl abgenommen. Wilhelm gab sich erleichtert: »Die Worte des Dankes gegen Sie, teuerster Vater, kann ich nicht unterdrücken, dass Sie durch Ihren Ausspruch meinem Leben ein bestimmte Richtung gegeben haben.«

Endlich! Am 29. August 1828 – Augusta war soeben konfirmiert und damit »heiratsfähig« geworden – formulierte Wilhelm seinen schriftlichen Antrag: »Zwar mit Bangigkeit, aber doch mit der festen Zuversicht auf Gott, dass er mir in diesem Augenblick nahe sei, nähere ich mich Ihnen vertrauensvoll. Gehen meine innersten Hoffnungen durch Ihren Beschluss in Erfüllung, ist das Glück meines Lebens gesichert. Mein Schicksal ist dann entschieden, denn ich weiß, dass ich Ihnen mein ganzes Leben weihen darf und Ihnen mit Gottes Beistand, soviel es in meinen Kräften steht, ein

Glück zu bereiten trachten darf, welches mein höchstes und schönstes Ziel sein und bleiben wird …«

Die knapp 17-jährige Augusta wird diese – zwar etwas umständlichen und steifen – Formulierungen mit großer Freude gelesen haben, auch wenn sie Wilhelm vielleicht nicht so recht glaubte, dass sie tatsächlich das »Glück seines Lebens« sein sollte. Aber immerhin war sie aus dem Karussell der Heiratskandidatinnen letzten Endes doch als Siegerin hervorgegangen. Alles Weitere würde die Zukunft zeigen.

Seine wahren Gefühle teilte Wilhelm nur seiner Schwester Charlotte mit, der er am 30. August 1828 schrieb: »Ich konnte Dir nicht früher schreiben, weil die gewissen, so wichtigen Briefe geschrieben werden mussten, die dann doch nicht so leicht fließen wie diese Art … Ich schrieb an Großfürstin, Großherzog und Auguste selbst. Der letzte Brief war der eigentümlichste und schwerste – und ist mir auch nicht zu Dank geraten. Ehe ich ihn schrieb, kannst Du Dir denken, dass ich zu Gott betete! – Dann sah ich noch einmal alle Erinnerungen Ewigs* durch, um gleichsam noch einmal Abschied von ihr zu nehmen – und nun schrieb ich. Heute geht alles ab. – Gott gebe seinen Segen, wenn der getane Schritt sein Wille war …«

Aber erst unlängst hatte Wilhelm im Vertrauen zu seiner Schwägerin Marie gesagt, Passion empfände er für Augusta keine, doch er wolle sie glücklich machen. Anderen gegenüber soll er sogar geäußert haben: »Die Prinzessin ist schön und klug, aber sie lässt mich kalt.«

* So wurde Elisa Radziwiłł in der Familie genannt.

Verlobung in Weimar

Im Oktober 1828 erhielt Wilhelm von Großherzog Karl Friedrich eine offizielle Einladung nach Weimar. Er kam mit gemischten Gefühlen, erlebte aber, wie es scheint, eine durchaus angenehme Überraschung. Im Brief an Charlotte heißt es am 18. Oktober: »Auguste war sehr herzlich und erfreut, mich zu sehen; sie ist noch embelliert und größer, aber nicht stärker geworden.« Seinem Vater schrieb Wilhelm über das Wiedersehen mit Augusta, »dass dasselbe zwar mit starkem Herzklopfen, sonst aber mit allen Formen geschah, als sei nichts am Werke, versteht sich. Augusta, die ich embelliert finde, empfing mich mit großer Herzlichkeit, wie ich es immer an ihr gewohnt war. Sie jetzt noch mit ganz anderen Augen betrachtend als früher, kann ich mir nur stets Glück wünschen, dass die Wahl auf sie fiel. Ihr Verstand, Geist, ihre Herzlichkeit und Herzensgüte spricht sich bei jeder Gelegenheit aus, und ich möchte der Bemerkung gern Raum geben, als dürfte ich mir Hoffnung machen, mit glücklichem Erfolg hier einst abzugehen. Freilich konnte bis jetzt noch nicht viel zwischen uns verhandelt werden. Aber Anspielungen konnte ich doch fallen lassen, die freilich nur mit starkem Erröten und embarrassiertem Ausweichen beantwortet wurden.«

Bedauerlicherweise hat Augusta niemandem ihre wahren Empfindungen anvertraut, zumindest nicht in schriftlicher Form. Doch es hat den Anschein, als sei sie tatsächlich ein wenig in Wilhelm verliebt gewesen – und davon blieb auch Wilhelm nicht ganz unberührt. Deshalb entschloss er sich nun endlich, auch den letzten Schritt zu wagen: den mündlichen Heiratsantrag. »Ich hatte mich in der Unterhaltung mit Auguste hinlänglich überzeugt und aus ihrem ganzen

Benehmen gegen mich, dass ich nichts zu fürchten mehr hätte«, heißt es am 18. Oktober in Wilhelms Brief an Charlotte. »Vorgestern Abend nun, nach dem Souper, als ich über ihren zerbrochenen éventail [Fächer] gescherzt hatte und mir ein Stück davon ausbat, und sie es mir auch gab, verlangte sie dasselbe doch wieder zurück. Es war gerade niemand im Zimmer. Ich tat, als gäbe ich es ihr in die Hand, legte aber dabei meine Hand in die ihrige und bat mir rasch dazu die rechte statt der dahin gehaltenen linken aus und fragte sie dann: Wollen Sie diese behalten? – Sie drückte sie mir ohne Antwort, mit Heftigkeit und Herzlichkeit, und konnte vor Rührung nicht sprechen! ... Ich kann Dir versichern, dass ich bei der Herreise noch ziemlich unsicher war, was aus mir werden würde, weil ich das Terrain ungünstiger glaubte. Jetzt aber, wo es nun so gut steht, kann ich aber auch voller Sicherheit und Überzeugung aussprechen, dass ich hoffen darf, einer glücklichen und heiteren Zukunft entgegensehen zu können. Du weißt, dass ich Auguste attachiert [zugeteilt] war, und dass sie die Erste war, die mir nach jener Katastrophe einen Eindruck machte! Jetzt kann ich versichern, dass zu Achtung und Schätzung, die ich für sie immer empfand, Liebe sich gesellt hat, die sie mir unendlich wert macht, umso mehr, dass ich sehe, dass sie meine Gefühle erwidert. – Mit einigem Gebet zu Gott unternahm ich die Reise hierher. – Er scheint mich erhört zu haben und segnen zu wollen, mehr als ich es verdiene! ... Die Nacht ging ziemlich schlaflos dahin ...«

Das alles mag zwar einen eher aufgesetzten Eindruck machen – vor allem die Geste mit dem zerbrochenen Fächer –, aber hier schienen sich doch zwei junge Menschen gefunden zu haben, die zumindest füreinander offen waren. Natürlich darf man Worte wie »Liebe« und »Gefühle« nicht überinterpretieren, aber es hatte den Anschein, als seien vorerst alle störenden Steine aus dem Weg geräumt. Nach wie vor skeptisch war allerdings Karl Friedrich, Augustas vorsichtiger Vater. Er verlangte von seiner Tochter eine schriftliche Erklärung, dass sie Prinz Wilhelm auch tatsächlich heiraten wolle. Am 23. Oktober 1828 um Mitternacht unterzeichnete Augusta ein längeres Schreiben, in dem sie ihr Einverständnis für die Ehe gab. Darin heißt es: »Es scheint mir diese Angelegenheit, wenn ich dies sagen darf, eine Sache der Vorsehung, da sie trotz aller naturgemäßen Hindernisse und Hemmungen erfolgt ist.« Der Inhalt des Schreibens ist ansonsten eher sachlich gehalten und verrät keinerlei Enthusiasmus hinsichtlich der bevorstehenden Hochzeit. Doch da es sich um ein offizielles Dokument handelt, scheint das nur logisch zu sein. Zudem war das Verhältnis zwischen dem Großherzog und seiner Tochter keineswegs so, dass Augusta ihrem Vater ihr Innerstes offenbart hätte. Jetzt stand der Verbindung mit dem Preußenprinzen endgültig nichts mehr im Wege.

Dass Wilhelms Hochstimmung anhielt, geht aus seinem Brief an Charlotte vom 25. Oktober hervor: »Nur zwei Zeilen, um Dir mein Glück zu melden! Auguste hat mir heute vor ihrer Familie ihr Jawort gegeben! Ich bin glücklich, und glücklicher, als ich es mir träumte, da ich sehe, wie Augusta mich liebt und wie sie meine Liebe verdient. So herrlich tief fühlend und innig verständig, wie ich sie jetzt kenne, kann ich einer ungetrübten Zukunft entgegensehen … Ich sage Dir nun, dass Augustes erste Worte waren nach dem ersten sprachlosen Moment: Ich weiß, wen ich Ihnen ersetzen soll. Gott gebe, dass ich sie Ihnen nach meinem besten Bestreben ersetzen kann! Sie sagte dies mit einem Ton, einem Ausdruck, der sie mir über alles in der Welt wert macht. Gott segne sie dafür, denn zarter und schöner kann man nicht handeln.«

Als Soldat zum Gehorsam erzogen: Prinz Wilhelm von Preußen

Augusta war sich also durchaus darüber im Klaren, dass ihre Ehe mit Wilhelm so etwas wie eine »ménage à trois« werden würde, dass der Geist von Elisa stets über ihnen schweben, wenn nicht sogar zwischen ihnen stehen würde. Sie wusste, sie war nur zweite Wahl, »Ersatz« für die zauberhafte polnische Prinzessin, die Wilhelm noch immer in seinem Herzen trug. Augusta musste also nach einem Weg suchen, wie sie mit dieser schweren Hypothek umgehen konnte. Wilhelm reiste wenige Tage nach dieser noch inoffiziellen Verlobung zurück nach Berlin, und sie blieb mit vermutlich gemischten Gefühlen zurück in Weimar.

Während der nächsten Monate erlebte Augusta ein Wechselbad der Gefühle. Natürlich schrieb ihr der pflichtbewusste Wilhelm regelmäßig, doch sollte die junge Braut so etwas wie Liebesbriefe erwartet haben, dann wurde sie bitter enttäuscht. Der Ton war eher nüchtern, mitunter sogar etwas beängstigend. Schon Anfang Dezember 1828 schrieb Wilhelm von »dunklen Wolken«, die möglicherweise über der gemeinsamen Zukunft schwebten, auch wenn er scheinbar beruhigend hinzufügte: »Aber Sie kennen ja schon hinreichend Ihren finsteren Wilhelm, um zu wissen, dass solche Worte nicht gesagt werden, um finster zu stimmen, sondern gerade im Gegenteil, um dadurch heiter und ohne Illusionen der Zukunft entgegenzugehen.« Und kurze Zeit später warnte er erneut vor überzogenen Hoffnungen: »Ein Schmeichler bin ich nicht, das wissen Sie hoffentlich, liebe Augusta, hinreichend.« Doch Augusta scheint trotzdem optimistisch in die Zukunft geblickt zu haben, denn sie antwortete am 10. Dezember 1828: »Ihr Brief, lieber Wilhelm, macht mich sehr glücklich. Weit entfernt, in demselben etwas Finsteres zu finden, wie Sie glauben, fand ich vielmehr in Ihrer Ansicht des Lebens die getreue Schilderung der meinigen ... Sie wissen, dass dies nicht die erste Ähnlichkeit ist, die ich zwischen uns beiden entdeckte, ein Gedanke, der mir teuer ist. Ich glaube, dass Illusionen gefährliche Feinde sind und dass es keinem Zweifel überlassen ist, wie besser man tut, dieselben selbst zu entfernen, als erst diese Sorge von der Erfahrung zu erwarten. «

Wie alle Frischverliebten gab sich Augusta die größte Mühe, ihrem künftigen Ehemann zu gefallen. Mit dem »Feuerkopf« hatte Wilhelm bislang noch keine Erfahrung gemacht, im Gegenteil. Selbst die Aussteuerkleider sollten seinen Geschmack treffen, nicht zuletzt, was die Rocklänge betraf. Vermutlich hat der konservative Preußenprinz die »fußfreie Mode« verabscheut, zumindest bei seiner künftigen Gemahlin. Aber Augusta richtete sich ganz nach seinen Wünschen: »Ich habe alle meine neuen Kleider nach den beiden machen lassen, die Ihnen am besten gefallen (dem weißen Gazekleid und dem Moireekleid). Kein einziges ist kürzer.«

Im Februar 1829 kam Wilhelm erneut nach Weimar, diesmal zur offiziellen Verlobung. Im Gepäck hatte er »eine Schnur Perlen, 15 000 Taler im Wert«, sein Verlobungsgeschenk für Augusta. Den Verlauf des Abends selbst schilderte er natürlich wieder in einem Brief an seine Schwester Charlotte: »Gestern fand denn meine Verlobung statt«, schrieb er am 17. Februar 1829, »und zwar um ½ 9 abends im Zimmer der alten Großherzogin. Darauf war großes Konzert und nachher Gratulationscour. Somit bin ich nun einen wichtigen Schritt näher an dem lang ersehnten Ziel, dem ich mit immer mehr Zuversicht der Zufriedenheit und des Glücks entgegensehe, je öfter ich Auguste wiedersehe und kennenlerne. So gestern froh wiederum hat sie von selbst auf eine so zarte und edle Art mir davon gesprochen, wie ergreifend der Tag für mich sein müsste, wenn ich an die dächte, der ich sonst angehörte, dass ich darin von Neuem ihr edles Herz und Zartgefühl erkannt habe. Eine andere hätte Scheu gehabt, von selbst … dies zu berühren, was mich doch beschäftigen musste. Sie ist aber zu offen und wahr, als damit zurückhalten zu können. Dies mag sie Dir noch werter machen …«

Elisa und immer wieder Elisa. Interessant ist daher, wie die verlassene Prinzessin selbst reagierte, als sie von Wilhelms Verlobung erfuhr. Sie nämlich schrieb an ihre Tante Marianne von Preußen (1785–1846), Gemahlin des jüngsten

Bruders von Friedrich Wilhelm III.: »Ich kann Ihnen nicht verbergen, dass es mir eine Freude machte im ersten Augenblick, von Prinz Wilhelms Braut als seine wahrhafte Liebe betrachtet zu werden, aber Gott verhüte, dass ich ihren Rechten je zu nahe trete und Erinnerung der Gegenwart schade. Nein, sagen Sie dem Prinzen, dass mein Gebet das Glück seiner Frau ist und dass ich wahrhaft glücklich sein werde zu hören, dass ihre Ehe durch gegenseitige Liebe und treue Pflichterfüllung eine Freude würde für alle Zeugen.«

Abschiednehmen

Maria Pawlowna war der Ansicht, dass sich Wilhelm vor seiner Hochzeit mit Augusta endgültig von Elisa Radziwiłł verabschieden sollte. Anfang Juni 1829 reiste er deshalb nach Schlesien, um seiner »Ewig« auf dem Radziwiłł'schen Familiensitz Antonin endgültig Lebewohl zu sagen. Hier brach alles an aufgestauten Gefühlen aus ihm heraus, wie Elisas Mutter Luise an »Tante Marianne« nach Berlin schrieb: »Um 12 Uhr war Prinz Wilhelm schon da. Er war in so heftiger Bewegung, dass auch ich meine Fassung verlor und in großer Sorge ihn in mein Zimmer führte, wo Elisa und Wanda (Elisas Schwester) waren. Er war so aufgelöst in Tränen und Schmerz, scheint wirklich Elisa noch so lieb zu haben.« Elisa selbst überstand den Besuch offenbar mit großer Beherrschung. Auch wenn es keine wirklichen Beweise dafür gibt, so hat es doch den Anschein, dass sie es Wilhelm übel genommen hat, dass er damals vor seinem Vater »eingeknickt« ist. So musste sie den Eindruck gewinnen, dass ihm der Gehorsam gegenüber dem König wichtiger war als die Liebe zu ihr. Und die Gerüchte von Wilhelms Affäre mit Emilie von Brockhausen waren ihr natürlich auch zu Ohren gekommen.

Das alles machte es ihr sicherlich leichter, beim Wiedersehen »Contenance« zu bewahren.

Unterdessen wartete Augusta in Weimar auf ihren Bräutigam, der sie zur Trauung nach Berlin begleiten sollte, in ihre neue Heimat. Auch wenn sie offenbar davon überzeugt war, die Ehe mit Wilhelm zur beidseitigen Zufriedenheit meistern zu können, so graute ihr doch vor dem Abschied und vor dem, was sie in Preußen erwartete. Von ihren Ängsten schrieb sie auch an Wilhelm: »Ich fürchte mich sehr vor dem Debüt, vorzüglich vor dem Augenblick, wo Sie mich Ihrem Vater vorstellen.« Bald würde es so weit sein. Am 6. Juni 1829 traf Wilhelm in Weimar ein, um Augusta abzuholen. Es wurde ein tränenreicher Abschied, noch dazu bei strömendem Regen. Trotzdem hatten sich am Wegesrand zahllose Landsleute versammelt, um die rosenbekränzte Kutsche mit ihrer Prinzessin zu verabschieden und in die Ferne fahren zu sehen. In der Menge stand auch Augustas großväterlicher Freund, der inzwischen knapp 80-jährige Goethe, der den Abschied mit wohlformulierten Worten begleitete: »Möge es ihr wohlergehen in dem ungeheuer bewegten und weiten Element.«

»Wenn nur das Herz mehr Übergewicht über den Kopf bekommt«

Augustas Leben in Berlin

Preußisches Panorama

Anders als Augustas kleines Heimatland Sachsen-Weimar-Eisenach blickte ihre neue Heimat Preußen auf eine recht bewegte Geschichte zurück. Sie hatte in Brandenburg ihren Anfang genommen, einem Land, das wegen seines sandigen und wenig fruchtbaren Bodens als »des Heiligen Römischen Reiches Streusandbüchse« verspottet wurde. Erst seit 1618 gehörte (Ost)Preußen, vorerst noch als polnisches Lehen, zu dem weitgehend bedeutungslosen Kurfürstentum. Wohl niemand hätte damals auch nur einen Gedanken daran verschwendet, dass dieses Land einmal zur geachteten und gefürchteten Großmacht aufsteigen könnte.

Die Weichen für den Aufstieg Brandenburg-Preußens stellte der Große Kurfürst Friedrich Wilhelm (1620–1688), der das durch den Dreißigjährigen Krieg völlig verwüstete Land wieder aufbaute und in einen vergleichsweise effektiv geführten, absolutistisch regierten Staat verwandelte. Sein Sohn Friedrich, der aufgrund eines Buckels von den Berlinern mit liebevollem Spott der »schiefe Fritz« genannt wurde, war zwar ein wesentlich schwächerer Herrscher als der tatkräftige Vater. Und doch leistete er Entscheidendes für die weitere Entwicklung des Landes, als er sich 1701 in Königsberg zum ersten König »in« Preußen krönte. König von Brandenburg konnte er nicht werden, da das Kurfürstentum zum Heiligen Römischen Reich gehörte. Daher nahm er sich August den Starken zum Vorbild, der schon 1697 zum König von Polen gekrönt worden war. Auf den ersten Blick schien der neue Titel nur eine persönliche Eitelkeit des »schiefen Fritz« zu befriedigen. Tatsächlich aber war die Königskrone, vor allem, was das Ausland betraf, mit einem enormen Prestigegewinn verbunden.

Friedrich Wilhelm I. folgte seinem Vater Friedrich I. auf den Thron. Er trägt den Beinamen »Soldatenkönig«. Der Name scheint auf einen typischen Vertreter des preußischen Militarismus hinzuweisen, was aber nur bedingt richtig ist. Zwar vergrößerte Friedrich Wilhelm I. das »stehende Heer« von 38 000 auf 85 000 Mann, doch Angriffskriege hat der »Soldatenkönig« nicht geführt. Erst sein Sohn Friedrich II., der gerne als »Philosoph von Sanssouci« bezeichnet wird, sorgte dafür, dass das preußische Heer zum Einsatz kam. Kaum hatte er den Thron bestiegen, marschierte er im Dezember 1740 in Schlesien ein, das damals zu Österreich gehörte. Friedrich II. hatte geglaubt, mit der jungen Maria Theresia ein leichtes Spiel zu haben, aber er hatte sich geirrt. Erst nach den zwei Schlesischen Kriegen und dem Siebenjährigen Krieg (1756–1763), der Preußen an den Rand des Abgrunds brachte, kam der »alte Fritz« ans Ziel und sicherte seinem Staat sogar die Stellung einer europäischen Großmacht. Damals entstand der preußisch-österreichische Dualismus, der noch im 19. Jahrhundert eine maßgebliche Rolle spielen sollte.

Weil Friedrich II. keine Kinder hatte, folgte ihm 1786 sein Neffe als Friedrich Wilhelm II. auf den Thron, dessen Vorliebe weniger dem Militär als der Musik und seinen Mätressen galt. Trotzdem erfuhr Preußen während seiner Regierungszeit durch die zweite und dritte Teilung Polens einen erheblichen territorialen Zuwachs.

Ebenso friedliebend wie sein Vater war Friedrich Wilhelm III., der 1797 den Thron bestieg. Und doch wurde er wider Willen in die Napoleonischen Kriege hineingezogen, die mit der Niederlage bei Jena und Auerstedt 1806 das friderizianische Preußen beendeten. In diesen Jahren wurde Königin Luise, die Gemahlin Friedrich Wilhelms III., gewissermaßen zur »Volksheldin«, weil sie sich 1807 in Tilsit so mutig ihrem »Todfeind« Napoléon entgegengestellt hatte. Als Luise im Sommer 1810 im Alter von nur 34 Jahren starb, trauerte das ganze Volk – und fortan musste sich jede preußische Königin den Vergleich mit dieser »Lichtgestalt« gefallen lassen.

Die preußische Verwandtschaft

Zurück zu Augusta, die sich auf dem Weg nach Berlin befand: Gemächlich fuhr die rosenbekränzte Kutsche mit dem fürstlichen Brautpaar durch Thüringen. Augusta aber war nervös und konnte die Reise in ihre neue Heimat überhaupt nicht genießen. Dass in allen Ortschaften, an denen sie vorbeikamen, Empfänge zu Ehren des fürstlichen Paares gegeben wurden, fand sie entsetzlich anstrengend: »Der Tag mit seinen sich immer wiederholenden unausstehlichen Festlichkeiten war grässlich«, schrieb sie ihrer Mutter später. Drei Tage dauerte die Fahrt. Vermutlich wird Wilhelm seiner jungen Braut unterwegs ein wenig über die verschiedenen Mitglieder der Hohenzollernfamilie erzählt haben, die Augusta in Kürze alle kennenlernen würde. Es war wohl tröstlich, dass es zumindest ein vertrautes Gesicht am preußischen Königshof gab: ihre Schwester Marie, die seit zwei Jahren mit Prinz Karl von Preußen verheiratet war. Die Liebesheirat der beiden war nach nur zehn Monaten durch die Geburt des Sohnes Karl Friedrich gekrönt worden. Später folgten noch zwei Töchter, die 1829 geborene Luise Marie und Marie Anna, die 1836 zur Welt kam. Im Winter lebte das Paar in seinem Berliner Palais am Wilhelmsplatz, im Sommer auf Schloss Glienicke nahe Potsdam. Hier ging Prinz Karl von Preußen seiner großen Leidenschaft nach, dem Sammeln antiker Kunstwerke, weswegen er auch häufig nach Italien reiste. Doch Marie war ganz anders geartet als Augusta, das war Wilhelm schon bei seinem Besuch in Weimar im November 1826 aufgefallen. Damals hatte er seiner Schwester Charlotte geschrieben: »Aber freilich trotz ihrer Herzlichkeit und Zärtlichkeit hatte ihre Konversation doch noch immer jenen gewissen Phrasenanstrich, an den man sich gewöhnen muss, um sich zu überzeugen, dass es mehr als Phrasen sind.« Auch anderen Zeitgenossen, unter anderem Elisa Radziwiłł, fiel Maries etwas gespreiztes und kapriziöses Verhalten unangenehm auf. Doch mochte Augustas Verhältnis zu ihrer Schwester auch nicht das beste sein, so war sie doch zumindest eine Vertraute in dem »ungeheuer bewegten und weiten Element«, wie es Goethe formuliert hatte.

Am meisten fürchtete sich Augusta vor der Begegnung mit dem König, so hatte sie es Wilhelm zuvor freimütig gestanden. Tatsächlich war der Umgang mit dem spröden und wortkargen Friedrich Wilhelm III. keineswegs einfach. Das galt selbst für seine eigene Familie. Die Hofdame Caroline von Rochow berichtete in ihren Erinnerungen: »Sonderbarerweise wusste er überhaupt nicht so recht mit seinen Kindern zu leben. Die Töchter mussten wohl immer um ihn sein; ob es aber je zu einem vertraulichen Wesen zwischen ihnen kam, weiß ich nicht und möchte es bezweifeln. Mit den Söhnen aber verkehrte er noch weniger, und je erwachsener und selbstständiger sie wurden, desto geringer blieb der innere Zusammenhang ihres Lebens.«

Der Kronprinz Friedrich Wilhelm hingegen war aus ganz anderem Holz geschnitzt, im Gegensatz zu seinem Vater völlig unmilitärisch und von eher rundlicher Statur. Er hatte vielfältige geistige und künstlerische Interessen und seine große Leidenschaft galt der Architektur. In einem »anderen Leben«, also als normaler Bürger, so hatte er einmal gesagt, wäre Wilhelm wahrscheinlich Soldat, er selbst hingegen Architekt geworden. Mit Begeisterung zeichnete er die Baupläne für neue Projekte. Zum Freundeskreis des Kronprinzen zählten Männer wie der Historiker Leopold von Ranke, der Naturforscher Alexander von Humboldt und natürlich der Baumeister Karl Friedrich Schinkel. Doch das war nur die eine Seite. Friedrich Wilhelm konnte – ein Erbe der Hohenzollern – auch ausgesprochen launisch und aufbrausend sein, ein widerspruchsvoller Charakter, konservativer Träumer und später ein »Romantiker auf dem Thron«. In seiner bayerischen Ehefrau Elisabeth, genannt Elise, hatte er sowohl den nötigen Ausgleich als auch die passende Ergänzung gefunden. Die Kronprinzessin war eine verständnisvolle Partnerin, der es immer wieder gelang, mäßigend auf ihren aufbrausenden Gemahl einzuwirken. Doch als Katholikin hatte sie in Berlin alles andere als einen leichten Stand. So glücklich ihre Ehe mit Friedrich Wilhelm auch sein mochte – in Preußen wurde die schüchterne Bajuwarin nie richtig heimisch.

Da die Regierungspolitik allein dem König vorbehalten war, gingen die übrigen Familienmitglieder mehr oder weniger ihren privaten Interessen nach, den geselligen Freuden der Berliner Oberschicht, Reisen oder Theaterbesuchen.

Zur preußischen Königsfamilie gehörten auch Wilhelms Schwestern Charlotte, Alexandrine und Luise. Letztere war mit dem niederländischen Prinzen Karl verheiratet. Die drei lebten seit ihrer Hochzeit natürlich nicht mehr in Berlin.

Der einzige fürstliche Junggeselle am Hof war der 1809 geborene Albrecht, genannt Abbat, allerdings schon verlobt mit Prinzessin Marianne der Niederlande. Die beiden heirateten im September 1830, doch die Ehe wurde später geschieden. Als eindeutiger »Star« unter den Geschwistern aber galt Charlotte, unter den Namen Alexandra Fjodorowna die Gemahlin des Zaren Nikolaus I., dem Onkel von Augusta. Beide hielten sich vor 1825 gerne zu längeren Besuchen in Berlin auf, so 1820/21 und 1824/25 für mehrere Monate. Nach der Krönung fielen die gemeinsamen Reisen naturgemäß wesentlich kürzer aus. Vor allem Charlottes Besuche wurden in der preußischen Metropole als außerordentliche Ereignisse angesehen. So schrieb der Hofmann Friedrich Ferdinand Graf von Beust: »Es ist immer, als ob die selige Königin Luise selbst vom Himmel im Triumph herunterkäme.« Natürlich reiste das Zarenpaar auch anlässlich der bevorstehenden Hochzeit von Augusta und Wilhelm nach Berlin, die Hauptstadt Preußens, die aufgrund ihrer klassizistischen Architektur inzwischen gerne als »Spree-Athen« bezeichnet wurde.

Preußens Hauptstadt Berlin

Ganz langsam hatte sich Berlin von den Verwüstungen des Dreißigjährigen Krieges (1618–1648) erholt. Erst mit Friedrich I., dem ersten König »in« Preußen, entwickelte sich die Stadt zu einer repräsentativen Residenz und Schaltzentrale der preußischen Staatsmacht. Friedrich I., der als echter Barockfürst großen Wert auf eine prunkvolle Architektur legte, ließ das Berliner Stadtschloss verschönern und gab den Auftrag zum Bau des späteren Schlosses Charlottenburg. Unter Friedrich dem Großen entstanden unter anderem das

Königliche Opernhaus, die St.-Hedwigs-Kathedrale sowie das Prinz-Heinrich-Palais, die spätere Humboldt-Universität. Neue Akzente setzte vor allem Friedrich Wilhelm II. Der holte 1788 den Architekten Carl Gotthard Langhans (1732–1808) aus Breslau an die Spree und machte ihn zum Direktor des Oberhofbauamtes in Berlin. Langhans schuf damals vor allem jenes Bauwerk, mit dem sich Friedrich Wilhelm II. gleichsam ein Denkmal setzte und das schon bald zum Wahrzeichen Berlins wurde: das Brandenburger Tor, das 1794 durch die Quadriga des jungen Bildhauers Johann Gottfried Schadow (1764–1850) ergänzt wurde.

Als überragender Baumeister des Klassizismus prägte Karl Friedrich Schinkel (1781–1841) die Stadt. Die rund 30 Bauten, die er nach seinem Tod im von ihm geschaffenen »Spree-Athen« hinterließ, haben das Bild der preußischen Metropole nachhaltig geprägt. Heute sind nur noch einzelne Bauwerke erhalten geblieben, darunter die Neue Wache Unter den Linden, das Alte Museum am Lustgarten oder die Schlossbrücke.

Doch Preußens Metropole Berlin war nicht nur die repräsentative Residenz der Hohenzollernkönige. Maschinenbau und Dampfschifffahrt läuteten allmählich die industrielle Entwicklung der Hauptstadt ein, die bei Augustas Ankunft 1829 freilich noch in den Kinderschuhen steckte.

Augustas vorläufiges Zuhause sollte das Berliner Stadtschloss sein, das heute nicht mehr existiert. Es wurde bei einem Bombenangriff im Februar 1945 schwer beschädigt und im Juli 1950 gesprengt und völlig abgetragen. Das hatte der Ministerrat der DDR so beschlossen, um das wichtigste Andenken an das alte Preußen radikal auszumerzen. Damit endete die wechselvolle 500-jährige Geschichte des Schlosses, zumindest vorläufig.

Schon im 15. Jahrhundert hatte an dieser Stelle eine Burg

gestanden, die dann zu einem Renaissanceschloss umgebaut worden war. Doch erst der Große Kurfürst Friedrich Wilhelm machte das Schloss zum Mittelpunkt der Stadt und ließ den im Dreißigjährigen Krieg zerfallenen Prunkbau gründlich renovieren. Die wichtigsten Umbauten aber erfolgten während der Regierungszeit Friedrichs I., der den bedeutenden deutschen Barockarchitekten Andreas Schlüter zum Schlossbaumeister ernannte. Der erste Preußenkönig gab auch jene kunstvolle Arbeit in Auftrag, die später als »Bernsteinzimmer« berühmt werden sollte und seit dem Ende des Zweiten Weltkriegs als verschollen gilt.

Hochzeit im Berliner Schloss

Nach dreitägiger Fahrt wurden Augusta und Wilhelm in Berlin feierlich empfangen. Unter Glockengeläut und Hochrufen der jubelnden Menge fuhr der goldene Galawagen über die Prachtstraße Unter den Linden bis zum Stadtschloss vor. Die Mitglieder der Königsfamilie begrüßten sie alle sehr herzlich, vor allem Friedrich Wilhelm III., der diese Verbindung doch unbedingt gewollt hatte. Augusta aber blieb kaum Zeit, sich ein wenig von den ganzen Strapazen zu erholen. Bereits am nächsten Tag, dem 11. Juni 1829, fand in der Schlosskapelle die feierliche Trauung statt. Wilhelm trat in traditioneller Generalsuniform vor den Altar, Augusta trug die preußische Prinzessinnenkrone, die aus dem 18. Jahrhundert stammte. Auch wenn sie sich heiter und vergnügt präsentierte, so war ihr die Anspannung doch deutlich anzumerken. Nach der Zeremonie begannen die Hochzeitsfeierlichkeiten mit der üblichen Gratulationscour. Dass Augusta im Weißen Saal des Berliner Schlosses zwei Stunden lang freundlich lächelnd Glückwünsche entgegennehmen musste, bereitete ihr keine Schwierigkeiten. Das hatte sie schließlich zu Hause in Weimar hinreichend geübt. Unter dem Thronhimmel stehend fand sie für jeden Gratulanten die passenden Dankesworte. »Sie sah erschöpft aus«, notierte eine Hofdame, »aber sobald man sie sprechen sah, belebten sich die interessanten Züge.« Die Hochzeitsgäste waren »enchantiert«. Und doch spürten sie deutlich, dass dies – anders als beim Kronprinzen und seiner Elise – keine Liebesheirat war. Wilhelm schien nicht gerade in bester Stimmung zu sein. Sein Jawort, so munkelte man, sei am Altar kaum zu hören gewesen. Auffallend war auch, dass er sich viel mehr um seine Schwester Charlotte kümmerte als um Augusta, die sich in der großen Gesellschaft ein wenig verloren fühlte. Doch selbst dieser lange Tag ging einmal zu Ende. Nach dem traditionellen Fackeltanz*, der auf keiner preußischen Prinzenhochzeit fehlen durfte, wurde das frisch vermählte Paar zur »Brautkammer« geführt. Hier verteilte die Oberhofmeisterin dem Protokoll gemäß das sogenannte Strumpfband an die Herren des Hofes. In früheren Zeiten hatte man noch das wirkliche Strumpfband der Braut in mehrere Stücke zerschnitten. Das war jetzt nicht mehr der Fall. Inzwischen wurden eigens kleine Seidenbänder angefertigt, von denen jedes mit dem Namen der Braut versehen war. Dann schloss sich die Tür hinter Augusta und Wilhelm. Jetzt waren beide allein.

---

* Dieser Fackeltanz war über Jahrhunderte der obligatorische Abschluss jeder Prinzenhochzeit am Berliner Hohenzollernhof. Dazu wurden im Weißen Saal alle Lichter gelöscht, Musik setzte ein und zwölf Hofbeamte betraten den Raum, jeder eine Harzfackel in der Hand. Zunächst verbeugten sie sich vor dem Brautpaar, das sich daraufhin erhob, um sich der Prozession anzuschließen. Nach der ersten Runde gesellten sich auch die Eltern des Bräutigams hinzu, dann beteiligten sich nach und nach alle Gäste an dem traditionellen Abschlussritual.

Auf elegante Kleidung legte die modebewusste Augusta bis ins hohe Alter großen Wert

Damit begann für die 17-jährige Augusta ein ganz neuer Lebensabschnitt, dem sie jetzt, fern der Heimat, eher ängstlich und ohne ihren früheren Optimismus entgegensah: »Meine Erinnerungen an die ersten Tage bringen mir nur das drückendste Gefühl von Verdutztheit, Angst und Heimweh«, schrieb sie wenig später ihrer Schwägerin Luise. Tatsächlich war Augusta durch ihre Heirat in eine ganz neue

Welt eingetreten, in der sie sich nie richtig heimisch fühlen würde. Philipp von Eulenburg, der Intimus von Augustas Enkel Wilhelm II., hat das später einmal treffend formuliert: »Sie heiratete in eine äußerlich größere, aber innerlich kleinere Welt.« Vom vergleichsweise liberalen Weimarer »Musenhof« war Augusta ins militärisch-nüchterne Berlin gekommen, das ihr persönliches »Fegefeuer« wurde.

»Brillanter Laune« – Die ersten Wochen der Ehe

Die Sommermonate pflegte die preußische Königsfamilie in den Potsdamer Schlössern und Gärten zu verbringen. Noch bis Mitte des 17. Jahrhunderts war die Stadt nur ein unbedeutender Marktflecken gewesen, doch dann hatte der jagdfreudige Große Kurfürst Friedrich Wilhelm von Brandenburg-Preußen (1620–1688) seine Vorliebe für Potsdam entdeckt und mit dem Bau des Schlosses begonnen. So wurde Potsdam zur Fürstenstadt und blieb es bis zum Zusammenbruch der Hohenzollern-Monarchie 1918. Einen Höhepunkt in der Entwicklung setzte Friedrich der Große (1712–1786). Er beauftragte nicht nur den hervorragenden Architekten Georg Wenzeslaus von Knobelsdorff (1699–1753) mit dem Umbau des Stadtschlosses, sondern drückte ganz Potsdam den Stempel einer repräsentativen Fürstenresidenz auf. Im Jahr 1744 ließ Friedrich am sogenannten Wüsten Berg vor der Stadt einen Weinberg anlegen. Damit begann die Geschichte von Schloss Sanssouci, dem Anwesen mit dem herrlichen Ausblick tief in die Havellandschaft hinein. Wenig später wurde auch das Neue Palais errichtet, das der Preußenkönig jedoch nicht selbst bewohnte, sondern eher als »Gästehaus« nutzte. Sein Nachfolger Friedrich Wilhelm II. (1744–1797) gab den Auftrag für das königliche

Marmorpalais am Ufer des Heiligen Sees, und Friedrich Wilhelm III. ermöglichte seinen Söhnen schließlich die Gestaltung eigener Sommerresidenzen in und um Potsdam. Prinz Karl ließ bekanntlich Schloss Glienicke umbauen, während sich der Kronprinz mit Charlottenhof im Park von Sanssouci ein Domizil eher bürgerlichen Zuschnitts schuf.

In dieser idyllischen Umgebung verlebte Augusta ihren ersten »preußischen Sommer«. »Sie wohnen in Sanssouci (in den neuen Kammern) und sollen dort ein Leben wie im Himmel führen«, glaubte die Hofdame Frau von Reden. »Wie im Himmel« fühlte sich Augusta aber keineswegs. Schon während ihrer Hochzeit war nicht sie es gewesen, die im Mittelpunkt der Gesellschaft stand, sondern Wilhelms allseits bewunderte Schwester Charlotte. Am 13. Juli 1829 gab man zu Ehren des Zarenpaares im Neuen Palais in Potsdam das »Fest der Weißen Rose«, eines der hier so beliebten aufwendigen Spektakel. Neben poetischen, theatralischen und musikalischen Darstellungen wurde auch ein farbenprächtiges Turnier veranstaltet, das jedoch nicht jedermanns Geschmack traf. So schrieb die Hofdame Caroline von Rochow: »Es war zum Sterben fatigant [ermüdend], denn es dauerte fast zwölf Stunden, aber doch vielleicht einzig in seiner Art.«

Es war einfach zu viel Neues, was auf Augusta hereinstürzte, auch das ständige »Unterhaltungsprogramm« empfand sie als recht anstrengend, wie sie ihrer Großmutter Luise nach Weimar schrieb: »Das hiesige Leben ist sehr angreifend, vorzüglich für denjenigen, der nicht daran gewöhnt ist … Landpartien, Fatiguen mancher Art. Das Band der Liebe und Vertraulichkeit, welches die zahlreichen Mitglieder der königlichen Familie miteinander verbindet, war mir aber zu Anfang auch befremdend, da ich durchaus nicht an einen so weit ausgedehnten und doch innigen Verkehr gewohnt war. Da ich aber merkte, wie sehr es dem Prinzen angelegentlich zu sein scheint, dass ich recht in den Genre einging, sozusagen, gab ich mir Mühe und tue es auch fortwährend ... Der König ist sehr gütig für uns beide, auch die Kaiserin [Charlotte] bezeigt uns in ihrer Art viel Freundlichkeit. An die Kronprinzessin habe ich mich in inniger Liebe angeschlossen und hoffe ich, in ihr in der Folge eine wahre Freundin zu finden. Ihr Charakter ist so ausgezeichnet, dass es eine wahre Freude ist, sie näher kennenzulernen. Die Fürstin Liegnitz behauptet ihre schwere Stellung mit einem so unnachahmlichen und bescheidenen Takt, dass auch sie an sich fesselt. Der Prinz ist fortwährend sehr gut für mich. Je mehr ich mich an seinen ernsten und gesetzten Charakter gewöhne, je mehr empfinde ich Vertrauen zu ihm und wünsche, das für ihn sein zu können, was er so bedarf und verdient.«

Wie es scheint, gestaltete sich das Zusammenleben der beiden Frischvermählten zunächst recht gut, und auch die Familie bemühte sich, das neue Mitglied herzlich aufzunehmen. Der preußische General von Brause, der ebenfalls mit nach Potsdam gekommen war, beobachtete, dass sich Augusta offensichtlich wohlfühlte: »Die Prinzessin ist heiter und gefällt allen, die sie näher kennen.« Auch Wilhelm war mit seiner jungen Ehefrau durchaus zufrieden. In seinem Brief an Charlotte heißt es zumindest am 28. Juli 1829: »Auguste grüßt dich herzlich. Das versprach ich und verspreche dir von Neuem, sie nach meinen Kräften glücklich zu machen. Sie ist so gut und so kindlich dabei, dass es eine wahre Wonne zu sehen ist. Sie taut immer mehr auf und vorzüglich ist sie jetzt in brillanter Laune und amüsiert alles durch ihre Heiterkeit.« Auch in modischer Hinsicht richtete sich Augusta ganz offensichtlich nach den Wünschen ihres Gemahls, wie Wilhelm berichtet: »Ich bin sehr zufrieden mit der Toilette, indem ich die kleine Sucht nach dem Outrieren [Übertreiben] ein wenig gedämpft habe durch dein Beispiel, eine kleine Sucht, die ich schon in Weimar anfangen musste zu zügeln. – Sie ist so jung, dass sie Gefallen und Geschmack an dieser Modejagd fand … Sie sieht nun eben selbst ein, dass für ihren Platz die Mittelstraße notwendig ist.«

Am 30. September 1829 feierte die gesamte Königsfamilie im Neuen Palais noch Augustas 18. Geburtstag »mit Dinner und Theater«. Dann kehrten alle zurück nach Berlin. Damit begann wieder der Alltag, auch der Ehealltag für Augusta.

Alltagsleben im Berliner Schloss

Die erste Hürde ihrer Ehe hatten Augusta und Wilhelm genommen, doch wirklich nähergekommen waren sie sich kaum, was nicht allein am Altersunterschied von 14 Jahren lag. Anders als Friedrich Wilhelm III. und seine Luise, die bereits in der Hochzeitsnacht zum vertraulichen »Du« übergegangen waren, siezten sich Wilhelm und Augusta noch Monate später. Noch hatte sich keine wirkliche Vertrautheit eingestellt, der Umgang miteinander war nach wie vor etwas befangen. Hinzu kam: Beide Ehepartner waren grundverschieden. Während Wilhelm eher schlichter Natur war und seine Interessen sich weitgehend auf das Militärische beschränkten, kehrte die kluge und belesene Augusta gerne ihre intellektuelle Seite hervor – eine Attitüde, die bei den Hohenzollern überhaupt nicht gut ankam. Doch auf diesem Gebiet fühlte sie sich wenigstens auf sicherem Boden. Gute Gespräche hatte Augusta schon in Weimar gerne geführt – daheim eine Selbstverständlichkeit, in Berlin eher die Ausnahme. Am Hof herrschte eine nüchtern-hausbackene Atmosphäre, die ganz dem Wesen des verschlossenen und melancholischen Königs entsprach. »Im Grunde war er kein angenehmer Herr«, urteilte ein Zeitgenosse, »er war immer trocken, zum Entsetzen langweilig und besonders unschlüssig.«

Was Wilhelm wiederum ganz besonders vermisste, war die sanfte und anschmiegsame Seite seiner Frau, die Augusta nach seinem Geschmack viel zu selten zeigte. Darüber schrieb er am 5. Oktober 1829 an Charlotte: »Seit meinem letzten Brief feierten wir Augustes Geburtstag. Hier natürlich ein hochwichtiger Tag! So zum ersten Mal ein solches Fest zu begehen musste ernste Unterredungen und Betrachtungen herbeiführen. Und je ungesuchter solche Momente kommen, je eindringlicher ist gewöhnlich ihr Erfolg. Ich habe in dieser Hinsicht mit Auguste recht teure und wichtige Momente erlebt, die ihr gefühlvolles Herz wieder so recht erschlossen – eine Erschließung, die ich ihr vorwerfe nicht oft genug zu zeigen, woher sie denn auch von jeher die Reputation einer bloßen Verstandes- und nicht Herzensfrau hatte. Ich kann nun sehr glücklich sein zu sehen, dass man mit ihr zufrieden ist – dass ich es mit ihr bin, kann ich versichern und preise Gott täglich, dass er es so gut mit mir machte.«

Derweil hatte Augusta große Schwierigkeiten, sich an den Alltag am Berliner Hohenzollernhof zu gewöhnen. Gewiss, über Langeweile konnte sie nicht klagen. So schrieb sie ihrer Schwägerin Luise zum üblichen Tagesablauf: »Englische, Zeichen- und Musikstunden, gehe oder fahre täglich aus, reite oft und gehe auch viel, viel ins Theater, besonders ins französische. Mittags oder abends sind wir bald bei diesen, bald bei jenen von den Geschwistern, oder sie kommen zu uns.« Natürlich las Augusta auch viel, wobei sie bekanntlich französische Autoren bevorzugte, und wenn abends im Familienkreis vorgelesen wurde, dann stickte oder malte sie. Trotzdem langweilte sie sich und vermisste eine sinnvolle Aufgabe, die sie wirklich ausfüllte. Gerne hätte sie sich, dem Beispiel ihrer Mutter folgend, im karitativen Bereich engagiert, doch die Berliner Wohlfahrtseinrichtungen unterstanden alle der Kronprinzessin. Mitunter aber konnte Augusta ihre Schwägerin Elisabeth wenigstens begleiten. So berichtete sie Wilhelm einmal ganz glücklich vom Besuch eines Waisenhauses: »Heute Vormittag sah ich etwas unbeschreiblich Merkwürdiges, nämlich die Anstalt für verwahrloste Kinder. Ich hatte sie so loben hören, dass ich mir eine große Erwartung davon machte, sie ist aber durch den Schein bei Weitem übertroffen.« Doch solche Momente waren die Ausnahme.

Das lag auch daran, dass sich Augustas Verhältnis zu Elisabeth deutlich verschlechtert hatte. In Potsdam hatte sie noch geschrieben, sie habe sich der Kronprinzessin »in inniger Liebe angeschlossen« und hoffe, in ihr eine »wahre Freundin« zu finden. Davon war inzwischen keine Rede mehr. Das »Band der Liebe und Vertraulichkeit«, das die preußische Königsfamilie zu umfassen schien, wies erhebliche Schwachstellen auf. Vor allem Prinz Karl und Augustas Schwester Marie hatten einen schweren Stand, auch wenn beide daran nicht ganz unschuldig waren. So heißt es in Wilhelms Brief an Charlotte vom 10. Januar 1830: »Etwas, was Auguste betrübt und worin sie trotz einiger Versuche keine Änderung hervorbringen konnte, ist eine höchst schroffe und empfindliche Art, mit welcher Elis die Marie behandelt. Marie ist allerdings oft etwas indigniert [entrüstet], aber man muss dies nun einmal tragen! Aber das tut Elis viel zu wenig; immer in der Opposition, immer bitter in den Antworten und unangenehm. Sie beherrscht sich darin durchaus nicht. Karl ist schon an sich bös auf Elis wegen der Religion; ihr Benehmen gegen Marie, das wohl ungerecht ist, reizt ihn und besänftigt seine Gesinnung daher nicht ...« Augusta, die ohnehin keine gute Menschenkennerin war, hatte sich in ihrer Schwägerin getäuscht. Elisabeth schien sanft und freundlich zu sein, doch sie hatte nicht die Gabe, mit Menschen umzugehen, die ganz anders waren als sie selbst. Marie mit ihrer etwas exaltierten Art ging der eher zurückhaltenden Kronprinzessin mächtig auf die Nerven, und diese machte auch keinen Hehl daraus. Auch die Beziehung zu Augusta blieb unterkühlt, zumal die streng konservativ denkende Elisabeth und die geistig aufgeschlossene Weimarer Prinzessin praktisch keine Gemeinsamkeiten hatten. Augusta ließ nämlich ebenfalls keine andere Meinung gelten als ihre eigene.

Augusta empfand ihr Leben am Hohenzollernhof eher als trist, zumal Wilhelm häufig außerhalb Berlins zu tun hatte. Wirklich anregende Unterhaltungen wurden kaum geführt, und so passierte genau das, was Wilhelm von Humboldt befürchtet hatte, als er Augusta seinerzeit in Weimar kennenlernte. Damals schrieb er seiner Frau: »Es wäre wirklich schade, wenn sie je durch ihre Heirat einen kleineren Wirkungskreis erhielte. Auch die sie genauer kennen, sagen, dass sie für den größten geboren ist.« Augusta fühlte sich unterfordert, und was in Berlin an »Vergnügungen« geboten wurde, fand sie nicht weniger ermüdend als das »Unterhaltungsprogramm« in Potsdam. Im Januar 1830 veranstaltete der Hof eine »große Schlittenfahrt«: »Es waren 49 Schlitten … sodass der Zug die ganze Länge der Linden einnahm«, schrieb Wilhelm an seine Schwester Charlotte. »Selten habe ich so viele Menschen auf den Beinen gesehen, alle Plätze und Straßen waren gedrängt voll. Das Wetter war herrlich und nur sechs Grad kalt … Abends kam die ganze Gesellschaft zu uns zum thé dansant, der bis zwei Uhr dauerte. Tags darauf war ein höchst animierter Ball bei Brandenburgs, der bis drei Uhr sich erhielt …«

Das mochte Wilhelm vielleicht gefallen, doch Augustas kluger Verstand verlangte nach geistigen Anregungen, nicht nur nach bloßer Zerstreuung. Während Wilhelms Schwester Charlotte bestens darüber informiert war, dass Augusta mehr eine »Verstandes- als Herzensfrau« war, vermutete Alexandrine, Gemahlin des Großherzogs von Mecklenburg-Schwerin, ihr Bruder könne sich mit der jungen Gemahlin vielleicht ein wenig langweilen. In ihrem Brief zu Wilhelms 33. Geburtstag am 22. März 1830 schreibt sie: »Auguste ist wirklich eine gar liebe Person, sie ist jung und mag dich manchmal nicht ganz befriedigen, doch gewiss liebt sie dich und möchte dir dein Leben gern verschönern. Sie ist so kindlich fromm und reinen Herzens, man kann mit ihr eine vernünftige Unterhaltung führen.« Aus diesen Worten wird deutlich, wie wenig Alexandrine, die in Schwerin lebte, über Augusta wusste. Wilhelm aber klärte sie auf: »Wenn du glaubst, dass Augusta mich oft, als zu kindisch, nicht ganz befriedigt, so ist das nicht der Fall, da sie, ganz im Gegenteil, eigentlich zu wenig die Tendenz ihres Alters hat und mich eher in dieser Hinsicht impatieren könnte. Ihr Verstand ist so gereift und ihre Urteilskraft so scharf, dass sie sich zu oft auf Diskussionen einlässt, die sie allerdings mit voller Umfassung des Gegenstandes durchführt, die aber eigentlich über ihre Sphäre gehen, was ihr dann natürlich nicht nur Selbstgefühl gibt, dergleichen Diskussionen zu suchen, sondern ihr einen Anstrich von femme d'esprit gibt, der nicht erwünscht für sie ist, weil sie überhaupt schon in der Reputation immer stand, dass der Verstand über das Herz regiert. Dies ist nun glücklicherweise nicht der Fall, wie ich mit voller Wahrheit versichern kann; aber wer sie nur jene Diskussionen führen hört, wird jene Reputation begründet zu glauben finden, und das ist mir unlieb. Ich habe sie schon oft darauf aufmerksam gemacht und ihr auch namentlich empfohlen, ihre sehr gereiften Geistesgaben wenigstens dadurch in Einklang mit ihrem Alter und ihrem Geschlecht zu halten, dass ihre Äußerungen weniger als festes Urteil erscheinen als vielmehr als ihre Meinung.«

Es sieht also so aus, als habe Wilhelm inzwischen schon des Öfteren mit Augustas »Feuerkopf« Bekanntschaft gemacht, ihrer heftigen und energischen Seite. Dabei hatte Augusta durchaus eine sanfte »weibliche« Seite, doch es fiel ihr schwer, diese auch zu zeigen. Am einfachsten war es noch in schriftlicher Form, die Augusta ohnehin als Kommunikationsmittel bevorzugte, zumindest, was ihren Gemahl betraf. Während sich Wilhelm wieder einmal als Soldat und Repräsentant des preußischen Staates außerhalb Berlins aufhielt, schrieb ihm Augusta am 4. April 1830 einen ungewöhnlich zärtlichen Brief: »Ach, lieber Wilhelm, ich fühle mich recht einsam ohne dich und fühle recht sehr, wie lieb ich dich habe. Dies ist mein erster Brief mit ›Du‹. Leb wohl, bester Wilhelm, ich wünsche dir alles mögliche Glück zu deiner Militaria und füge nur noch die Bitte hinzu, dass du ein wenig deiner Kleinen gedenken mögest. Auf immer deine Augusta.«

Wilhelm antwortete auf Augustas Briefe stets pünktlich und pflichtbewusst, beschränkte sich interessanterweise jedoch auf eher sachliche Berichte seiner Erlebnisse und verlor kaum ein persönliches Wort. Am Ende unterschrieb er regelmäßig mit »Dein treuer Freund Wilhelm«.

Begegnung mit Elisa Radziwiłł

Die Korrespondenz zwischen beiden Eheleuten funktionierte also recht gut, während es im persönlichen Umgang nach wie vor Schwierigkeiten gab. Wie zu befürchten war, schwebte stets der Schatten von Elisa Radziwiłł über ihnen. Wilhelm konnte seine »Ewig« nicht vergessen, er liebte sie nach wie vor und obendrein plagte ihn auch noch das schlechte Gewissen, weil er sich gegen sie entschieden hatte.

Am 5. Oktober 1829 hatte er an Charlotte geschrieben: »Nur ein Gedanke drückt mich oft zu Boden: Das ist der, dass es mir so gut geht – während Ewig so dasteht! Ich muss alle meine Gefühle zusammennehmen, um mir zu versichern, dass mein Gewissen rein gegen sie dasteht, dass eine höhere Macht es so wollte! Aber es drückt mich dennoch gewaltsam nieder ...«

Augusta wusste bekanntlich um Wilhelms große Liebe zu Elisa und hatte deshalb auch vor der Hochzeit den Wunsch geäußert, »dass ich sie Ihnen nach meinem besten Bestreben ersetzen kann«. Gleichzeitig muss ihr klar gewesen sein, dass sie etwas Unmögliches von sich verlangte: »Wenn ich an die Zukunft denke«, schrieb sie nach ihrer Hochzeit an Wilhelm, »empfinde ich immer das Gefühl dessen, was ich für Sie, lieber Wilhelm, sein möchte und nicht bin.« Doch da Augusta noch immer die Hoffnung hatte, mit Wilhelm eine glückliche Ehe führen zu können, benutzte sie Elisa Radziwiłł gleichsam als »Mittel zum Zweck«. So gab es für beide Partner nur eine gemeinsame Basis und ein bevorzugtes Gesprächsthema: Elisa. Während Wilhelm nicht müde wurde, sich in Erinnerungen an seine »Ewig« zu verlieren, sprach ihn auch Augusta selbst immer wieder auf die verflossene Liebe an. Das fiel sogar der Umgebung auf. Prinzessin Marianne, eine enge Freundin der Radziwiłłs, vertraute nämlich Elisa eine Äußerung Augustas an, diese sei bestrebt, um »Wilhelms Vertrauen zu besitzen, dass er ihr immer nur von Elisa sprechen möchte«.

Was Augusta betrifft, so ist ihr Verhalten durchaus verständlich. Sie hatte es gewissermaßen mit einem unbekannten »Feind« zu tun, den sie auf diese Art und Weise besser kennenlernen wollte. Und da sie merkte, dass Wilhelm stets bereit war, über Elisa zu reden, glaubte sie zudem, ihm durch solche Gespräche näherkommen zu können. Dabei hätte dem 33-jährigen Preußen eigentlich klar sein müssen, wie sehr er seine junge Ehefrau mit den sentimentalen Erinnerungen verletzte, weil er ständig ein »engelsgleiches« Ideal entwarf, dem Augusta in keiner Weise entsprach.

Doch bald sollte die quälende Ungewissheit ein Ende haben. Für den Juni 1830 war ein großes Familientreffen auf Antonin geplant, dem schlesischen Familienbesitz der Radziwiłłs. Hier also würde Augusta ihrer schönen Rivalin endlich persönlich begegnen. Wie mag sie sich wohl gefühlt haben? Was erwartete sie von der neuen Bekanntschaft? Zumindest Wilhelm war etwas beklommen zumute, wie er seiner Schwiegermutter Maria Pawlowna mitteilte: »Sie wissen, liebe Mama, welche Begegnung in Schlesien bevorsteht. Unsere gegenwärtige Lage ist, vor allem zu Anfang, recht peinlich, alle Augen werden auf uns gerichtet sein.«

Die »Begegnung in Schlesien« verlief reibungslos. Tränen sind auf Antonin keine geflossen. Elisa Radziwiłł war klug genug, kaum mit Wilhelm zu sprechen. So verhinderte sie zum einen, dass alte Wunden aufgerissen wurden, zum anderen gab sie seiner Ehefrau auch keinen Grund zu Misstrauen und Eifersucht, im Gegenteil. Augusta sah in der Bekanntschaft mit Elisa eher einen Gewinn für sich. So schrieb sie nach der Rückkehr an ihre alte Kinderfrau: »Alles ist glücklich vorüber, und aus einer Bekanntschaft ist eine innige Freundschaft entstanden … ich erkenne, dass es einen entscheidenden Einfluss auf mein Glück haben wird, denn sie gab mir manchen guten Rat, und der Prinz konnte mir auf seine Art nicht genug seine Freude und Dankbarkeit über dieses Verhältnis zu erkennen geben.« Anscheinend glaubte Augusta, durch eine Freundschaft mit der acht Jahre älteren Elisa auch Wilhelm näherkommen zu können, sei es in geistig-seelischer oder sogar in sexueller Hinsicht.

Leider verschweigt uns Elisa Radziwiłł, welch »guten Rat«

sie Wilhelms Ehefrau gegeben hat. In ihrem Brief an eine Freundin heißt es: »Du weißt, ich habe mich schon immer für sie interessiert und war entschlossen, wenn sie irgendeinen Schritt des Vertrauens täte, ihr darin entgegenzukommen … An diesem Sonnabendnachmittag kam es zwischen Prinzessin Augusta und mir zur Sprache. Ich saß in der Boiseriegalerie zwischen ihr und Prinzess Karl [Marie], die es für nötig hält, der Schwester alles nachzumachen und rhapsodisch eine Passion für mich bekommt … Ich könnte dir manches darüber erzählen, wo du platzen würdest … So will ich dir auch nichts von den Herzensergießungen der Schwester Augusta erzählen, weil ich fest versprochen habe, ihre Geheimnisse heilig zu halten …«

»Ein Muster an Weiblichkeit und Ergebung« – Wilhelms Erwartungen an Augusta

Zu einer »innigen Freundschaft« mit Elisa ist es natürlich nicht gekommen, aber immerhin zu einem regelmäßigen Briefwechsel zwischen den beiden Prinzessinnen. Doch nicht nur Augusta erhoffte sich viel von ihrer Bekanntschaft mit Elisa, auch Wilhelm war zuversichtlich, dass die Begegnung der beiden Frauen ein wenig »frischen Wind« in das bislang eher leidenschaftslose Eheleben bringen würde. Gleich nach der Rückkehr nach Berlin schrieb er am 24. Juli 1830 an seine Schwester Charlotte, die auch auf Antonin gewesen war: »Ich habe mir Vorwürfe gegen Augusta zu machen; ich habe sie bare eingesehen, bereut und gebessert und arbeite fortwährend an dieser Besserung. Auch sie wird an der ihrigen Besserung arbeiten; des bin ich überzeugt; wenn nur das Herz immer mehr Übergewicht über den Kopf bekommt, dann wird alles gut werden. Ich hoffe aber, dass Ewigs Einfluss in dieser Beziehung der allergünstigste gewesen sein wird. Wir haben viel über Ewig und die schöne Zeit gesprochen. – Aber das begreifst du wohl, auch wenn diese Unterhaltungen mit Augusta über Ewigs Eigenschaften etwas sehr Delikates für mich haben. Doch ich bin überzeugt, dass bei der großen, aufrichtigen und ungeheuchelten Zuneigung, die Auguste für Ewig gefasst hat, Ewig wie ein Punkt der Verbindung zwischen uns werden wird, wennselbst ich sie als ihr Muster von Weiblichkeit und Ergebung aufstellen muss … Die Stellung, die Ewig gegen Auguste eingenommen hat, ist der höchste Sieg, den ein menschliches Herz erringen kann in den irdischen Verhältnissen. Dies auszuführen brauche ich nicht, da du alles mit ansahst! Aber auch Auguste muss ich das Zeugnis geben, dass sie ihre Stellung gewonnen hat, wie es wohl nicht eine jede in ihrer Lage getan hätte … Dass Ewig und ich unsere Stellung für die Zukunft bereits gefunden hätten, kann ich nicht so sagen … Nur zweimal haben wir uns gesprochen auf einige Minuten. Da herrschte vollstes Vertrauen und Freundschaft zwischen uns, wie mein Herz es wenigstens empfindet.«

Wenn man bedenkt, dass Wilhelm nicht weniger von Augusta verlangte, als sich gewissermaßen in eine zweite Elisa Radziwiłł zu verwandeln, dann ist es nicht verwunderlich, wenn es zwischen beiden auch auf sexuellem Gebiet haperte. Dabei ging es um sehr viel mehr als nur um die Befriedigung entsprechender Bedürfnisse. Dafür standen Wilhelm schließlich zahlreiche Damen bereitwillig zur Verfügung, vor allem Schauspielerinnen vom Berliner Theater. Friedrich Wilhelm III. war ein großer Theaterfreund und ließ im Prinzessinnen-Palais neben der königlichen Oper mancherlei Privatvorstellungen geben, die nicht selten zur »persönlichen Bekanntschaft aller junger Prinzen mit dieser Gesellschaft führten«.

Der König erwartete vom Prinzenpaar die baldige Geburt eines Thronfolgers, aber auch nach 1½-jähriger Ehe war Augusta noch immer nicht schwanger. Das mochte verschiedene Ursachen haben, lag aber auch an deutlichen Spannungen zwischen beiden Ehepartnern. Sollte Elisa Radziwiłł Augusta noch manch weiteren »guten Rat« gegeben haben, so war dieser jedenfalls nicht auf fruchtbaren Boden gefallen. Natürlich machte Wilhelm seinem Kummer darüber wieder in Briefen an Charlotte Luft. So hieß es am 23. Januar 1831: »Du wünschst mir zum neuen Jahr: Auguste mehr Weiblichkeit und mir mehr Geduld, da hast du den Nagel auf den Kopf getroffen! Wie mich der so ofte Mangel des Ersteren schmerzt, kannst du am besten begreifen, da du ja weißt, wie mir gerade das Bedürfnis ist! und wie ich es sonst fand und liebte! Aber nicht minder schmerzt mich mein Mangel an Geduld, obgleich ich täglich darum bete! Und mich auch viel öfter jetzt beherrsche.« Wilhelm gewährt seiner Schwester gleichsam einen Blick durchs Schlüsselloch ins eheliche Schlafzimmer: »Aber es gibt Momente, wo man sich von Augustas Launen gar keinen Begriff macht; dann ist sie gerade wie stumm und taub. Nicht Herzlichkeit, nicht Überredung, nicht Ernst, nichts, nichts nimmt sie dann an. Und wenn das eine Weile gedauert hat, dann gibt es Tränen, die aber auch noch nicht helfen; dann folgt höchstens ein geistloses ›Ich bitte um Verzeihung‹, von dem das Herz nichts weiß, sondern nur die Lippen. – Endlich, beim Abendgebet, kehrt die Einsicht zurück, und das Herz behält die Oberhand. Oft ließ ich es ruhig gehen, aber nun habe ich sie oft gefragt, warum dann diese bessere Einsicht nicht in dem Augenblick käme, wo ich ihr das Unrecht vorhalte? Das hat gewirkt und Erfolg gehabt. Dies beweist, wie gut ihr Herz weiß, was es soll, und daher wird's mit Gottes Hilfe sich schon bessern ...«

Augusta war mit großen Hoffnungen nach Berlin gekommen und hatte alles in ihrer Macht Stehende getan, um Wilhelm eine gute Ehefrau zu werden. Sie, die bislang so starke, selbstbewusste Weimarer Prinzessin, hatte sich sogar freiwillig erniedrigt, sich in selbstquälerischer Weise intime Details aus Wilhelms »Liebesgeschichte« mit Elisa Radziwiłł angehört und versucht, daraus zu »lernen«. Umsonst. Nach 1½ Jahren waren ihre Hoffnungen zerplatzt. Sie konnte ihrem Mann seine große Liebe nicht ersetzen, und dieses »Versagen« konnte sie sich nicht verzeihen. Die Folge war, dass sich Augusta mehr und mehr in sich selbst zurückzog. Hatte man in Weimar noch von ihrer »Natürlichkeit« geschwärmt, nach ihrer Ankunft in Berlin von der »Heiterkeit« der Prinzessin gesprochen, so war davon jetzt nicht mehr die Rede. »Deliziös komisch«, wie es Wilhelm einmal formuliert hatte, war Augusta schon längst nicht mehr. Es schien, als hätte sie begonnen, sich hinter einer Maske zu verstecken – einer Maske, die ihr half, ihre Enttäuschung und ihre verletzten Gefühle zu verbergen. So verkörperte sie bereits als junge Frau die perfekte Pflichterfüllung. Sie erlaubte sich keinerlei Schwächen, um keine Angriffsfläche zu bieten, und versagte sich jeden Anflug von weiblichem Charme. So aber wirkte sie auf ihre Umgebung kalt und gefühllos, auch wenn sie in Wirklichkeit viel Empathie für andere Menschen aufbringen konnte.

»Eine Seligkeit, die jede andere übersteigt« – Die Geburt die Sohnes

Es hat den Anschein, als seien Charlottes Neujahrswünsche hinsichtlich Augustas »Weiblichkeit« tatsächlich in Erfüllung gegangen. Am 17. Februar 1831 konnte Wilhelm vermelden: »Das Neueste, was ich zu annoncieren habe, ist, dass es scheint, dass Augusta – hops – ist. Nämlich seit fast drei Wochen erwartet sie etwas, was nicht kam. Also in acht Tagen werden wir Sicherheit erst haben. Wenn's der Fall wäre, so kann ich den Himmel nicht genug preisen über dies erste Gnadengeschenk. Es wird dies Ereignis gewiss auf uns beide mächtig wirken und meine Nachsicht in ihre Weiblichkeit vermehren. Wir sind beide aufs Höchste überrascht gewesen, weil auch nicht die geringste Ahnung oder Vermutung uns vorher beschäftigt hatte. Auguste ist sehr okkupiert natürlich darob; doch suche ich ihr es noch als sehr ungewiss zu schildern, damit getäuschte Hoffnungen sie nicht zu sehr bekümmern ...«

Doch die Hoffnungen waren keineswegs trügerisch gewesen. Augusta war endlich schwanger! Die Freude auf das erste gemeinsame Kind schweißte das Ehepaar nicht nur enger zusammen, es machte auch Augusta wieder ein wenig weicher. In ihren Briefen an Wilhelm ist jetzt mehr »Weiblichkeit« zu spüren: »Ich denke beständig an dich und möchte wohl wissen, ob du deiner Kleinen auch gut bist ... Ich möchte es gerne sagen, wie über alle Begriffe ich dich zufrieden zu wissen wünsche, zufrieden mit deiner jetzigen Existenz und besonders mit mir. Dein Wohl und dein Verdienst liegen mir ebenso am Herzen wie das Bedürfnis deiner Liebe ...«

Augustas Schwangerschaft verlief ohne nennenswerte Probleme. Aufregung gab es lediglich, als im Sommer 1831 in Berlin eine Cholera-Epidemie ausbrach, die zahlreiche Todesopfer forderte. Doch da Augusta und Wilhelm zusammen mit der Königsfamilie die Sommermonate im Neuen Palais in Potsdam verbrachten, befanden sich beide in Sicherheit.

Am 18. Oktober 1831, kurz nach ihrem 20. Geburtstag, brachte Augusta im Neuen Palais einen gesunden Sohn zur

Welt, der wie der preußische Großvater den Namen Friedrich Wilhelm erhielt. Es war eine schwere Geburt gewesen, die mehr als 30 Stunden gedauert hatte. Doch nun war alles glücklich überstanden. Noch am gleichen Tag berichtete Wilhelm seiner Schwester Charlotte von der Ankunft des neuen Hohenzollernprinzen: »Gott sei ewig gelobt und gedankt! Wir sind Eltern eines magnifiquen Sohnes! Denke Dir unsere Wonne, als heute am Leipziger Tag* um ¾ 10 Uhr morgens uns dieses Glück ward!!! Die arme Augusta hat viel, sehr viel gelitten! Schon gestern früh um 3 Uhr fingen die ersten Wehen an. Sie gingen sehr schwach bis nachmittags, wo der Kopf des Kindes zu fühlen war in guter Lage. Bis nachts 1 Uhr blieben die Wehen nur sehr gering und ohne allen Erfolg für die Geburt. Es wurden nun einige treibende Mittel genommen, und von 1 Uhr an stellten sich ordentliche Wehen ein. Jetzt litt Auguste am meisten, aber doch mit großer Standhaftigkeit. Um fünf Uhr heute früh war alles so, dass man in zwei Stunden die Geburt erwarten konnte. Aber nun wurden die Wehen geringer und seltener. Auguste war vom 30-stündigen Leiden schon ermattet. Und keine Aussicht zur Geburt! Die Erweiterung sehr gering zum Gebären! Als Dr. Haul beschloss, was er mir schon früher erklärt hatte, dass das Instrument gebraucht werden müsse. Auguste vermutete es. Ihre Standhaftigkeit bei ungeheurem Leiden war unbegreiflich. Von einigen Schreien abgerechnet, sah sie dem Arzt zu, wie er mit der höchsten Anstrengung das Kind nicht hervorziehen konnte. Endlich war es da – und der erste Schrei war für Auguste und mich das Zeichen, uns in den Arm zu sinken, nur Freude atmend, und sie ihre Schmerzen schon vergessend! Und als sie nun gar hörte, ein Sohn! Da

---

* Am 18. Oktober 1813 hatte die Völkerschlacht bei Leipzig stattgefunden und wurde seitdem jährlich als Jubiläum begangen.

war ich so überwältigt, dass ich auf die Knie sank und dem Herrn für seine unendliche Güte dankte, so unsere Wünsche erfüllt zu sehen! Der Kleine ist unglaublich stark, und daher hauptsächlich die schwere Entbindung! – Aber Auguste war so erschöpft nun, dass sie ohnmächtig ward und immer schwächer und schwächer. Sie kam zu sich, lag aber regungslos da mit gebrochenen Augen, nicht sprechend – kurzum mir ward bange. Es war Gefahr! – Doch nach zwei Stunden erholte sie sich, bleibt jedoch noch immer – fünf Uhr Nachmittag – entsetzlich schwach und sehr entstellt. Gott, der uns so weit führte, wird uns weiterhelfen …«

Augusta musste nach der schweren Zangengeburt noch tagelang das Bett hüten, aber sie war unendlich glücklich über ihren kleinen »Muffi«, wie Prinz Friedrich Wilhelm in der Familie genannt wurde. »Es ist eine Seligkeit, die jede andere übersteigt«, schrieb sie in einem Brief nach Weimar. Und ihre Schwägerin Luise ließ sie wenig später wissen: »Du kennst diese unvergleichliche Rolle des Mutterglücks. Du weißt, dass sich so etwas nicht beschreiben lässt. Aber von meiner Dankbarkeit gegen den Geber dieses Segens muss ich dir sprechen. Unsere ganze Existenz hat sich verändert, seit wir diesen kleinen Engel besitzen. Wilhelms Freude ist wahrhaft rührend und verdoppelt die meinige.«

Die ganze Königsfamilie kam, um zur Geburt des kleinen Prinzen und späteren Thronfolgers zu gratulieren. Auch Kronprinz Friedrich Wilhelm und Elisabeth waren unter den Gratulanten, wenngleich es sie geschmerzt haben muss, dass ihnen selbst dieses große Glück verwehrt blieb. Herzliche Glückwünsche übermittelte auch Elisa Radziwiłł: »Meine liebe Prinzess Auguste! Es war ein sehr schönes Gefühl, Sie so glückselig zu wissen, ganz beruhigt über Sie zu sein, zu fühlen, dass Gott Sie auf so sanften Wegen zu sich führt, dass er Sie durch Glück an sich fesseln will. Genießen Sie es rein und ohne Sorgen, meine liebe Auguste! Der Sie so weit geführt, bewahrt, gesegnet hat, wird es auch ferner tun. Der liebe Kronprinz hat uns die frohe Nachricht geschrieben, selbst ganz außer sich vor Freuden und sehr zufrieden, der Erste zu sein, der uns die Botschaft brachte ... Liebe, liebenswürdige Auguste! Das trauen Sie mir wohl zu, dass ich eine der frohesten war; ich bin außerordentlich glücklich, dass unsere Wünsche erhört worden sind! Gott hat Ihre Ergebung in seinen Willen gelohnt. Sagen Sie dem Prinzen recht viel innige Grüße und Glückwünsche von mir.«

Sorgen um Elisa Radziwiłł

Der kleine »Muffi« war Augustas ganzes Glück. Er entwickelte sich auch völlig zur Zufriedenheit seiner stolzen Eltern. War Wilhelm wieder einmal fern von Berlin, dann hielt ihn Augusta schriftlich über die neuesten Ereignisse auf dem Laufenden: »Muffis Ausdruck zeigt Verstand, seine große Lebendigkeit erfreut und fällt auf.« Und nach Weimar schrieb sie im Januar 1832: »Es ist ein reizendes Kind und beglückt Wilhelm so, dass er sich mit unglaublicher Geschicklichkeit und wahrhaft rührender Zärtlichkeit mit demselben beschäftigt.« Noch nie seit ihrer Ankunft in Berlin war Augusta auch nur annähernd so glücklich gewesen!

Anfang 1832 wurde in der Berliner Gesellschaft gemunkelt, es gäbe endlich wieder einen neuen Mann an der Seite von Elisa Radziwiłł. »Noch weiß ich nicht, wer es ist, ob ich ihn kenne, wie er ist?«, schrieb Wilhelm am 26. Januar an Charlotte. »Doch diese letzte Frage muss wohl am leichtesten zu beantworten sein, denn sie kann nur würdig gewählt haben!« Seit dem »Aus« mit Wilhelm 1826 hatte es offenbar kein anderer Mann gewagt, sich der »engelsgleichen« Elisa zu nähern. Dabei schrieb sie schon damals einer Freundin, angesichts der Umstände würde sie sogar den »Nächstbesten« nehmen. Jetzt hatte sie sich in den gut aussehenden 34-jährigen Friedrich von Schwarzenberg verliebt und sich mittlerweile auch mit ihm verlobt. Augusta aber war skeptisch, ob Elisa tatsächlich »würdig gewählt« hatte. Nachdem sie Schwarzenberg persönlich kennengelernt hatte, schrieb sie Wilhelm am 4. Juni 1832: »Ich habe die Bekanntschaft von Schwarzenberg gemacht, gestern während eines großen Diners neben ihm gesessen und den Abend, bei der Cour, viel mit ihm gesprochen ... Er ist in jeder Hinsicht ein ungewöhnlicher Mensch, doch einer, der mehr Weltmann als gefühlvoll scheint. Ohne anziehendes Äußeres zeichnet er sich doch durch ernste Würde so lange aus, bis er in die Manieren der Wiener Elegants verfällt. Sein Gesicht ist ausdrucksvoll, seine Augen sind schön, doch stört mich ein etwas sarkastischer Zug. Im Gespräch ist er ungemein geistreich, vielseitig und interessant. Aber überall blickt das Bedürfnis durch, seine Ansichten und Grundsätze, die mir von Seiten des Gefühls etwas schroff vorkommen, geltend zu machen, zu avancieren und durchzufechten. In allem schimmert bei ihm der Geist, und zwar der avantouröse Verstand eines scharfen Beobachters durch ...« Augusta, ansonsten keine besonders gute Menschenkennerin, hatte Schwarzenberg durchaus richtig eingeschätzt. Er war der Typ eines Draufgängers, der nicht nur Elisa, sondern, wie Augusta selbst sehen konnte, auch anderen schönen Frauen den Hof machte. Es kam, wie es kommen musste: Nur einen Monat später löste Schwarzenberg die Verlobung mit Elisa Radziwiłł. Augusta erfuhr davon in Bad Doberan, wo sie sich mit ihrer Schwägerin Alexandrine zur »Sommerfrische« aufhielt. Am 27. Juli 1832 schrieb sie an Wilhelm: »Was soll ich von der Geschichte sagen? Alexandrine und ich sind aus den Wolken gefallen! Keiner von uns wusste ein Wort davon … Ich finde die Sache schrecklich und so entsetzlich schmerzlich für Elisa, dass meine ganze Seele davon erfüllt ist und ich die bitterste Wehmut nicht unterdrücken kann!«

Als Grund für die Trennung hatte Schwarzenberg vorgegeben, an einer – damals noch unheilbaren – Krankheit zu leiden, vermutlich der Syphilis. Tatsächlich aber löste er die Verlobung aus einem ganz anderen Grund: Elisa Radziwiłł litt an Tuberkulose! Doch davon ahnten Augusta und Wilhelm noch nichts. Wilhelm war voller Mitgefühl: »Schrecklich ward sie getäuscht«, schrieb er am 28. Oktober 1832 an Charlotte, »nicht durch äußere mächtige Verhältnisse – wie früher, sondern durch den Mann selbst, dem sie sich hingab.« Es ist anzunehmen, dass Augustas Mitleid nicht nur der armen Elisa galt, sondern ein wenig auch sich selbst. Wie froh wäre sie gewesen, hätte ihre frühere Rivalin endlich den »Richtigen« gefunden!

Elisas Tod

Inzwischen waren seit der Geburt des Sohnes 15 Monate verstrichen. Das ganz große Glückgefühl hatte sich gelegt. Augustas »Feuerkopf« kam wieder verstärkt zum Vorschein, und auch die »Szenen einer Ehe« mehrten sich. Meist ging es dabei um Kleinigkeiten, wie wir aus einem Brief erfahren, den Wilhelm am 10. März 1833 an Charlotte schrieb: »Auguste hat nun die Grippe und der Junge auch. Auguste war sehr angegriffen, wollte aber am Donnerstag trotzdem auf den Ball von Brandenburgs und machte mir mit dem Arzt eine Szene im Bett, die ich von einer vernünftigen Person wie Auguste für unmöglich gehalten hätte. Ich sagte ihr nachher allein recht ordentlich meine Meinung, worüber sie furios ward. Und nun klagte sie an Adine (Wilhelms Schwester Alexandrine), Elis und Marie über meine Härte, ihr den Ball zu verbieten, den ihr der Arzt erlaubt habe. Ja, wie hat er es erlaubt! Als er sah, dass alle Vernunft ein Ende bei Auguste hatte, sagte er, sie möge nur gehen. – Ich gäbe, ich weiß nicht was, wenn sie sich nicht so vor dem Arzt und den Frauen gezeigt hätte. Ein Eigensinn, Kinderei und Unart sondergleichen! Und das eines Balles halber! ... Sie ist in solchen Momenten wie sinnlos! Das sind harte Prüfungen, die ich nicht immer bestehe, da mir die Geduld zu oft reißt.«

Bekanntlich machte sich Augusta überhaupt nichts aus großen Bällen und ähnlichen Veranstaltungen. Es ist anzunehmen, dass sie viel lieber im Bett geblieben wäre, um ihre Grippe auszukurieren, aber sich nichts von Wilhelm vorschreiben lassen wollte. Knapp vier Jahre nach ihrer Hochzeit hatte sie gewaltig an Selbstbewusstsein gewonnen, das durch die Geburt des Sohnes noch weiter gewachsen war. Auch das Idealbild der – todkranken – Elisa Radziwiłł begann allmählich zu verblassen. Augusta war eben Augusta! Damit stand fest: Wilhelm mochte 14 Jahre älter und viel erfahrener sein. Doch Augusta war durchaus in der Lage, ihm Paroli zu bieten und ihre eigene Meinung zu vertreten. Und das machte sie ihm auch immer wieder unmissverständlich klar, selbst, wenn es sich nur Kleinigkeiten handeln mochte.

Die Teilnahme am Ball hatte zum Glück keine nachteiligen Folgen für Augustas Gesundheit. Wenige Tage später war sie schon wieder so weit hergestellt, dass sie und Wilhelm Gäste zum Diner einluden, darunter die ganze Familie Radziwiłł. Doch der Abend, der so heiter begonnen hatte, nahm ein dramatisches Ende. Davon berichtete Wilhelm am 11. März 1833 seiner Schwester Charlotte: »Aber heute muss ich dir von einer Szene sprechen, die sich gestern hier bei uns zutrug und die arme Elisa betrifft! Sie hat wieder Blut ausgeworfen! … Alle Radziwiłłs dinierten bei uns mit Marie im Eckkabinett. Ewig war so heiter, wie ich sie lange nicht sah! Ja, zum ersten Mal war sie freundlich und mitteilend gegen mich. Man war überhaupt sehr lustig und à son aise [sorgenfrei]. Nach Tisch stehen und sprechen wir alle zusammen, als Ewig zweimal nacheinander aufhustet; gar nichts Auffallendes. Gleich darauf aber hustet sie ein drittes und viertes Mal, und nun stürzt jedes Mal eine Masse Blut mit hervor! Wir alle standen wie vom Blitz getroffen! … Gräf war in zehn Minuten da. Aber so lange dauerte auch der Auswurf beständig! Er gab ihr Salz, worauf sich der Auswurf sogleich ganz legte und auch bis heute fortgeblieben ist. Sie ward nach einer halben Stunde in den Wagen getragen, legte sich zu Hause gleich zu Bett … Aber die Zukunft? Zwei Brüder an Brustfäule sind dahingegangen. Daher sind die Ärzte für die Zukunft sehr besorgt …«

Elisa Radziwiłł war bei Weitem nicht die Einzige, die damals an Tuberkulose erkrankte, auch wenn diese chronische Infektionskrankheit meist im ärmlichen städtischen Milieu zu finden war. Doch Menschen mit schwachem Immunsystem gab es auch in wohlhabenden Kreisen. Noch 1880 war in Deutschland jeder zweite Todesfall in der Gruppe der 15- bis 40-Jährigen auf Tuberkulose zurückzuführen. Erst zwei Jahre später entdeckte Robert Koch den Erreger der tödlichen Krankheit, und bis 1906 dauerte es, ein erstes Medikament dagegen zu entwickeln.

Nach dem schweren Blutsturz wurde Elisa ins Palais Radziwiłł gebracht, in die Wilhelmstraße 77 – die spätere Reichskanzlei –, wo sie mit ihrer Familie lebte. Der renommierte königliche Leibarzt Christoph Wilhelm Hufeland (1762–1836) übernahm ihre Behandlung, konnte aber letzten Endes nicht viel für die Kranke tun. Während der nächsten Monate wechselten Phasen der Erholung und Verschlechterung einander ab. Im Sommer 1834 fühlte sich Elisa vergleichsweise gut, doch weil ihr die Berliner Stadtluft nicht bekam, lud sie der König nach Freienwalde ein, Kurort und Heilbad an der Westgrenze des Oderbruchs. Hier suchten Patienten üblicherweise Linderung ihrer rheumatischen Beschwerden. Schon Friederike Luise, die Mutter Friedrich Wilhelms III., hatte sich stets gerne in Freienwalde aufgehalten und hier auch den Platz für ihren Witwensitz gewählt, ein kleines Schloss, umgeben von einem idyllischen Landschaftsgarten.

Doch Elisa Radziwiłł waren trotz dieser ruhigen und angenehmen Umgebung nur noch wenige Wochen vergönnt. Sie starb am 27. September 1834 im Alter von nur 31 Jahren. Nach der Trauerfeier wurde der Leichnam zunächst im Dom von Posen, später in der Familiengruft auf Antonin beigesetzt. Die Trauer um die »engelsgleiche« Elisa war groß. Mit der Familie Radziwiłł trauerten auch Augusta und vor allem Wilhelm, der die Liebe seines Lebens jetzt endgültig verloren hatte. Gewiss hat er es Augusta hoch angerechnet, dass sie nie ein böses Wort über Elisa verloren hatte und sogar seine Schwärmerei für die schöne Prinzessin geteilt zu haben schien. Tatsächlich schrieb Augusta noch vor Elisas Tod an ihre Schwägerin Alexandrine: »Ich habe immer das Gefühl, mit einem höheren Wesen in Verkehr zu stehen.« Wilhelm hielt die Erinnerung an Elisa Radziwiłł auch weiter hoch. Bis zu seinem Tod – 54 Jahre später – stand ein Bild von »Ewig« auf seinem Schreibtisch. Auch das hat Augusta klaglos akzeptiert.

Ein Sommerschloss auf dem Babelsberg

Doch jetzt galt es, nach vorne zu sehen. Schon 1826 hatte Wilhelm den Wunsch geäußert, auf dem Babelsberg bei Potsdam einen Sommersitz erbauen zu dürfen. Gleich in der Nachbarschaft, nur durch einen Havelarm getrennt, lebten auch Karl und Marie auf Schloss Glienicke. Doch vorerst hielt der königliche Vater seine Schatulle fest verschlossen. Aber dann war es endlich so weit! Ab 1831 wurde Ludwig Persius (1803–1845), ein Meisterschüler Schinkels, mit ersten Entwürfen für ein Schloss im neugotischen Stil beauftragt. Vermutlich ging diese Idee auf Augusta zurück, der Schinkels eher nüchterner »antiker« Klassizismus überhaupt nicht zusagte. Damit stand sie bekanntlich nicht allein. Während sich die einen damals für die klaren Formen italienischer Baukunst »antiker« Prägung begeisterten – so auch Kronprinz Friedrich Wilhelm –, bevorzugten andere die »gotische« Architektur englischer Herkunft. In Deutschland vermischte sich diese Vorliebe mit einer verklärten Sicht auf das Mittelalter, einer Zeit vermeintlich altdeutscher Größe. Mittelalterliche Ritterburgen wurden daher zu Symbolen einer vereinten Nation und prägten den »Burgenstil« des 19. Jahrhunderts. Augusta hatte erstmals Gefallen an dieser Architektur gefunden, als sie 1830 gemeinsam mit Wilhelm eine Reise an den Rhein unternommen hatte, um die Gegend zwischen Mainz und Koblenz kennenzulernen. Damals war sie besonders von der romantischen Burg Rheinstein aus dem 13. Jahrhundert angetan, die der Kunst liebende Prinz Friedrich (1794–1863), ein Vetter Wilhelms, erworben hatte. Friedrich von Preußen war der Sohn des früh verstorbenen Bruders des Königs, Prinz Louis (1773–1796), und seiner Gemahlin Friederike von Mecklenburg-Strelitz, Schwester der Königin Luise.

Friedrich hatte die Burg nach Plänen Schinkels zwischen 1825 und 1829 restaurieren und umbauen lassen. Rheinstein war die erste der zerfallenen Rheinburgen, die im 19. Jahrhundert wieder aufgebaut wurden. Das imposante Bauwerk, 80 Meter hoch über dem Rhein mit seiner Einbindung in die liebliche Landschaft, war Augusta unvergesslich geblieben. So ähnlich sollte nach ihrem Willen auch das neue Schloss auf dem Babelsberg aussehen. Für die Gestaltung des umgebenden Parks war Peter Joseph Lenné (1789–1866) verantwortlich, Generaldirektor der königlich-preußischen Gärten, der die Parks aller preußischen Schlösser neu angelegt hatte, unter anderem auch den Garten um Charlottenhof, das Schlösschen des Kronprinzen, nach italienischem Vorbild.

1833 erhielt schließlich Schinkel den Auftrag für den Bau von Schloss Babelsberg. Für ihn war es eine mühsame Arbeit, denn vor allem Augusta besaß sehr genaue Vorstellungen davon, wie ihr Sommersitz aussehen sollte. Zuvor hatte sie die führenden Werke der Architekturtheoretiker gelesen und sich eingehend mit der neugotischen Baukunst englischer Prägung beschäftigt. In eigenen Skizzen machte sie ihre Ansprüche deutlich: Mauern aus gelbem Backstein und Fassadenelemente aus Sandstein. Bei der Gestaltung der Innenräume scheint es zwischen der Bauherrin und »ihrem« Architekten jedoch zu unüberbrückbaren Meinungsverschiedenheiten gekommen zu sein. Gewiss ist der »Feuerkopf« wieder einmal in Erscheinung getreten. Schinkel jedenfalls blieb der Einweihungsfeier der »Ritterburg« fern.

Am 18. Oktober 1835, dem vierten Geburtstag des kleinen »Muffi«, war Schloss Babelsberg endlich bezugsfertig. Passend zur Außenarchitektur hatte sich Augusta auch die Inneneinrichtung ausgesucht. In ihrem Arbeitszimmer standen ein überaus kunstvoll geschnitzter gotischer Schreibtisch sowie ein dazu passender wuchtiger Lehnstuhl.

Die Anlage des Gartens ging hingegen nur schleppend voran, weil Lenné nicht über die nötigen finanziellen Mittel verfügte. Auch zwischen ihm und Augusta scheint es zu erheblichen Differenzen gekommen zu sein, denn schließlich setzte die Prinzessin durch, dass Lenné von seinem Konkurrenten Fürst Hermann Pückler-Muskau (1785–1871) abgelöst wurde. Augusta kannte ihn schon aus der Zeit, da er noch Adjutant bei ihrem Großvater Karl August gewesen war. Damals lernte Pückler – ermuntert von Goethe – die Parkanlagen von Weimar und Wörlitz schätzen und perfektionierte seine gartenarchitektonischen Kenntnisse auf einer ausgiebigen Studienreise durch England und Irland. 1834 legte er mit dem Werk *Andeutungen über Landschaftsgärtnerei* ein allgemeines Lehrbuch der Landschaftskunst vor, das auch Augusta gelesen haben dürfte. Fürst Pückler bekam bei seiner Arbeit »freie Hand« und schuf schließlich auf dem Babelsberg ein »Gesamtkunstwerk«, das ganz dem Geschmack seiner fürstlichen Bewohner entsprach. Später schilderte Marie von Bunsen, die mit der preußischen Königsfamilie verkehrte, die Babelsberger Idylle: »Üppig blühte der Rosengarten, es brüsteten sich die Pfauen, unter den Orangenbäumen auf der Terrasse wurde Tee getrunken … Lange Abendstunden verlebte man auf den Seen, die rot gekleideten Bootsleute ruderten um die Vorsprünge, durch die tief beschatteten Buchen, es verschwamm in der Dämmerung die harmonische Schinkelsche Bogenbrücke in fliederfarbenen Tönen …«

Obwohl Karl und Marie auf Schloss Glienicke ganz in der Nähe lebten, sah man sich selten. Augustas Verhältnis zu Schwester und Schwager war nämlich keineswegs ungetrübt. In ihren Briefen an Mutter und Bruder beschwerte sie sich immer wieder über »Eifersucht und Falschheit« ihrer älteren Schwester. Maries Interessen waren und blieben höchst oberflächlicher Natur. Als sie 1877 starb, schrieb der Schriftsteller Gustav Freytag voller Sarkasmus: »Die größte Wirkung, welche auf Erden der hochseligen Dame vergönnt«, sei die eintägige Schließung des Berliner Hoftheaters gewesen. Noch schlechter verstand sich Augusta mit Prinz Karl, der sich zunehmend aggressiv und zynisch gab, was sie ebenfalls ihrer Mutter schrieb: »Karls Bosheiten und Anzüglichkeiten bemerke ich grundsätzlich nicht. Lasse mir vor allem keinen Ärger anmerken.« Und ein anderes Mal: »Karl ist feindlicher als je; da ich neulich unglücklicherweise neben ihm zu sitzen kam, sagte Fritz Strelitz, mein anderer Nachbar, er hätte meine Kaltblütigkeit gegenüber diesen Kränkungen bewundert.« Wir wissen leider nichts Näheres über diese »Kränkungen«. Fest steht jedoch, dass die politischen Ansichten der beiden völlig entgegengesetzt waren und daher gewiss manchen Anlass zum Streit gegeben haben dürften. Augustas liberale Ideen, die sie aus Weimar mitgebracht hatte, werden den reaktionären Karl wohl mächtig verärgert haben. Auch in Fragen der Moral trennten Augusta und ihren Schwager Welten. Die Ehe von Karl und Marie war längst nicht mehr so harmonisch wie zu Beginn. Inzwischen sprach nicht nur ganz Berlin über die anstößigen Liebesgeschichten des Prinzen. Auch in St. Peterburg wusste man Bescheid, denn Wilhelm schrieb am 4. Januar 1835 an Charlotte: »Seit einiger Zeit gingen hier schlimme Gerüchte über Karl und Albrecht [den jüngsten Bruder] betreffs ihrer unmoralischen Aufführung und Aufsuchung von Häusern, die man nicht nennt. Man wollte sie dort erkannt haben, und die Wirtinnen hatten sie auf Befragen sogar genannt ... Beide beschwören hoch und teuer, dass dies eine Verleumdung ist.« Ähnliche Geschichten machten immer wieder die Runde.

Doch glücklicherweise hatte Augusta genügend Ablenkung vom »Ärger mit der Verwandtschaft«. Gemeinsam mit

Wilhelm plante sie jetzt nämlich eifrig den Umbau ihres Berliner Palais' Unter den Linden.

Im Palais Unter den Linden

Zusammen mit Prinz »Muffi«, der inzwischen gut preußisch Fritz genannt wurde, bezog die kleine Familie im Mai 1837 das von Carl Ferdinand Langhans (1782–1869) in den Jahren 1834 bis 1836 vollständig umgebaute Palais Unter den Linden 9 (Altes Palais, heute Teil der Humboldt-Universität). Hier hatte man schon zuvor eine Zeit lang gelebt, doch das marode, noch aus dem 17. Jahrhundert stammende Gebäude musste infolge der Sanierungsarbeiten fast komplett abgerissen werden. Dafür hatte Friedrich Wilhelm III. 230 000 Taler bewilligt. Der Architekt war übrigens ein Sohn von Carl Gottfried Langhans, dem Erbauer des Brandenburger Tors.

Wilhelm schrieb am 14. Mai 1837 an Charlotte: »Endlich sind wir am 10. in unser Palais eingezogen, und gleich selbigen Tags dinierte Papa mit der ganzen Familie bei uns. Papa war sehr zufrieden mit dem Ganzen und fand es teilweise sehr brillant ... Eigen ist das Gefühl, endlich die Räume zu bewohnen, die man so viele Jahre lang erst im Kopf trug, dann zeichnete, dann entstehen und endlich vollenden sah! Wir sind sehr zufrieden für uns selbst mit der Einrichtung. Aber alles, was Luxusgegenstände sind in den extraordinären Dekorationen der Zimmer, ist von dir oder dem Kaiser, sodass ich jetzt erst recht innewerde, was ich euch verdanke in dieser Beziehung ...«

Die klassizistische Außenfassade des Palais' war von schlichter Gediegenheit, auch wenn auf dem Dach die Preußenadler prangten. Im Untergeschoss befanden sich Wil-

Im Alten Palais in Berlin Unter den Linden lebten Augusta und Wilhelm bis an ihr Lebensende

helms Räume, der erste Stock war Augustas Bereich, den sie auch ganz nach eigenem Geschmack einrichten konnte. Hier fühlte sie sich in ihrem Element, hatte endlich wieder eine Aufgabe, die sie ausfüllte, auch wenn es nur um Möbel, hübschen Zimmerschmuck und dekorative Gebrauchsgegenstände gehen mochte. Augusta war bekanntlich keine Freundin des eher nüchternen Biedermeierstils mit Papiertapeten, glatt polierten Möbeln, Gummibäumen und Goldfischbecken. Sie liebte es opulenter, zumal die meisten Räume ja nicht nur privat genutzt wurden, sondern auch der Repräsentation dienten. Deshalb ließ sie die Wände mit rotem Damast bespannen und zahlreiche Bilder aufhängen, Bilder, die wir heute wohl mit dem Attribut »Kitsch« versehen würden: Alpenglühen, Mondschein am Rhein, Hochwald mit Hirsch oder italienische Seen. Ganz besonders liebte Augusta religiöse Motive: segnende Schutzengel, wehmütige Nonnen und betende Kinder. Louise Seidler, die Zeichenlehrerin ihrer

Jugendzeit, dürfte die Grundlage für diese Geschmacksrichtung gelegt haben. Zu einer protestantischen preußischen Prinzessin schienen solche Gemälde eigentlich nicht zu passen. Doch Augusta hatte auch in dieser Beziehung ihren eigenen Kopf. In ihrem Schlafzimmer brannte eine ewige Lampe vor einem mit der Dornenkrone umgebenen Kreuz. Auf dem Betpult lag stets die aufgeschlagene Bibel.

Neben Augustas Arbeitszimmer, das von einem von Schinkel entworfenen Schreibtisch dominiert wurde, gab es noch ein kleines schmales Zimmerchen, das die Prinzessin ganz besonders liebte. Es war ihre »Bonbonière« oder »Teebüchse«, wo sie abends gerne Gäste empfing. Ähnlich wie seinerzeit im Salon ihrer Weimarer Urgroßmutter Anna Amalia versammelte sich bald auch im Alten Palais Unter den Linden eine bunte Mischung aus Politikern, Offizieren, Künstlern, Gelehrten und Mitgliedern des Hofes. Man trank Tee und plauderte zwanglos über verschiedene Themen, wobei Politik und persönliche Dinge jedoch tabu waren. Noch hatte Augusta keinen rechten Geschmack an der Politik gefunden.

Alexander von Humboldt

Gern gesehener Gast in der »Teebüchse« war der berühmte Naturforscher Alexander von Humboldt (1769–1859), der jüngere Bruder des Bildungsreformers Wilhelm (1767–1835) und Freund des preußischen Kronprinzen. Nach Anfängen im preußischen Staatsdienst hatte er seine Karriere beendet und 1796 beschlossen, sich einen lang gehegten Traum zu erfüllen und die Welt zu bereisen. Das reiche Erbe der Mutter ermöglichte ihm ein solches Leben ohne finanzielle Sorgen. Alexander von Humboldt brach noch im gleichen Jahr zusammen mit einem Reisebegleiter auf, zunächst nach Madrid, schließlich nach Südamerika, wo er auf einer ausgedehnten Expedition eine Fülle geologischer und geografischer Erkenntnisse erwarb und mit seinen Sammlungen später den Grundstock des Naturkundlichen Museums in Berlin legte. Nach einem längeren Aufenthalt in Paris kehrte er erst 1827 an die Spree zurück, um dort seine berühmten Vorlesungen an der von seinem Bruder Wilhelm von Humboldt gegründeten Universität zu halten und an seinem wissenschaftlichen Hauptwerk zu arbeiten: *Kosmos. Versuch einer physikalischen Weltbeschreibung.*

Doch einmal abgesehen vom Kronprinzen betrachtete man Alexander von Humboldt am preußischen Königshof mit erheblichem Misstrauen, denn er war ein Mann, der seinerzeit den Ausbruch der Französischen Revolution begrüßt hatte und auch jetzt nicht unbedingt loyal zu sein schien. Wilhelm hatte daher schon am 10. Februar 1831 an Charlotte geschrieben: »Dass er einen verschmitzten und schwer zu entlarvenden Spion macht, wenn auch nicht im schlechtesten Sinn des Wortes, ist sehr natürlich. Gefährlich wird er hauptsächlich dadurch, dass er beim König laut die Franzosen tadelt und bei Witzleben* und sonst, wo es ihm passend erscheint, sie bis in den Himmel erhebt … Aus all diesen Gründen hatte der König gewünscht, dass Humboldt länger in Paris bleibt, weil er ihn dort für noch weniger gefährlich hielt als hier. Indessen ist er trotzdem angelangt, wie es sich erwarten ließ, denn er weiß, warum er hier sein will. Nun also ist der langen Rede kurzer Sinn der, dass Humboldt auf irgendeine geschickte Manier auf einige Zeit entfernt werde …« Wilhelm schlug vor, Alexander von Humboldt erneut nach Russland zu holen. Bereits 1829 war der Natur-

* Gemeint ist der preußische General Karl Ernst Job-Wilhelm von Witzleben.

forscher einer Einladung des Zaren Nikolaus I. gefolgt und hatte zusammen mit ihm die Gebiete östlich des Urals über Sibirien bis zur chinesischen Grenze bereist, weil sich der Zar neue Erkenntnisse über Bodenschätze davon versprach. Im Gegenzug musste sich Alexander von Humboldt allerdings verpflichten, die politischen Verhältnisse Russlands nicht öffentlich zu kommentieren.

Auch diesmal erklärte sich Nikolaus I. bereit, Humboldt nach Russland einzuladen, aber der Besuch kam dann doch nicht zustande. So hatte der Naturforscher auch weiterhin die Ehre, an Augustas geselligen Abenden in der »Teebüchse« teilzunehmen. Wilhelm hatte ohnehin kein Interesse daran, sich an diesen Gesprächen zu beteiligen. Er fühlte sich unten in seinem Arbeitszimmer am wohlsten.

Wollte Augusta ihren Mann besuchen, so benutzte sie eine eiserne Wendeltreppe, die ihre Räume mit seinem Arbeitszimmer verband. Der offizielle Zugang zu den Gesellschaftsräumen erfolgte hingegen über ein weißmarmornes, mit Marmorstatuen geschmücktes Treppenhaus, denn natürlich wurden im Palais auch offizielle Feste gefeiert. Als der Umbau endlich fertig war, konnte Augusta zufrieden an Wilhelm schreiben: »Ich betrat mein Haus mit einem gewissen wohlhäbigen Gefühl des darin herrschenden Komforts und des edlen Stils.« Zum Komfort gehörte auch ein Badezimmer, ein vertieftes Bad im modernen »maurischen Stil«. Zumindest Wilhelm hat es niemals benutzt. Er ließ sich sein Leben lang einmal in der Woche eine Wanne vom benachbarten »Hotel de Rome« bringen und zahlte dafür jeweils einen Taler. Zu Augustas hygienischen Gepflogenheiten gibt es leider keine Informationen.

In ihrem Heim fungierte Augusta persönlich als »Hausdame«, denn wie sie ihrer Mutter schrieb, betrachtete sie die »häuslichen Angelegenheiten« als eine »hochwichtige Sache«.

Sie suchte das Personal selbst aus, überwachte die Dienerschaft und kontrollierte alle anfallenden Ausgaben. Meist kam sie mit ihren Untergebenen bestens zurecht, wurde von ihnen als fürsorglich, »rücksichtsvoll und gut« beschrieben.

Familienleben

Die ausdauernde Beschäftigung mit der sorgsamen Planung ihrer Wohnsitze in Berlin und Potsdam tat Augusta ausgesprochen gut. Sie war wieder wesentlich ausgeglichener, was auch ihrer Ehe zugute kam. So konnte Wilhelm seiner Schwester Charlotte am 1. Januar 1837 nur Gutes aus Berlin berichten: »Gott sei Dank, dass es mit Auguste täglich besser und besser wird, sodass unser Verhältnis ebenso zufriedenstellend als innig wird und wahres Vertrauen zwischen uns herrscht! – Sie selbst fühlt es und sieht es ein, wie so anders und besser sie jetzt ist, und wie sich alles um sie her dadurch besser gestaltet. Gewiss wird in Erfüllung gegen, was ich ihr und dir voraussagte, dass sie sehr ausgezeichnet werden kann, wenn mehr Sanftmut und Gelassenheit eintritt …« Und auch noch nach einem Jahr hielt die harmonische Phase an. In Wilhelms Neujahrsglückwünschen nach St. Petersburg heißt es am 31. Dezember 1837: »Vor allem muss ich dahin rechnen, die immer günstiger sich gestaltende häusliche Zufriedenheit! Auguste geht von Tag zu Tag aufwärts in jeder Beziehung. Ihre sonst kaum zu ertragenden Launen, die mich wirklich unglücklich machten, sind bis auf seltene Fälle verschwunden, und der Trieb, ihrer Herr zu werden, ist unverkennbar. Ihr Besseres tritt immer mehr hervor und wird auch allgemein bemerkt und anerkannt, was für mich eine große Freude ist. Du wirst Dich erinnern, dass ich es immer sagte, wenn sie Herr ihrer Launen und ihres Egoismus würde, so werde sie sehr ausgezeichnet dastehen können. Und dies scheint jetzt beginnen zu wollen! So kann ich also dem Himmel nicht genug danken, dass dies Jahr in dieser Beziehung so glücklich sich für mich gestaltete. Unser Kleiner nimmt geistig und körperlich zu und gedeiht, obgleich damit auch so manche kleine Unart mit erwächst, die aber bei seinem gutartigen Charakter leicht bekämpft wird.«

Augustas neue »Weiblichkeit« hatte erfreuliche Folgen. Am 3. Dezember 1838 brachte sie ihr zweites Kind zur Welt, Tochter Luise. Ungeachtet ihrer höfischen Pflichten war Augusta eine aufmerksame und fürsorgliche Mutter. Vor allem mit Luise, genannt Wiwi, verband sie eine ausgesprochen harmonische und innige Beziehung, die scheinbar durch keinerlei Missklänge getrübt wurde. Überhaupt beobachtete die Hofdame Caroline von Rochow: »Als Mutter nahm sie sich mit Ernst und Eifer der Erziehung ihrer Kinder an. Der Prinz überließ ihr ganz die Auswahl der dafür erforderlichen Persönlichkeiten.«

Der Tradition der Hohenzollern entsprechend konnte nicht früh genug mit der Ausbildung der Preußenprinzen zum Soldaten begonnen werden. Mit sieben Jahren wurde Fritz zum Grenadier im ersten Garde-Landwehr-Regiment ernannt. Er war acht, als Oberst Karl Philipp von Unruh seine militärische Erziehung übernahm. Der Stundenplan der Kinder ließ kaum Zeit zum Spielen. Es war Augusta sehr wichtig, dass gerade Fritz als späterer Thronfolger eine ausgezeichnete Erziehung erhielt. »Leerlauf« war nicht erwünscht. Der kleine Prinz erlernte das Handwerk des Buchbinders, er bastelte fleißig oder zeichnete zusammen mit seiner kleinen Schwester Luise. Augusta sorgte unterdessen für die geistige und religiöse Unterweisung ihrer Kinder, las ihnen aus der Bibel vor, erzählte deutsche Heldensagen oder die Odyssee von Homer. Fritz schrieb in einem Brief an seinen Französischlehrer, den Schweizer Theologen Frederic Godet (1812–1900): »Mama liest uns jeden Sonntag in der Bibel und erklärt sie uns so schön, dass ich alles verstehe.«

Zehn Jahre waren Augusta und Wilhelm jetzt verheiratet. Ihre Ehe hatte etliche Höhen und Tiefen durchgemacht, doch nun schien sie endlich in einem ruhigeren Fahrwasser angekommen zu sein. Wirklich wohl fühlte sich Augusta in Berlin zwar immer noch nicht, aber sie hatte sich offenbar mit ihrem Leben arrangiert.

»Aber auf dem politischen Punkt differieren wir sehr«

Kronprinzessin Augusta entdeckt die Politik

Thronwechsel in Berlin – Augusta wird preußische Kronprinzessin

Bislang hatte sich Augusta vorwiegend um »Heim und Familie« gekümmert, so wie es ihre Rolle als preußische Prinzessin vorschrieb. Nun aber kam ein gänzlich neues Interessensgebiet hinzu, das am Hohenzollernhof eigentlich als ausschließlich männliche Sphäre angesehen wurde: die Politik. Am 7. Juni 1840 starb Preußens König Friedrich Wilhelm III. ziemlich überraschend im Alter von 70 Jahren, vermutlich an den Folgen eines Schlaganfalls. Jetzt bestieg sein ältester Sohn als der vierte dieses Namens den Königsthron, und Augusta wurde an Wilhelms Seite neue Kronprinzessin von Preußen.

Der 45-jährige Friedrich Wilhelm IV. schien endlich der Mann zu sein, den sich die preußische Intelligenz gewünscht hatte: gebildet, freiheitlich und fortschrittlich denkend, aufgeschlossen und recht modern. Er galt als Mann des Herzens, des Friedenswillens und nicht zuletzt als künstlerisches Genie. Sein Amtsantritt war vielversprechend. Theodor Fontane schrieb später: »Die Menschen fühlten etwas, wie wenn nach kalten Maientagen, die das Knospen unnatürlich zurückgehalten haben, die Welt plötzlich wie in Blüten steht.« Und doch ließ sich ein »Hang zum Mittelalter« nicht übersehen, denn wie schon seine Vorgänger, so ließ sich auch der neue König mit großem Pomp von den preußischen Ständen huldigen. Davon berichtete Wilhelm seiner Schwester Charlotte am 7. Oktober 1840: »Wir gehen hier den großen Huldigungstagen entgegen. Am 14. ist … Galaoper, am 15. die Huldigung. Der Thron wird aus dem Pfeilersaal herausgebaut. Auf dem Lustgarten stehen die 16 000 ansässigen Bürger, zu deren beiden Seiten die 11 000 Handwerker, vor ihnen die Deputierten der Städte und Bauern der Monarchie, einige Hundert. Diese ziehen alle in Prozessionen mit Fahnen und Musik ein. Um 9 Uhr ist im Dom Gottesdienst, wohin die 800 Ritterschaftsdeputierten sich en procession begeben, Fritz dergleichen mit dem Hof. Ehrenberg hält die Predigt, Eylert die Huldigungsrede. Dann geht's nach dem Schloss zurück. Im Rittersaal huldigt zuerst (nach altem Brauch) die katholische Geistlichkeit, dann die mediatisierten Fürsten, dann die Fürsten und Standesherren … Alles, was gehuldigt hat, geht nun auf den Platz und stellt sich unter den Thron, auf dem nun Fritz Platz nimmt, und es beginnt die Vereidigung der 28 000 Menschen, die alle auf einmal den vorgesprochenen Eid nachsprechen müssen …« Die pompösen Feierlichkeiten dauerten insgesamt fünf Tage und gingen mit einer Theateraufführung und einem großen Souper zu Ende. Auch Augusta war von dem Huldigungsspektakel offenbar tief beeindruckt. Zumindest schrieb sie am 15. Oktober an ihr geliebtes »Bätschchen«, die ehemalige Kinderfrau: »Alles war herrlich und wahrhaft ergreifend. Die hinreißende Beredsamkeit des Königs, das ganze Leben und Treiben hatte etwas Grandioses.« Auch gegenüber ihrem Bruder, dem inzwischen 22-jährigen Erbprinzen Karl Alexander, äußerte sie sich ähnlich: »Die Rede Friedrich Wilhelms IV., aus der die edelsten Gefühle sprachen, wird auf alle Zeiten in meine Erinnerung, in meinem Herzen eingegraben verbleiben.« Und der Mutter Maria Pawlowna schilderte Augusta begeistert das farbenprächtige Fest im Weißen Saal des Berliner Schlosses, in dem sie in einer Robe aus

Silberbrokat mit Diamanten und Smaragden geschmückt direkt neben dem König saß.

»Die Bürde meines Berufs« – neue Pflichten, neue Interessen

Jetzt stand das neue Kronprinzenpaar dem preußischen Thron am nächsten. Noch war es freilich höchst unwahrscheinlich, dass der gesundheitlich nicht sonderlich robuste Wilhelm seinen königlichen Bruder jemals beerben würde. Doch so oder so – die neue Position brachte neue Pflichten und neue Verantwortung. Augusta war als Kronprinzessin schließlich zu einer der wichtigsten Repräsentantinnen Preußens aufgestiegen. Zwar war ihr die höfische Etikette schon früh in Fleisch und Blut übergegangen, doch offenbar gab es Zweifel, ob sie auch in politischer Hinsicht mit der Königsfamilie übereinstimmte.

Schon am 8. Juni 1837 hatte Wilhelm seiner Schwester Charlotte diesbezüglich sein Leid geklagt: »Aber überhaupt auf dem politischen Punkt differieren wir sehr. Bei ihr verleugnet sich keinen Augenblick die moderne Erziehung in politischer Beziehung. Konfusion von Begriffen von Freiheit, Jagd nach falscher Popularität bei den niederen Ständen. Dann aber wieder Stolz, wenn von der Beeinträchtigung der höheren Stände die Rede ist und ihrer selbst. Große Empfindlichkeiten, wenn man sie aufmerksam macht, dass so etwas die natürliche Folge ihrer eigenen Prinzipien sei usw. Kurz, es ist dies die Materie, die mir sehr viel unangenehme Augenblicke macht, vorzüglich, weil es bei ihr teils aus Laune, Lust an Opposition und Eingabe von persönlichen Rücksichtnahmen ist, die ihre Politik macht.« Ein wirkliches »Konzept« besaß Augusta allerdings nicht. Aufgewachsen im gemäßigt-liberalen Weimar, das 1815 als erstes Land des Deutschen Bundes eine Verfassung erhalten hatte, besaß sie durchaus ein Gespür dafür, dass die Kluft zwischen Fürst und Volk niemals zu groß werden durfte. Und doch stellte Augusta ihre eigene privilegierte Position niemals infrage, sodass zwischen ihr und den »Untertanen« stets eine unsichtbare Wand bestehen blieb. Königin Luise hatte seinerzeit recht unbefangenen Umgang mit Bauern und Bürgerkindern gepflegt, selbst wenn diese Attitüde politisch so gewollt war. Die Gabe der Volkstümlichkeit besaß Augusta nicht, aber sie hat auch nie danach gestrebt. Besonders deutlich wurde die Zwiespältigkeit ihrer Haltung in solchen Situationen, in denen die Monarchie bedroht war. Das war Wilhelm schon 1837 aufgefallen: »Es gab einen Moment, wo sie geheilt war; das war, als wir im Haag nach der Revolution de juillet waren und die belgische ausbrach*. Da sah sie alles in der Nähe … Da war ihr Liberalismus zu Ende. Aber je weiter wir uns von diesen Szenen entfernten, je mehr verschwand dieser Eindruck, und die Konfusion der Ideen trat wieder ein …«

Doch offenbar war jetzt man in Berlin mit dem Verhalten der neuen Kronprinzessin durchaus zufrieden. So schrieb

---

* Mit der Julirevolution in Frankreich erfolgte 1830 der endgültige Sturz der Bourbonen. Anstelle des reaktionären Karls X. wurde Louis Philippe aus dem Hause Orléans als neuer »Bürgerkönig« inthronisiert. Wenig später kam es auch im 1815 gegründeten Vereinigten Königreich der Niederlande zu schweren Unruhen. Hier erhob sich die überwiegend katholische Bevölkerung der südlichen Provinzen gegen die Vorherrschaft der mehrheitlich protestantischen Nordprovinzen. Innerhalb weniger Wochen im August und September führte der Aufstand zur Abspaltung der flämischen und wallonischen Landesteile und zur Gründung des belgischen Staates. Augusta und Wilhelm hielten sich zu diesem Zeitpunkt gerade in Den Haag auf, denn am 14. September 1830 heiratete Prinz Albrecht, der jüngste Sohn Friedrich Wilhelms III., Marianne der Niederlande.

Wilhelm am 30. Oktober 1840 nach St. Petersburg über Augusta: »Ich muss ihr bisher volle Gerechtigkeit widerfahren lassen über ihr Benehmen in ihrer neuen Stellung. Im Häuslichen ist sie mit Elis nach wie vor schwesterlich, en Repräsentation ist sie durchaus nicht steif, kalt oder absichtlich förmlich, sondern gerade so, wie es sein muss, ohne exagerierten [übertriebenen] Respekt. Solltest du etwas Nachteiliges über sie in dieser Beziehung gehört haben, so schreibe es mir ... Auch in allen politischen Verhältnissen nimmt sich Auguste jetzt viel mehr zusammen und ist einsichtiger wie sonst ... Sie fängt an einzusehen, dass sie in der Prüfung lebt und nicht wir anderen. Auch fühlt sie sehr wohl, wie der Moment gekommen ist, wo es doch Pflicht ist, vor allem deutsch zu erscheinen. Preußisch ist sie immer gewesen. Denn die politischen Verhältnisse ermangeln nicht, so sehr man den Frieden auch wünscht, die Stimmung sehr patriotisch und national zu gestalten ...«

Augusta nahm ihre neue Aufgabe sehr ernst. Im November 1840 schrieb sie ihrem Bruder Karl Alexander: »Die Änderung meiner Lebenslage, die Last des Kommenden bedrückt mich.« Und ihrer Mutter versicherte sie: »Ich sehe und höre viel, aber ich lösche mich aus. Ich fühle die Schwierigkeiten meiner Stellung, die Bürde meines Berufs, ich denke viel nach, ich bin ohne alle Illusionen.« Augusta tastete sich vorsichtig an ihre neue Position heran. Mit kritischen Bemerkungen hielt sie sich zurück und bezog deshalb zunächst nur die Rolle der politischen Beobachterin. Selbst wenn sie nicht darüber sprach, so nahm sie doch alles Geschehen um sich herum intensiv wahr, um ihrem Gemahl auch auf dem Gebiet der Politik eine kompetente Partnerin zu sein. Augusta hoffte, eher indirekt, im Stillen wirken zu können. Sie übte ihren »Beruf« pflichtbewusst aus, las politische Werke und versuchte, sich ein eigenes Urteil zu bilden.

Jeden Morgen studierte sie mehrere in- und ausländische Tageszeitungen, um auf dem Laufenden zu sein. Tatsächlich war Wilhelm von den Bemühungen seiner Frau derart angetan, dass er sie bat, ihm täglich eine schriftliche Zusammenfassung der wichtigsten Tagesereignisse vorzulegen. Und das musste er Augusta nicht zweimal sagen.

Sohn Fritz – »liebenswürdig und biegsam wie Wachs«

Die Kinder wuchsen unterdessen heran. »Wiwi«, inzwischen zwei Jahre alt, hing genauso an der Mutter wie Augusta an ihr. Beide verbrachten viel Zeit miteinander, auch wenn die Kronprinzessin repräsentative Pflichten zu erfüllen hatte. So beobachtete die Fürstin von Sayn-Wittgenstein: »Die Prinzessin von Preußen hielt Zirkel, redete jeden einzeln an; dicht an sie geschmiegt begleitete sie die kleine Tochter und beobachtete sorgfältig der Mutter Art und Weise.« Weitere Kinder kamen aber nicht mehr. Zwei Schwangerschaften Augustas 1842 und 1843 endeten mit einer Fehlgeburt, sodass Wilhelm seiner Schwiegermutter Maria Pawlowna »das traurige Ereignis, das Scheitern eines von uns so ersehnten Glücks« melden musste.

Prinzessin Luise hatte das Glück, »nur« ein Mädchen zu sein. Da musste man sich noch keine großen Sorgen um ihre Zukunft machen. Mit Fritz war das anders. Er stand jetzt in der Thronfolge nach seinem Vater an zweiter Stelle und würde mit Sicherheit einmal König von Preußen werden. Umso sorgfältiger musste an seiner Erziehung gearbeitet werden. Augusta drängte darauf, dass neben der militärischen Ausbildung, die bei allen Preußenprinzen an erster Stelle stand, auch die Allgemeinbildung ihres Sohnes nicht zu kurz kam. 1844 gewann sie den Altertumswissenschaftler Ernst

Curtius (1814–1896) für die Stellung des Zivilgouverneurs des Prinzen. Curtius hatte mehrere archäologische Forschungsreisen durch Italien und Griechenland absolviert und war erst unlängst zum Professor an der Berliner Universität ernannt worden. Der Gelehrte erfüllte all ihre Erwartungen: »Wir haben alle Ursache, mit dem Professor Curtius überaus zufrieden zu sein«, schrieb Augusta ihrer Mutter. »Er hat die allerbesten Formen, ist hoch gebildet, aber nie pedantisch, er hat sich die Zuneigung der Kinder und das Vertrauen erworben.« Curtius war auch regelmäßiger Gast in Augustas »Teebüchse«, wo man sich nach wie vor am Abend versammelte, um »tiefe, eingehende« Gespräche zu führen, wie er es selbst formulierte. Der Altertumswissenschaftler verehrte Augusta: »Sie ist interessant, sie ist jung und schön und geistvoll.« Ähnliches konnte er von seinem Zögling, dem 13-jährigen Fritz, leider nicht behaupten. Er hielt den Prinzen für »liebenswürdig und biegsam wie Wachs … weich, hingebend und anschmiegend, aber auch zu heftigen Aufwallungen hinneigend.« Das Lernen fiel Fritz keineswegs leicht. Er machte nur langsame Fortschritte, was Augusta auch allzu gut erkannte. Sie, die so große Hoffnungen in ihren Sohn gesetzt hatte, war zutiefst enttäuscht. Das verriet sie auch ihrer Mutter: »Meinem Sohn wünsche ich weder Talente noch Wissenschaft noch Ruhm, möge er ein verständiger und praktischer Mann werden … Ich danke Gott für die guten Eigenschaften dieses Kindes, aber ich beklage seinen Mangel an geistiger Energie.« Zu den »guten Eigenschaften« des Prinzen zählte für Augusta vor allem seine tiefe Frömmigkeit. Nach der Einsegnung ihres Sohnes 1847 heißt es in ihrem Brief an den früheren Erzieher Frederic Godet: »Es war mir, als solle mein Herz vor Rührung vergehe … Sonst ermahnen Eltern das Kind zur Sammlung und Glaubenswärme, in meinem Fall hat seine Frömmigkeit alle Anwesenden, besonders die Mutter, tief bewegt. Aus ihm hat der Friede Gottes gesprochen.« Ansonsten aber blieb Fritz weit hinter ihren Erwartungen zurück. Genauso empfand auch der preußische Offizier und spätere Kriegsminister Albrecht von Roon (1803–1879), der eine Zeit lang als Militärgouverneur des Prinzen im Gespräch war. Er schrieb über Fritz: »Charakterstärke und Geistesstärke, namentlich Stärke und Logik des Gedankens, stehen nicht auf gleicher Höhe.« Der streng konservative Roon lehnte die ihm angebotene Position ab und wurde stattdessen Erzieher des Prinzen Friedrich Karl, des Sohnes von Karl und Marie.

Die politische Situation in Preußen

Als Kronprinzessin hatte Augusta zahlreiche repräsentative Pflichten wahrzunehmen, die sie auch klaglos erfüllte. Glücklich machte ihr »neuer Beruf« sie aber nicht, im Gegenteil. Nach eigenen Angaben litt Augusta zeitweise unter einer »profonde tristesse«, einer tiefen Traurigkeit, die sich freilich nicht zum ersten Mal bemerkbar machte: »Diese Mutlosigkeit ist nichts Neues«, schrieb sie ihrer Mutter nach Weimar. »Du kennst sie ja an mir, Du weißt, dass ich sie oft tapfer überwunden habe. Allerdings hängt dies auch mit den lokalen Eigentümlichkeiten zusammen.« Mochte ihr Tag auch noch so ausgefüllt sein, in Wirklichkeit fühlte sich Augusta am Hohenzollernhof entsetzlich einsam. Mit ihren intellektuellen Ansprüchen und vergleichsweise liberalen Ansichten galt sie als krasse Außenseiterin, und Freundinnen hatte sie weder in Königin Elisabeth noch in ihrer eigenen Schwester Marie gefunden. Leider verhinderte Augustas ausgeprägter Standesdünkel, dass sie Freundschaften mit klugen bürgerlichen Frauen schloss, an denen in Berlin schließlich kein

Mangel herrschte. So aber blieb sie allein. Dabei wollte sie im Grunde nichts anderes, als ihrem Mann eine gute Partnerin sein. So hatte sie am 19. Juni 1842 geschrieben: »Ach, lieber Wilhelm, du weißt gar nicht, wie gut ich es wirklich mit dir meine, wie mir dein Wohl, dein Beruf am Herzen liegt, wie ich mein Leben jetzt von einer so ganz anderen Seite betrachte und danach strebe, meine Pflichten treu zu erfüllen …« Seitdem sie Kronprinzessin geworden war, beschäftigte sich Augusta intensiv mit politischen Fragen und sah es als ihre wichtigste Pflicht an, Wilhelm in dieser Hinsicht als Beraterin zur Seite zu stehen. Das war natürlich alles andere als einfach, vor allem weil ihre politischen Ansichten weit auseinandergingen. Genau wie sein königlicher Bruder wollte Wilhelm an den Rechten der Krone nicht rütteln und lehnte alle liberalen Neuerungen, vor allem aber eine Verfassung, rigoros ab. Er hatte Augusta jedoch durchaus richtig eingeschätzt, als er 1837 Charlotte von den »Konfusionen« seiner Frau berichtete. Auch wenn sie regelmäßig Zeitung las und politische Werke studierte, so war und blieb Augusta doch eine schöngeistige Theoretikerin. Zur politischen Praxis, zu dem, was wirklich durchführbar war, fand sie nie den rechten Zugang. Und doch konnte sie die Lage in Preußen nicht unberührt lassen. Instinktiv spürte sie, dass es unter der noch ruhigen Oberfläche zu brodeln begonnen hatte, dass es sich nur um eine Ruhe vor dem Sturm handeln konnte.

Auf den ersten Blick schlug das politische Leben in Preußen wie im Deutschen Bund überhaupt keine großen Wellen. Die meisten Menschen, die die Napoleonischen Kriege miterlebt hatten, waren froh, dass der Kontinent und ihr Vaterland wieder zur Ruhe gekommen waren. Nur wenige Intellektuelle hielten an den Forderungen fest, durch ein gewähltes Parlament an der Regierung ihres Landes mitwirken zu können. Der überwiegenden Mehrheit galten Ruhe und Ordnung mehr als politische Mitbestimmung. Man war des Kämpfens müde und erfreute sich eines bescheidenen Wohlstands. Bekanntlich bezeichnete man diese geruhsamen Bürger, die es sich zwischen Kanapee und Kommode gemütlich machten, später etwas spöttisch als »Biedermeier«. Damals begann auch die Karriere des »deutschen Michel« als politischer und nationaler Gestalt, die 1813/14 zwar aus langem Schlaf erwacht, inzwischen aber schon wieder eingenickt war.

Bereits mit den Karlsbader Beschlüssen* 1819 war die liberale und nationale Bewegung, die auch Augustas Großvater Karl August unterstützt hatte, wieder unterdrückt worden. Landesweit hatte man beispielsweise in Preußen begonnen, nach angeblich staatsfeindlichen »Demagogen« zu fahnden, wobei sogar bedeutende und verdiente Männer wie der Freiherr vom Stein und der Theologe Schleiermacher unter Verdacht geraten waren. Selbst Schillers »Wilhelm Tell« hatte jahrelang in Berlin nicht aufgeführt werden dürfen, weil das Stück für Friedrich Wilhelm III. zu sehr nach »Demagogie« gerochen hatte. Lange hatte die Bevölkerung die Repressalien erstaunlich ruhig hingenommen. Erst nach der Julirevolution in Frankreich 1830 waren die Forderungen nach mehr politischer Mitbestimmung, einer Verfassung und auch der nationalen Einigung Deutschlands wieder lauter geworden.

---

* 1819 hatte der Student Karl Ludwig Sand den Lustspieldichter August von Kotzebue ermordet, einen Mann, der zuvor die liberalen Ideen und patriotischen Ideale verspottet und vor revolutionären Studenten gewarnt hatte. Noch im gleichen Jahr legten die Minister der deutschen Staaten mit den Karlsbader Beschlüssen ihre Maßnahmen zur Unterdrückung der Freiheitsbewegung fest. Die »Deutsche Burschenschaft« wurde verboten, der Lehrbetrieb an den Universitäten streng überwacht, verdächtige Professoren ihres Amtes enthoben. Zeitungen und alle Schriften geringeren Umfangs mussten vor ihrer Veröffentlichung dem »Zensor« vorgelegt werden.

Am 1. Januar 1834 fielen die meisten der binnendeutschen Zollschranken, und es entstand der Deutsche Zollverein unter der Führung Preußens. Doch bis zur deutschen Einheit war es noch ein weiter Weg. Noch etwas anderes kam hinzu: das harte Ringen der Bauern und Tagelöhner in den ländlichen Gebieten sowie das trostlose Elend der Arbeiter in den jetzt entstehenden ersten Fabrikstädten. Auch in Berlin schufen die beginnende Industrialisierung sowie die wachsende Arbeiter- und Bevölkerungszahl neue soziale und räumliche Probleme. Das Maschinenzeitalter war gekommen, und der ehemals östliche Agrarstaat Preußen war dabei, sich in ein westliches Industrieland zu verwandeln.

Gemessen an der Entwicklung in England war Preußen ein wirtschaftlich zurückgebliebener Staat. Erst mit dem 1835 beginnenden Eisenbahnbau beschleunigte sich die Industrialisierung. Doch schon jetzt lebte und arbeitete die Mehrzahl der preußischen Industriearbeiter unter extrem schlechten Verhältnissen, ohne soziale Absicherung und praktisch rechtlos. In den Leinen- und Baumwollspinnereien arbeiteten Kinder ab vier Jahren. Aus dem Alltag in der Berliner Wollindustrie berichtete später die Arbeiterin Ottilie Baader: »Wenn die Wolle schleuderte und Schlingen warf … durfte nicht etwa die Maschine angehalten werden, sondern wir mussten in das laufende Getriebe hineinfassen, um in aller Geschwindigkeit die dicken Stellen herauszunehmen … Das gab geschundene Hände und Knie. Schlimm war hier so manches. Die Aborte lagen neben dem Arbeitssaal. Da noch alle Kanalisation fehlte, kam es nicht eben selten vor, dass sie überliefen und im Arbeitssaal eine kaum zu ertragende Luft verbreiteten. In dieser Luft mussten junge Menschen Tag für Tag arbeiten … Der Sonnabend war nicht etwa frei, sondern musste ebenso durchgearbeitet werden wie die anderen Tage …«

Unter den ersten, die die existenziellen Probleme der

Industriearbeiter erkannten und öffentlich anprangerten, war die Schriftstellerin Bettina von Arnim, Schwester des Dichters Clemens Brentano und Ehefrau von Achim von Arnim. Sie lebte seit 1831 in Berlin und machte ihr Haus zu einem stadtbekannten Salon, in dem die geistige Elite der preußischen Hauptstadt verkehrte. Doch Bettina von Arnim begnügte sich nicht damit, eine gesellschaftliche Berühmtheit zu sein, sondern richtete ihre Aufmerksamkeit mehr und mehr auf die Hilfsbedürftigen. Während der großen Choleraepidemie 1831 organisierte sie medizinische Betreuung für die arme Bevölkerung Berlins und war entsetzt über das Elend, das sie in den Randgebieten der Stadt antraf. Nach der Thronbesteigung Friedrich Wilhelms IV. verfasste Bettina von Arnim ein beachtliches Werk mit dem Titel *Dies Buch gehört dem König* (1843). Darin beschrieb sie eine Kolonie von Arbeitslosen und Armen, die sich damals am Hamburger Tor in Berlin entwickelt hatte, und prangerte die königliche Bürokratie an, die nichts tat, um dem stetigen sozialen Verfall Einhalt zu gebieten. Doch der Appell an Friedrich Wilhelm IV. blieb ohne Erfolg. Die bayerischen Behörden, dem Schutz des Rufes von Friedrich Wilhelms Gemahlin Elisabeth verpflichtet, beschlagnahmten von Arnims Buch mit der Begründung, es sei »subversiv«.

Auch Augusta, die die Thronbesteigung ihres Schwagers Friedrich Wilhelm IV. zunächst freudig begrüßt hatte, war inzwischen ziemlich ernüchtert. Es hatte sich gezeigt, dass der König den Problemen seiner Zeit nicht gewachsen war. Im Maschinenzeitalter sanken nicht nur die Preise, sondern auch die Löhne, und am schlimmsten traf es die zahllosen Heimarbeiter. Die Weber in Schlesien waren zwar schon immer arm gewesen, doch jetzt wurden sie zu jenen verzweifelten »Webern«, denen Gerhart Hauptmann in seinem gleichnamigen Drama eine Stimme verlieh. Auch Bettina von Armim schrieb damals einen umfassenden Bericht, in dem sie die erbärmlichen Verhältnisse der schlesischen Weber schilderte. Auch dieses Werk fiel erwartungsgemäß der Zensur zum Opfer, in diesem Fall der preußischen.

Der König sah die Probleme in seinem Land sehr wohl, starrte aber darauf wie das sprichwörtliche Kaninchen auf die Schlange, unfähig, etwas zu unternehmen. Und so schlug die anfängliche Begeisterung der Preußen für den »Romantiker auf dem Thron« schon bald ins Gegenteil um. Auch diesen Meinungsumschwung erkannte Friedrich Wilhelm IV. durchaus. Er sagte einmal, dass ihn die Berliner bei seinem Regierungsantritt vor Liebe fast auffressen wollten, es aber schon bald bereuten, dass sie es nicht getan hatten.

Besuch in England

Zunächst aber standen wieder einmal repräsentative Pflichten im Vordergrund. Im Sommer 1845 bereitete man sich in Berlin auf den Besuch der jungen englischen Königin Victoria und ihres Gemahls Albert von Sachsen-Coburg und Gotha vor. Als Victoria 1837 nach dem Tod ihres Onkels den Thron bestieg, hatte Wilhelm noch besorgt geschrieben: »Welch ein Ereignis ist der Tod Wilhelms IV.! Ein 18-jähriges Mädchen auf dem größten Thron Europas!« Doch bislang hatte das »Mädchen« seine Sache ganz gut gemacht, nicht zuletzt dank der aufopferungsvollen Unterstützung Alberts. Die beiden hatten im Februar 1840 geheiratet und waren bereits glückliche Eltern von vier Kindern: Victoria, genannt Vicky (1840–1901), Bertie, der spätere Edward VII. (1841–1910), Alice (1843–1878) und Alfred (1844–1900), von dem Kronprinz Wilhelm einer der Taufpaten war. Fünf weitere Kinder sollten noch folgen.

Gastgeber des englischen Königspaares in Berlin war natürlich Friedrich Wilhelm IV., doch auch Wilhelm und Augusta bot sich die Gelegenheit, Victoria und Albert kennenzulernen. Der Besuch scheint zur allgemeinen Zufriedenheit verlaufen zu sein, denn am 19. August 1845 konnte Wilhelm seiner Schwester Charlotte mitteilen: »Die englische Episode ist vorüber ... Ganz augenscheinlich war es, und sie hat es auch geäußert, dass sich die Queen im Familienkreis bei uns sehr à son aise gefühlt hat, was sich in völliger Unbefangenheit, Heiterkeit und Gesprächigkeit äußerte.« So hatte man bereits einen Gegenbesuch vereinbart, der im Herbst 1846 in London stattfand.

Preußischer Botschafter in England war Christian Karl Josias von Bunsen (1791–1860), ein enger Vertrauter von Queen Victoria und Albert. Er lebte gemeinsam mit seiner Frau in Carlton House Terrace, einem repräsentativen Bau im Stil des Klassizismus. Wie Frau von Bunsen notierte, hatte Augusta damals in London ein volles Programm: »Nachdem sie die neuen Parlamentshäuser und Westminster Abbey in Augenschein genommen hatte, blieb sie zum Frühstück in Carlton Terrace: Es war uns gelungen, den auf einen Tag nach London gekommenen Lord Palmerston* ebenfalls zuzuziehen. Die Prinzessin unterhielt sich mit allen, machte Besorgungen in einigen Läden, dann fuhren wir mit dem Extrazug nach Windsor. Unterwegs unterhielt sie sich beständig auf das Eifrigste mit Bunsen, obgleich sie beim Einsteigen ganz erschöpft ausgesehen hatte.«

* Britischer Politiker und späterer Premierminister.

Franz Friedrich Anton (1750–1808) Hzg. v. Sachsen-Coburg-Saalfeld ∞ Augusta von Reuss-Ebersdorff (1757–1831)

Ernst I. (1784–1844) Hzg. v. Sachsen-Coburg-Gotha ∞ 1) 1817 Luise von Sachsen-Altenburg ⚮ 1826

Victoria († 1861) ∞ 1) 1803 Karl Fst. von Leiningen († 1814) 2) 1818 Eduard Hzg. v. Kent († 1820)

Ferdinand († 1851) ∞ 1816 Antonie v. Kohary

Ernst II. (1818–1893) Hzg. v. Sachsen-Coburg-Gotha

Albert (1819–1861) Prz. v. Sachsen-Coburg-Gotha ∞ 1840 Victoria (1819–1901) Kgn. v. Großbritannien 1837

VICTORIA (1840–1901) Princess Royal ∞ 1858 Friedrich Wilhelm Dt. Kaiser (= Friedrich III.) u. Kg. v. Preußen 1888

Edward VII. (1841–1910) Kg. v. Großbritannien 1841 ∞ 1863 Alexandra Przn. v. Dänemark

Alice (1843–1878) ∞ 1862 Ludwig IV. Ghzg. v. Hessen u. bei Rhein

Alfred (1844–1900) ∞ 1874 Maria Alexandrowna Gfstn. v. Russland

Wilhelm II. (1859–1941) Dt. Kaiser u. Kg. v. Preußen 1888–1918 ∞ 1) 1881 Auguste Viktoria Przn. zu Schleswig-Holstein-Sonderburg-Augustenburg († 1921) 2) 1922 Hermine v. Reuss

Charlotte (1860–1919) ∞ 1878 Reinhard v. Sachsen-Meiningen

Heinrich (1862–1929) ∞ 1888 Irene v. Hessen

Sigismund (1864–1866)

Verbindung Sachsen-Coburg mit dem englischen Königshaus

Leopold I. (1790–1865)
Kg. d. Belgier
∞ 1) 1816 Charlotte v. England († 1817)
2) 1832 Luise v. Orléans († 1850)

Karl († 1856)
Fst. v. Leiningen

Helena (1846–1923)
∞ 1866 Christian Prz. v. Schleswig-Holstein

Louise (1848–1939)
∞ 1871 John Campbell Duke of Argyll

Arthur (1850–1942)
∞ 1879 Luise Przn. v. Preußen

Leopold (1853–1884)
∞ 1882 Helene Przn. v. Waldeck u. Pyrmont

Beatrice (1857–1944)
∞ 1885 Heinrich Prz. v. Battenberg

Viktoria (1866–1929)
∞ 1) 1890 Adolf v. Schaumburg-Lippe
2) 1927 Alexander Zoubkoff

Waldemar (1868–1879)

Sophie (1870–1932)
∞ 1889 Konstantin I. Kg. v. Griechenland

Margarete (1872–1954)
∞ 1893 Friedrich Karl Ldgf. v. Hessen

Der Coburger Plan

Am englischen Königshof herrschte eine vergleichsweise zwanglose Atmosphäre. Während sich Albert hingebungsvoll mit den Kindern beschäftigte, konnte Augusta ein wenig mit Queen Victoria plaudern. Die beiden verstanden sich ausgesprochen gut. Aber der Besuch war natürlich nicht privater Natur, auch hier stand wieder die Politik im Vordergrund, genauer gesagt: die Idee eines engeren Zusammengehens von England und Preußen.

Als das Königspaar 1845 in Deutschland gewesen war, hatte es natürlich auch einen Abstecher in Alberts Heimat gemacht. Hier war der sogenannte Coburger Kreis entstanden, ein Zusammenschluss mehrerer Personen, die nicht nur aktiv an der nationalen Einigung Deutschlands mitwirken wollten, sondern auch vorhatten, eine deutsch-englische Allianz zu realisieren. Zum Kern des »Coburger Kreises« gehörten neben Albert auch sein Bruder Ernst, seit 1844 Herzog von Sachsen-Coburg und Gotha, der preußische Gesandte von Bunsen sowie Alberts Mentor Christian Friedrich von Stockmar und – mit gewissen Einschränkungen – auch sein Onkel Leopold, seit 1831 König von Belgien.

Leopold hatte als erster Coburger verwandtschaftliche Bande mit dem englischen Königshaus geknüpft, indem er 1816 Prinzessin Charlotte heiratete, die einzige Tochter Georgs IV. und seiner Gemahlin Caroline von Braunschweig. Doch das Eheglück mit der Thronerbin war nur von kurzer Dauer, denn Charlotte starb bereits ein Jahr später bei der Geburt des gemeinsamen Kindes. Der Witwer war untröstlich und fand jetzt seine einzige Stütze in Dr. Stockmar, dem Leibarzt der Coburger Herzogsfamilie, der ihn nach England begleitet hatte. Von nun an wurde Stockmar auch Leopolds

Ratgeber und Privatsekretär, schließlich sogar sein Freund. Von jeher politisch interessiert, verfolgte er aufmerksam das politische Geschehen in England wie auch auf dem Kontinent und war bald allgemein als »graue Eminenz« anerkannt. Als Leopold 1831 König von Belgien wurde, kehrte Stockmar nach Coburg zurück. Beide führten jedoch eine intensive Korrespondenz. Es blieb ihm nicht verborgen, dass Leopold begann, die Familienpolitik seines Hauses wieder aktiv zu gestalten. Er war es auch gewesen, der die Ehe seines Neffen Albert mit der jungen Queen Victoria eingefädelt hatte.

Gemeinsam hatten die Männer große Pläne. Zunächst einmal sollte Albert auf den Preußenkönig Friedrich Wilhelm IV., den Taufpaten seines Sohnes »Bertie«, einwirken und ihn drängen, seinem Staat endlich eine verfassungsmäßige Grundlage zu geben. Das bedeutete: die Umwandlung Preußens in eine konstitutionelle Monarchie nach englischem Vorbild. Damit sollte Preußen das reaktionäre Österreich als Führungsmacht des Deutschen Bundes ablösen und die nationale Einigung vorantreiben. Es gab nur eine Schwierigkeit: Friedrich Wilhelm IV. war zwar ein Bewunderer des protestantischen Englands, favorisierte jedoch ein Bündnis mit Russland, das gerade dabei war, der stärkste Gegner des britischen Empire zu werden.

Seine Schwägerin Augusta hingegen, die alles Russische bekanntlich strikt ablehnte, war vom »Coburger Plan« hellauf begeistert. Dass Preußen endlich eine Verfassung erhalten und zum »moralischen Vorbild« für ganz Deutschland werden sollte, kam ihren persönlichen Vorstellungen sehr entgegen. Für sie stand sofort fest, dass sie auch Wilhelm von dem Projekt überzeugen musste, der sich bislang freilich noch eher skeptisch äußerte.

Augustas Begeisterung war keineswegs einseitig. Auch am englischen Königshof war man von der preußischen Kronprinzessin sehr angetan. Nach deren Abreise schrieb Queen Victoria ihrem Onkel Leopold, einem der geistigen Väter des »Coburger Plans«: »Die Prinzessin hat mir sehr gefallen. Ich finde sie so klug, liebenswürdig und wohlunterrichtet ... Es wird gemunkelt, sie sei falsch, aber ... ich kann und will es nicht glauben. Ihre Lage ist sehr schwierig, sie ist zu liberal und aufgeklärt für den preußischen Hof, um keine Feinde zu haben; ich glaube aber, dass sie uns und unserer Familie eine Freundin ist, und ich bin der festen Meinung, dass ich in ihr eine Freundin habe, die uns von größtem Nutzen sein könnte.« Auch Christian Friedrich von Stockmar war voll des Lobes für Augusta: »Die Prinzessin ist tüchtig, klar, entschieden und begreift wohl von allem das Außerordentliche und Eigentümliche unserer Zeit am besten.« Augusta hoffte inständig, dass auch Wilhelm die »Zeichen der Zeit« erkennen würde, um dann gemeinsam mit ihm den Preußenkönig vom »Coburger Plan« überzeugen zu können.

»Es herrscht gewaltige Aufregung in Deutschland«

Auch die preußische Bevölkerung erwartete von Friedrich Wilhelm IV. die Erfüllung des bereits 1815 von seinem Vater gegebenen Versprechens, Preußen eine Verfassung zu geben. Doch dazu war er unter keinen Umständen bereit. Schon Augustas Großvater hatte den Hohenzollernkönigen eine »politische Vorliebe zum Mittelalter« nachgesagt, und da machte Friedrich Wilhelm IV. keine Ausnahme. Seiner Ansicht nach hatte ihn Gott allein in sein königliches Amt berufen, und von dieser Vorstellung des Gottesgnadentums wich er keinen Zentimeter ab. Augusta drängte Wilhelm, sich bei seinem königlichen Bruder für eine konstitutionelle Monarchie einzusetzen, was der freilich mit der Begründung ablehnte, eine moderne Verfassung passe nicht zu Preußen, der König müsse freie Hand haben, um nicht »im entscheidenden Moment in seiner Tätigkeit gelähmt zu werden«. Doch Augusta ließ in ihrem Drängen nicht nach, meist jedoch in schriftlicher Form, »um uns beiden dadurch eine mündliche Erörterung zu ersparen«.

Am 21. Juni 1845 hatte sie an Wilhelm geschrieben: »Es herrscht gewaltige Aufregung in Deutschland, die Stimmung ist zum ersten Mal seit vielen Jahren antipreußisch, und Österreich lacht sich ins Fäustchen, wie man zu sagen pflegt. Es ist allen Unbefangenen erkennbar, dass die vielen Mängel der jetzigen Regierung, die du besser kennst als irgendjemand, namentlich das Inkonsequente, Willkürliche und Kontrastreiche in der Regierungsweise des Königs, seit zwei Jahren das Vertrauen in Preußen gewaltsam erschüttert haben.«

Doch es ging nicht allein um Preußens Stellung im Deutschen Bund. Auch im Inneren standen die Zeichen mittlerweile auf Sturm. In den Jahren 1846 und 1847 führten Missernten zu einer erheblichen Teuerung. In Norddeutschland stieg der Preis für Roggen und Kartoffeln fast um das Dreifache, und es kam zu ersten Aufständen, die mit militärischer Gewalt niedergeschlagen wurden. Jetzt verbanden sich die sozialen Motive mit dem Ruf nach politischen Veränderungen, der immer lauter wurde. Die Revolten der hungernden Bevölkerung jagten Augusta Angst ein. Ein gewaltsamer Umsturz war schließlich das Letzte, was sie wollte. Die Monarchie, wenn auch durch eine Verfassung »gebändigt«, war ihr heilig! Und so schrieb auch Wilhelm am 15. Februar 1847 an seine Schwester in St. Petersburg: »Jetzt fangen die Zeitungen und Broschüren schon an zu kritisieren ... Du schreibst, du hofftest, dass Auguste recht mit mir zusammenhalten werde in dieser Zeit. Das ist ganz der Fall. Sie ist von mir ganz au courant [im Bilde] gehalten worden von dem Ganzen der Verhältnisse und hat sehr vieles für mich von meinen Arbeiten abschreiben müssen. Sie ist in diesem Gebiet ganz mit meinen Ansichten einverstanden gewesen und sehr vernünftig, was für mich eine große Beruhigung war, weil sie die Einzige war, der ich alles sagte, indem ich es mir in den letzten zwei Jahren zum Vorsatz gemacht hatte, niemanden über den mir selbst vorgezeichneten Weg zurate zu ziehen, was eine ebenso große Privation als Verantwortlichkeit war … Da war es denn von Wichtigkeit für mich, wenigstens in der Häuslichkeit mich aussprechen zu können und auf keine unvernünftige Opposition zu stoßen …« Wie aus Wilhelms Brief hervorgeht, pflegte er einen regen politischen Gedankenaustausch mit Augusta und scheint sich mit ihr, zumindest was die grobe Richtung betraf, einig gewesen zu sein.

Am 22. April 1847 brach in Berlin eine »Hungerrevolte« aus. Die Menschen plünderten Bäcker- und Metzgerläden und warfen sogar Steine in die Fenster des kronprinzlichen Palais' Unter den Linden. Jetzt bekam es Friedrich Wilhelm IV. mit der Angst zu tun: Noch im gleichen Monat rief er den Vereinigten Landtag ein. Dieser war das erste wirklich große Parlament in der preußischen Geschichte, allerdings auf ständischer Grundlage. Mitglieder waren ausschließlich adlige, großbürgerliche und gutsherrliche Vertreter aller preußischen Provinzen. Allerdings gewährte ihnen der König nur in Finanzfragen ein Mitbestimmungsrecht, obwohl die liberalen Abgeordneten eine echte Volksvertretung verlangten. Aber immerhin, es war wenigstens ein Anfang.

Auch Augusta begrüßte diesen Schritt, das erste Zugeständnis, das ihr königlicher Schwager gemacht hatte. Ihr gefiel besonders, dass in der Versammlung die gemäßigt Liberalen das entschiedene Übergewicht besaßen. Ihrer Mutter schrieb sie daher, zum ersten Male habe sie nun in der Masse »eine Pflanzschule hervorragender Männer« bemerkt, »woran ich in 18 Jahren, die ich in der Hauptstadt unter Mittelmäßigkeiten aller Art verbracht, hätte zweifeln können«. Nun, da endlich Bewegung in das verkrustete System zu kommen schien, fühlte sie sich »viel mehr mit Preußen verknüpft« und empfand »viel patriotischer«. Endlich, so glaubte sie, würde sie sich in diesem spröden Land doch noch zu Hause fühlen können. Preußen schien tatsächlich endlich auf dem richtigen Weg zu sein.

Konkrete politische Ziele hatte Augusta allerdings nicht. Fest steht, dass sie alles andere als eine »kleine Jakobinerin« war, auch wenn ihre Gegner sie gerne so bezeichneten. Tatsächlich dachte Augusta weit weniger liberal, als sie selbst glaubte und vorgab, sondern empfand letztlich durch und durch aristokratisch. Das sollte sich schon bald zeigen.

Revolution!

Der Unmut der Bevölkerung ließ sich durch ein »Trostpflaster« wie den Vereinigten Landtag keineswegs besänftigen. Doch die Lunte eines gewaltsamen Umsturzes brannte nicht nur in Berlin. Als im Februar 1848 in Paris die Revolution ausbrach, war dies ein Fanal für ganz Europa! In Wien trat kurz darauf Metternich von der Regierung zurück und floh ins Ausland. Die alte Ordnung des Habsburgerreiches brach zusammen, Ungarn machte sich selbstständig, Mailand vertrieb die österreichische Besatzung, Venedig rief die Republik aus, und auch die Kroaten verlangten eine eigene Verfassung.

Die Flamme zündete auch in Preußen. Als in Berlin bekannt gegeben wurde, dass die Revolution in Wien gesiegt hatte, machten die Menschen an der Spree ebenfalls ihrem

Unmut Luft, gingen auf die Straße, forderten vom König den Abzug der Truppen aus der Stadt, Pressefreiheit und die nötigen Schritte für die nationale Einigung Deutschlands. Am 15. März kam es zu ersten gewalttätigen Ausschreitungen. Wilhelm selbst verfasste über die Ereignisse einen ausführlichen Bericht, den er am 28. März seiner Schwester Charlotte schickte: »Am 16. März verlegte sich das Versammeln der Menschen vom Schlossplatz nach der Universität, dem Opernplatz und meinem Palais ... Die sich nicht verlaufenden Menschenmassen ... ließen mich nicht ohne Besorgnis; man sah, es wurden Vorbereitungen zu etwas Ernstem gemacht. Als abends 6 Uhr eine Proklamation der Behörden an den Straßenecken endlich angeschlagen wurde, in welcher zur Ruhe und zum Nachhausegehen ermahnt wurde, diese Affichen aber sofort unter Jubel abgerissen wurden, da sah ich, dass die Autorität bald aufhören würde, und ich kam dem Befehl des Königs zuvor, mit meiner Familie auf das Schloss zu kommen, weil man auch mein Palais angreifen wollte.«

Augusta hatte geahnt, dass so etwas geschehen würde, auch wenn man sie deswegen immer wieder als »Kassandra« verspottet hat. Was sich jetzt vor ihren Augen abspielte, versetzte sie in schiere Panik: »Es ist eine soziale Revolution«, schrieb sie ihrer Mutter nach Weimar, »es ist furchtbar! Herr Gott – welche Zukunft!« – womit sie wohl in erster Linie ihre eigene und die ihrer Familie meinte. Kein Zweifel, Augusta hatte Todesangst.

Eine aufschlussreiche Quelle zu den Märzereignissen ist auch das Tagebuch des 16-jährigen Fritz: »16. März. Papa befahl, dass wir uns zurechtmachen sollten, um aufs Schloss zu fahren, obgleich Mama flehentlich bat, nicht eher das Palais zu verlassen, als bis der Unfug zum Äußersten gekommen wäre, mussten wir dennoch fort.«

Am 18. März 1848 trat Friedrich Wilhelm IV. die Flucht nach vorn an und verkündete vom Balkon des Berliner Stadtschlosses, dass er den Forderungen des Volkes stattgeben werde. Er stellte ihnen eine Verfassung in Aussicht und versprach, sich für eine Reform des Deutschen Bundes einzusetzen. Die Zugeständnisse wurden mit Jubel begrüßt, doch dann nahmen die Dinge eine unerwartete Wendung. Wilhelm notierte: »Es war 12 Uhr. Die Deputation verkündete die Antwort den versammelten Gruppen auf dem Schlossplatz. Ein enormer Jubel erscholl. Tausende und Tausende strömten herbei. Der König erschien mehrere Male auf dem Balkon, es war eine Freude ... Der Jubel vor dem Portal verwandelte sich aber bald in Schimpfen auf die Soldaten, welche das Portal besetzt hatten, um das Durchdringen der Massen zu hindern.« Die Stimmung war also gereizt, als der König den Befehl gab, »ohne Gewalt, mit eingestecktem Säbel, den Platz zu räumen. In einer Minute war der ganze Platz leer.« Plötzlich fielen zwei Schüsse, die womöglich nur aus Versehen losgegangen waren. Zwar wurde niemand verletzt – doch die Schüsse waren das Fanal für die März-Revolution in Berlin: »Auf allen Punkten entspann sich nun in der Stadt das Gefecht«, wie Wilhelm das »nun folgende Trauerspiel« beschrieb.

Jetzt entlud sich die ganze aufgestaute Spannung, und Fritz schrieb in sein Tagebuch, er habe die Nachricht erhalten, »es sähe sehr schlimm aus. Das Volk, wütend über den Vorgang vor dem Schlosse, riefe auf allen Straßen nach Waffen, decke bereits die Dächer ab, und viele Barrikaden seien schon errichtet.« Augusta wurde befohlen, sich zusammen mit ihren Kindern unverzüglich ins Schloss zu begeben. »Im Schloss führte Mama uns eilig ins Zimmer der Königin«, notierte Fritz, »da begann die Attacke ... Der erste Kanonenschuss ... Papa kam und ging ... Es ward schummrig ... Das

Sturmleuten, das lange geschwiegen, begann wieder. Es kamen Meldungen von großen Feuersbrünsten. Wir saßen im Pfeilersaal am Balkonfenster, Papa, Mama und einige andere … 9 Uhr vorbei … Plötzlich hieß es ›Der Angriff beginnt‹.«

Der Hass der Menge richtete sich auch und vor allem gegen Wilhelm. Im Volk glaubte man allgemein, er habe auf das Einschreiten des Militärs mit Kartätschen und Granaten gedrungen. Auf ihn konzentrierte sich der geballte Zorn der Menschen. Das Volk, so schrieb sein Sohn Fritz, nannte Wilhelm jetzt den Kartätschenprinzen und »behauptete, er hätte immer das Feuern befohlen«. »Auf einmal«, fährt er fort, »erschütterte ein Kanonenschuss das ganze Schloss. Es begann das Bombardement der Barrikade. Da riet uns Papa, wir möchten uns doch von den Fenstern entfernen. Mama steht auf, und wir sind noch nicht aus dem Saal heraus, so fliegt eine Kugel, gerade da, wo sie gesessen, durchs Fenster … Furchtbar dröhnten Scheiben und Wände bei jedem Kanonenschuss; dazwischen hörte man den Angriffsmarsch trommeln und pfeifen. Es ging also zum Sturme.« Augusta war ganz knapp nur dem Tod entkommen, doch die Gefahr war noch nicht vorbei: »Das Schießen dauerte lange. Es ging einem durch Mark und Bein … Endlich kam die Nachricht, die Barrikade sei gestürmt. Es trat bald tiefe Stille ein, ein furchtbarer Kontrast zu dem Lärm des Gefechts …« Das Schlimmste schien überstanden: »Um 11 Uhr wurde noch etwas zum Abend gespeist, dann entschlossen sich meine Eltern, um Mitternacht nach Hause zu gehen. So verließen wir nach 12 Uhr das Schloss zu Fuß.«

An Schlaf war überhaupt nicht zu denken. Kaum im Palais Unter den Linden angekommen, setzte sich Augusta an ihren Schreibtisch und schrieb ihrer Mutter einen verzweifelten Brief: »Bete für uns! Vom alten Preußen kann nicht mehr geredet werden … Die Monarchie ist tot, und wir haben sie mit heißen Tränen beweint.«

Nicht nur Augusta dachte, dies sei das Ende. Auch Wilhelm nahm Abschied von seinem bisherigen Leben: »Ich blieb bis zwei Uhr nachts in meinem Zimmer, um von Papieren zu verbrennen, so viel ich vermochte; denn dass der 19. ein entscheidender Tag sein würde, war klar. Um 2 Uhr verließ ich mein Haus – um es nicht wieder zu betreten.« Das zumindest glaubte Wilhelm ernsthaft, als er am 28. März 1848 den Brief an Charlotte schrieb.

Am frühen Morgen des 19. März entschloss sich Friedrich Wilhelm IV. nach der Beratung mit seinen Ministern, die Kampfhandlungen abzubrechen und eine politische Lösung des Konflikts zu suchen. Auf Dauer konnte und wollte er nicht in einer Hauptstadt mit bürgerkriegsähnlichen Zuständen leben. Mit der Amnestie für politische Straftaten und dem Umritt durch die Berliner Innenstadt unter dem Motto »Preußen geht fortan in Deutschland auf« nahm er am 21. März den Druck von der bedrohten Monarchie und eröffnete – nicht ganz freiwillig – den Weg für einen Verfassungsstaat. Von sozialen Verbesserungen war freilich keine Rede.

Flucht des »Kartätschenprinzen«

Für Augusta und Wilhelm hingegen war die Gefahr noch längst nicht vorbei, im Gegenteil. Der Hass auf den »Kartätschenprinzen« loderte unvermindert fort. Schon am Abend des 19. März musste das Kronprinzenpaar auf Drängen des Königs mit einer gemieteten Kutsche die Berliner Innenstadt verlassen und sich vorerst in der Spandauer Zitadelle in Sicherheit bringen. Bis zur Unkenntlichkeit verkleidet –

Wilhelm als Lakai mit abrasiertem Bart, Augusta als Kammerzofe – hatten sich die beiden heimlich über eine Hintertreppe aus dem Stadtschloss geschlichen, wo sie von Vertrauten empfangen wurden. Die Kinder Fritz und Luise blieben in der Obhut von Friedrich Wilhelm und Elisabeth, während sich eine wütende Menge anschickte, das Palais Unter den Linden in Brand zu setzen. Das konnte glücklicherweise im letzten Moment verhindert werden. Doch ein paar revolutionäre Studenten ließen sich nicht davon abhalten, mit großen schwarzen Buchstaben »Nationales Eigentum« auf die Fassade zu pinseln.

Augustas Hofdame Gräfin Luise Oriola hielt die dramatischen Ereignisse in ihrem Tagebuch fest. Die Kronprinzessin hatte sie zuvor zwar gebeten, sich in Sicherheit zu bringen, aber die couragierte junge Dame bestand darauf, in dieser Notsituation bei Augusta zu bleiben. »Als nächster Schritt wurde beschlossen, den Wagen zu verlassen, einen anderen herbeizuschaffen, welcher die Herrschaften inkognito nach der Zitadelle in Spandau fahren sollte …« Doch die Flucht des Kronprinzenpaares blieb nicht unbemerkt. Inzwischen hatte sich herumgesprochen, wo Wilhelm untergetaucht war. Schon hatten sich die ersten Revolutionäre auf den Weg gemacht, um die Auslieferung des »Kartätschenprinzen« zu fordern. Wilhelm blieb keine andere Möglichkeit, als die vermeintlich sichere Zitadelle wieder zu verlassen. Unterdessen war bereits Hofpersonal eingetroffen, um die Flüchtenden mit frischer Kleidung und Toilettengegenständen zu versorgen. Ihr nächstes Ziel war die ruhige Pfaueninsel, inmitten der Havel bei Potsdam gelegen, die der Gartenarchitekt Lenné unter Friedrich Wilhelm III. in einen idyllischen Landschaftsgarten umgestaltet hatte, einer der beliebtesten Aufenthaltsorte der königlichen Familie. Das sollte sich mit diesem Tag ändern.

Gräfin Oriola schrieb in ihr Tagebuch: »Die nächste

Nacht (20./21.März) sollten die Herrschaften unbemerkt entkommen. Zwei Offiziere der Garnison besaßen einen Kahn, dieser wurde auf den Schultern zuverlässiger Artilleristen an das der Pfaueninsel gegenüberliegende Ufer getragen, während Leutnant von Tietgen, als Kutscher verkleidet, einen geschlossenen viersitzigen Wagen, in welchem der Prinz, die Prinzessin, meine Wenigkeit und die Kammerfrau in der Zitadelle einstiegen, durch die Stadt Spandau bis zu dem Punkte fuhr, wo das Boot uns erwartete. Während wir die Straßen durchkreuzten, konnten wir den Lärm der Volksversammlungen vom Marktplatz her vernehmen … Unbemerkt fuhren wir vorüber und aus der Stadt. Die Landstraße lag etwas höher als das Wasser, wir mussten die Böschung zum Landungsplatz unseres Bootes hinabsteigen. Die Prinzessin wollte durchaus selbst Hand anlegen, um die Reisetaschen herunterzubefördern. Eine milde Nacht bei wundervollem Mondschein begünstigte uns. So war die sehr kurze Überfahrt leicht abgetan. Das Haus des Hofgärtners Fintelmann liegt auf der Pfaueninsel nahe dem Ufer. Einer der Offiziere, welche uns gerudert hatten, sprang an Land, um den Hofgärtner zu rufen und ihn zu benachrichtigen. Da auf mehrmaliges Klopfen keine Antwort erfolgte, hörten wir das Klirren einer Fensterscheibe, und bald darauf erschien der Mann im Schlafrock, zitternd vor Angst, was ihm bei allen den Nachrichten, die ihm auf der stillen Insel von Berlin aus zugekommen waren, nicht so sehr zu verübeln war. Er nahm sich beim Anblick der hohen Gäste, die Aufnahme begehrten, wieder zusammen, begleitete uns in sein Gärtnerhaus und führte die Prinzessin und mich in sein gutes Zimmer, wo Erstere sich auf dem Sofa, ich mich mithilfe einiger Kissen auf dem Fußboden lagerte, die Prinzessin bemüht, mir von ihrem Sofa aus die Zahl ihrer Kissen zu vermehren.

Es währte nicht lange, so kam Schleinitz mit der erwarteten Order des Königs, wodurch der Prinz beauftragt wurde, der Königin Victoria einen Bericht über die letzten Vorgänge in Berlin zu machen und sogleich nach London abzureisen … Die Prinzessin wünschte mitzureisen, es wurde auch in Vorschlag gebracht, die Kinder mitzunehmen. Der alte General von Unruh (Militärgouverneur des Prinzen Friedrich Wilhelm) sprach sich ganz entschieden dagegen aus, dass auf diese Weise die ganze Familie des Thronfolgers außer Landes ginge. Der Prinz (Wilhelm) gab ihm recht, und es wurde beschlossen, dass der Prinz morgen allein … abreisen würde, dagegen die Prinzessin mit mir sich in das Schloss nach Potsdam begeben solle.« Inzwischen waren auch die Kinder Fritz und Luise – in einfacher bürgerlicher Kleidung – auf die Pfaueninsel gekommen, um ihrem Vater Lebewohl zu sagen. Im Tagebuch des jungen Prinzen heißt es: »Frühmorgens mit dem herrlichsten Frühlingswetter fuhren meine Schwester und ich … in einem geschlossenen Mietwagen heraus nach der Pfaueninsel. Auf dem Potsdamer Schloss sowohl wie auf Babelsberg, Glienicke, Marmorpalais wehte die Trikolore! Auf der Glienicker Brücke erkannte uns der Brückenwächter trotz der Verkappung. Meine Eltern waren beim Hofgärtner Fintelmann eingekehrt und begrüßten uns vom Fenster aus, als wir hinüberfuhren. Unser Wiedersehen war furchtbar schmerzlich und zerreißend, und schwer konnten wir uns wieder fassen … Einige Zeit später kam Onkel Karl [Augustas Schwager] und blieb lange mit den Eltern allein in einer Stube. Nach einer Weile kam Mama heraus und rief General von Unruh herein. Als der Onkel die Pfaueninsel wieder verließ, konnte ich Mama ansehen, dass sie durch die Unterhaltung sehr bekümmert war. Als die Dämmerung vollständig eingetreten war, trafen die Leute die letzten Vorbereitungen zur Abreise. Dann, als es völlig dunkel war, rief uns Papa in die Stube hinein, in welcher er mit

Mama allein gewesen war. Und hier knieten wir vier nieder, und Papa betete laut und mit vor Tränen erstickter Stimme. Dann umarmte er uns ... In dieser fürchterlichen Stimmung geleiteten wir Papa herunter ... gingen ans Wasser, und nach einem nochmaligen herzzerreißenden Abschied stieß der Kahn mit den Eltern ab, indem Mama noch das Geleit an Papa bis ans jenseitige Ufer gab. Noch winkte Papa uns ein paar Mal, dann landete er drüben ...« Am 22. März 1848, seinem 51. Geburtstag, nahm Wilhelm Abschied von seiner Familie und machte sich inkognito auf den Weg nach London, wo ihm Queen Victoria Asyl angeboten hatte. Wie Fritz beobachten konnte, war Augusta völlig verzweifelt: »Mama hatte Papa übers Wasser begleitet und war dann zurückgekehrt, sie war wie vernichtet.« Sie fühlte sich nach ihren eigenen Worten »wie eine Witwe mit zwei Waisenkindern« und schrieb noch am gleichen Tag an Wilhelm: »Ich empfinde mit dir ein Mitleid, das ich nicht ausdrücken kann, das aber gerne durch eigenes Leiden alles erkaufen möchte.« Die Zukunft war völlig ungewiss. Wilhelm schien seine Rolle als preußischer Thronfolger ausgespielt zu haben. Sein Name wurde aus dem Kirchengebet gestrichen, man verlangte seine Entlassung aus Armee und Staatsdienst. Auf den Berliner Straßen erklang das Spottlied: »Schlächtermeister Prinz von Preußen / komm doch, komm doch nach Berlin. / Wir woll'n dir mit Steinen schmeißen / und die Barrikaden ziehn.«

Feinde fürs Leben – Begegnung mit Otto von Bismarck

Während sich Wilhelm auf den Weg nach London machte, wo er wenige Tage später wohlbehalten ankam, hatte sich Augusta mit ihren Kindern nach Potsdam zurückgezogen. Nach wie vor war die politische Gesamtsituation völlig unklar. Die konservativen Hardliner Preußens wollten unbedingt verhindern, dass der König den Revolutionären nachgab und sein Versprechen, dem Land eine Verfassung zu geben, tatsächlich erfüllte. Zu diesen Hardlinern gehörte auch der junge Landtagsabgeordnete Otto von Bismarck, der die Ereignisse in Berlin mit wachsendem Zorn verfolgte und den König für sein politisches »Einknicken« verachtete. Er selbst war entschlossen, sich an allen Bestrebungen zur Rettung der traditionellen monarchisch-aristokratischen Ordnung zu beteiligen – wenn es sein musste auch gegen den gegenwärtigen Träger der preußischen Königskrone.

Am Morgen des 23. März 1848 bat Bismarck im Potsdamer Stadtschloss um ein Gespräch mit Kronprinzessin Augusta. Da beide später über diese Unterredung unterschiedliche Angaben machten, ist nicht völlig geklärt, was tatsächlich genau besprochen wurde. Fest steht jedoch, dass an diesem Märztag eine (fast) lebenslange Feindschaft begründet wurde, sodass Bismarck später behauptete, Augusta habe ihm »mehr Schwierigkeiten bereitet als alle fremden Mächte und gegnerischen Parteien im Lande«. Das galt umgekehrt jedoch genauso. Wer aber war dieser Mann, der Augusta so zu schaffen machte?

Otto von Bismarck wurde 1815 auf dem elterlichen Gut Schönhausen in der Altmark geboren, seine Familie zog allerdings schon ein Jahr später nach Gut Kniephof in Pommern. Eigentlich hätte er in die Fußstapfen seines Vaters treten und sein Leben als »Krautjunker« auf einem abgeschiedenen Rittergut verbringen können. Doch auch wenn sich der junge Bismarck seinem bodenständigen Erzeuger eng verbunden fühlte, so hatte er wohl doch eher die Gene seiner Mutter geerbt, die, wie er später schrieb, »von hellem, lebhaftem Verstande« war. Auf Wunsch von Luise Wilhelmine von Bismarck, die aus einer Beamten- und Gelehrtenfamilie stammte, wurde der sechsjährige Otto einem renommierten Berliner Internat übergeben, was ihm nach eigenem Bekunden die ganze Kindheit verdarb. Nach dem Abitur begann Bismarck mit dem Jurastudium und arbeitete schließlich als Gerichtsreferendar in Berlin und Aachen. Für einen Adelspross wie ihn gab es damals nur zwei berufliche Möglichkeiten: entweder die Offizierslaufbahn oder der Eintritt in den diplomatischen Dienst. Bismarck entschied sich für den Staatsdienst und, glaubt man einer kleinen Anekdote, folgte damit dem Wunsch seiner Eltern: 1834 begegnete Prinz Wilhelm von Preußen zum ersten Mal dem damals 19-jährigen Referendar Otto von Bismarck. Als Wilhelm den hochgewachsenen jungen Mann fragte, warum er bei seinem Gardemaß nicht Soldat geworden sei, antwortete dieser, er hätte es durchaus gewollt, aber die Eltern seien der Ansicht gewesen, die Aussichten seien zu ungünstig. Wilhelm nickte, meinte jedoch: »Bei der Justiz allerdings auch.« Das sah Bismarck wohl so ähnlich, denn im Staatsdienst hielt er es nicht lange aus. Er fand keinen Gefallen an der eher gleichförmigen Arbeit, aber auch Pünktlichkeit und Unterordnung bereiteten ihm massive Probleme. Nach dem Tod der dominanten Mutter 1839 entschloss er sich, den Staatsdienst zu quittieren und nach Gut Kniephof in Pommern zurückzukehren. Statt in der Bürokratie zu versinken, wollte Bismarck lieber praktisch und selbstständig arbeiten. Das beschauliche Dasein als Landwirt ließ ihm zudem viel Zeit fürs Reisen und Lesen, aber auch das Gesellschaftsleben kam keineswegs zu kurz, sodass man bald vom »tollen Bismarck« sprach, einem trinkfesten Partygänger. Letztlich aber merkte er, dass auch dieses Leben ihn nicht ausfüllte. Kurz vor seiner Hochzeit mit Johanna von Puttkamer 1847 ließ er sich zum Mitglied des Preußischen Vereinigten Landtags wählen, wo er sich schon bald den Ruf eines konservativen Hardliners erwarb, der entschieden für die Machtstellung der Krone und die Interessen des großgrundbesitzenden Adels eintrat, ein radikaler Gegner des Liberalismus und jeder Art von Verfassung. Durch Vermittlung von Albrecht von Roon, einem Bekannten aus dem pommerschen Freundeskreis, wurde Bismarck noch im gleichen Jahr Friedrich Wilhelm IV. vorgestellt. Der König ließ ihn wissen, wie sehr er seine Arbeit schätze, und nährte dadurch nachhaltig die Hoffnung auf eine Karriere im Dienst der Krone. Das gute Verhältnis der beiden endete jedoch bereits nach einem halben Jahr im März 1848. Jetzt hoffte Bismarck offenbar, in Augusta eine neue Verbündete zu finden.

Der Regentschaftsplan – Augusta eine Hochverräterin?

Wenn es stimmen würde, was Bismarck Jahrzehnte später in seinen Memoiren niederschrieb, dann wäre Augusta damals bereit gewesen, für die Rettung der Monarchie Hochverrat zu begehen. Zumindest kann man in seinen *Gedanken und Erinnerungen* Folgendes nachlesen: »Während der zweite Vereinigte Landtag zusammentrat, nahm Georg von Vincke im Namen seiner Parteigenossen und angeblich in höherem Auftrag meine Mitwirkung für den Plan in Anspruch, den König durch den Landtag zur Abdankung zu bewegen und mit Übergehung, aber im angeblichen Einverständnis des Prinzen von Preußen, eine Regentschaft der Prinzessin für ihren minderjährigen Sohn herzustellen. Ich lehnte sofort ab und erklärte, dass ich einen Antrag des Inhalts mit dem Antrag auf ein gerichtliches Verfahren wegen Hochverrats beantworten würde. Vincke verteidigte seine Anregung als eine politisch gebotene, durchdachte und vorbereitete Maßregel. Er hielt den Prinzen wegen der leider nicht verdienten Bezeichnung ›Kartätschenprinz‹ für unmöglich und behauptete, dass dessen Einverständnis schriftlich vorläge ... Von diesem Vorgange und von der Aussprache, welche ich von seiner Gemahlin während der Märztage im Potsdamer Stadtschloss zu hören bekommen hatte, habe ich dem Kaiser Wilhelm niemals gesprochen und weiß nicht, ob andere es getan haben.« Auch wenn man Bismarck nicht direkt unterstellen möchte, schlichtweg gelogen zu haben, so besteht doch kein Zweifel daran, dass seine Angaben falsch sind. Dahingestellt sei, ob er seiner »Todfeindin« Augusta ganz bewusst etwas Böses »anhängen« wollte oder ob den alten Fürsten einfach nur sein Gedächtnis im Stich gelassen hat. Er brachte nämlich so einiges durcheinander.

Am 25. März 1848 – also zwei Tage nach Bismarcks Unterredung mit Augusta – schrieb der liberale Historiker Georg Gottfried Gervinus in der in Heidelberg erscheinenden *Deutschen Zeitung,* es sei »wünschenswert, dass der König und der Prinz von Preußen resignierten und die Krone dem Sohn des Letzteren abtreten, dem für die kurze Zeit seiner Minderjährigkeit seine Mutter, die edle und freisinnige Fürstin, zur Regentin beigegeben werden möge«. Einen entsprechenden Regentschaftsplan legte – erst Anfang April (!) – auch der liberale Landtagsabgeordnete Georg von Vincke vor, der ihn Augusta dann persönlich unterbreitet hat. Dass er aber versucht haben soll, den reaktionären Bismarck auf seine Seite zu ziehen, ist kaum vorstellbar.

Niemand weiß, was Augusta über diesen Regentschaftsplan dachte. Sämtliche Briefe und Tagebuchblätter aus jenen Tagen hat sie später vernichtet. Hat sie den Gedanken erwogen? Sie war in Preußen nicht sonderlich populär und hätte wohl kaum die Rolle einer Integrationsfigur ausfüllen können, die in dieser schwierigen Situation so dringend nötig gewesen wäre. Kontakt »zur Basis« hat Augusta niemals gesucht, im Gegenteil. Selbst die Schriftstellerin Bettina von

Arnim hat die »Teebüchse« im Alten Palais Unter den Linden kein einziges Mal betreten. Doch Bismarck hat Augusta unterstellt, sie hätte am liebsten sofort zugegriffen. Aber das ist einfach nicht wahr. Allem Anschein nach hat Augusta die Regentinnenwürde niemals angestrebt, denn sie sah ihre wichtigste Aufgabe darin, das monarchische Prinzip zu stärken, indem sie alles daransetzte, ihren im Exil weilenden Wilhelm zu rehabilitieren. Ein »Staatsstreich« kann nicht in ihrem Sinne gewesen sein. So schrieb auch der Kronprinz, der natürlich auch von dem Regentschaftsplan wusste, am 17./18. April 1848 an seine Schwester Charlotte: »Eine andere Frage ist die über Auguste, welche du an mich richtest. Nur zu wahr ist es, und ich habe es dir auch nicht verhehlt, dass sie immer die liberale und Oppositionsseite zu sehr hervorkehrte. Indessen die Märzereignisse und der ganze Umschwung der Verhältnisse in Deutschland haben ihr so die Augen geöffnet, dass sie fast auf die andere Seite umschlägt, wie dann die Extreme immer ihr eigentümlich waren! In dieser Beziehung also ist ihre Stellung zu meinem Sohne nicht beunruhigend, der ein durch und durch preußisches Herz in dieser Zeit gezeigt hat.« Es ist kaum anzunehmen, dass Augusta ein falsches Spiel getrieben und Wilhelm etwas vorgemacht haben soll.

Allem Anschein nach war es Bismarck selbst gewesen, der eine Gegenrevolution plante. Voraussetzung dafür war, dass ein Mitglied der königlichen Familie als potenzieller Regent zur Verfügung stand. Deshalb dürfte es eher glaubhaft sein, was Augusta – von sich in der dritten Person sprechend – 1862 in einem Dossier für Wilhelm aufgeschrieben hat: »Herr von Bismarck-Schönhausen ist in den Märztagen 1848, kurz nach der Abreise des Prinzen von Preußen nach England, bei seiner Gemahlin im Auftrage des Prinzen Karl erschienen, um die Ermächtigung zu erlangen, sowohl im

Namen des anwesenden Thronerben als seines Sohnes zu einer Konterrevolution zu benutzen, durch welche die bereits vollzogenen Maßregeln des Königs nicht anerkannt und dessen Berechtigung respektive Zurechnungsfähigkeit beanstandet werden sollten.« Es ist keineswegs unwahrscheinlich, dass Bismarck damals sondieren wollte – natürlich gegenüber Augusta sehr vorsichtig –, wer möglicherweise als Aushängeschild einer solchen Gegenrevolution dienen könne. Dafür spricht auch ein Tagebucheintrag des preußischen Generals und Mitglieds der Konservativen, Leopold von Gerlach (1790–1861), der am 30. März 1848 notierte: »Erster Versuch einer Gründung eines ministère occulte [Schattenministerium].« Prinz Karl, der politisch bis dahin kaum in Erscheinung getreten war, wäre gewiss kein geeigneter Kandidat gewesen. Auf jeden Fall aber wird deutlich, was Bismarck damals antrieb: Das freie Entscheidungsrecht des Königs, das er und sein Kreis bislang so nachdrücklich verteidigt hatten, wurde plötzlich infrage gestellt. In letzter Konsequenz sprach Bismarck dem König die Legitimation ab, weil es ihm weniger um die Rettung der Monarchie ging als vielmehr darum, seine eigenen Interessen und die der aristokratisch dominierten Gesellschaft zu bewahren. Und das war es, was Augusta, die das monarchische Prinzip sehr hochhielt, Bismarck nie verziehen hat. In den nächsten Jahren gab es zwischen der Kronprinzessin und dem Landtagsabgeordneten jedoch nur vereinzelte Begegnungen. In Bismarcks *Erinnerungen* heißt es dazu: »Bei der Prinzessin stand ich bis zu meiner Ernennung nach Frankfurt (1851) so weit in Gnade, dass ich gelegentlich nach Babelsberg befohlen wurde, um ihre politischen Auffassungen und Wünsche zu vernehmen, deren Darlegung sie mit den Worten zu schließen pflegte: ›Es freut mich, Ihre Meinung gehört zu haben‹, obschon ich nicht in die Lage gekommen war, mich zu äußern.«

Wilhelm im Londoner Exil

Am Abend des 24. März 1848 hatte Wilhelm in Hamburg ein Schiff bestiegen, das zwei Tage später in die Themse einlief und ihn an sein Ziel in London brachte. Er bezog Quartier in Carlton Terrace, dem Sitz des preußischen Gesandten Christian Karl Josias von Bunsen. Von London aus schrieb er am 3. April 1848 seiner Schwester Charlotte: »Eine ganz neue Zukunft liegt vor uns. Die Vergangenheit ist unwiederbringlich verloren, das sah ich am 19. von 12 Uhr mittags an ein. Aber schon am 20. schrieb ich an Fritz (König Friedrich Wilhelm IV.), dass ich ihm bei allem die Hand bieten würde, um das neue Preußen aufbauen zu helfen. Dass ich dies durch meine Entfernung nicht vermag, ist mir sehr schmerzlich … Und doch muss ich es jetzt schon als ein Glück betrachten, dass ich fern von dem preußischen Chaos bin und dereinst nur in das fertige Preußen zurückkehren werde … Dass ich meine jetzige Lage hauptsächlich dem zuzuschreiben habe, dass ich als einer der Hauptverteidiger des alten Preußens gelte, rechne ich mir ewig zur Ehre an.« Im gleichen Brief äußerte sich Wilhelm auch zu einer möglichen nationalen Einigung Deutschlands: »Wir haben eine Revolution gehabt und – Preußen soll in Deutschland aufgehen, also aufhören für sich das zu sein, was ich als die Aufgabe unserer Geschichte ansah – ein großer selbstständiger Staat in Europa. Seitdem dies ausgesprochen ist, ist meine Aufgabe eine andere geworden, und meine Pflicht ist es, franchement [offen gesagt] das System anzunehmen, was mein König und Bruder proklamiert hat. Ob er es und wie er es durchführen wird, das steht bei Gott. Für den Moment ist die Sache noch sehr ungewiss.« Auch wenn Wilhelm dem »alten Preußen« nachtrauerte, so war er doch realistisch genug, die »Zeichen der Zeit« zu erkennen. Das lag auch an seinem intensiven Verkehr mit dem liberalen preußischen Gesandten von Bunsen, von dem Wilhelm nach dessen Tod 1860 sagte: »In ihm habe ich den Mann verloren, dem ich meine politische Ausbildung verdanke.« Während seines zweimonatigen England-Aufenthalts verlor Wilhelm allmählich seine altpreußischen »Scheuklappen«, beobachtete und lernte dazu. Er genoss die Gastfreundschaft von Queen Victoria und Prinzgemahl Albert, vertrieb sich die Zeit mit Bällen und Landpartien und beschäftigte sich mit den königlichen Kindern, von denen er die siebenjährige Vicky besonders ins Herz geschlossen hatte, ein kluges und aufgewecktes Mädchen, ganz der Liebling von Papa Albert. Und wahrscheinlich wurden auch politische Themen debattiert, vor allem der »Coburger Plan«, dem Wilhelm jetzt nicht mehr ganz so ablehnend gegenüberstand.

Aus Potsdam schrieb Augusta aufmunternde Briefe an ihren Gemahl: »Ich bin dir nie so liebevoll ergeben gewesen wie in diesen Zeiten des Unglücks«, heißt es in ihrem Schreiben vom 24. März, und wenige Tage später: »Ich bin stolz darauf, mit dir dasselbe Geschick zu teilen.« Augusta trug schwer an ihrem Schicksal, versuchte jedoch, nach außen hin stark zu sein. Curtius, der Zivilgouverneur ihres Sohnes, war voll des Lobes: »Eine bewunderungswürdige Frau, die nie den Mut verliert und den Ereignissen mit einer Sicherheit ins Angesicht schaut, die Staunen erregt.«

Bereits im Mai 1848 neigte sich Wilhelms Zeit im Exil dem Ende entgegen. Sein königlicher Bruder war dabei, das dem Volk gegebene Versprechen einzulösen. Noch im gleichen Monat kamen in der Frankfurter Paulskirche rund 800 Abgeordnete zusammen, die bis in den Herbst hinein über eine deutsche Verfassung diskutierten. Gleichzeitig tagte eine preußische Nationalversammlung in Berlin und ein entsprechendes Gremium in Wien, denn das Habsburgerreich stand ebenfalls vor einem Neubeginn. Ungeklärt war bislang jedoch, wie das »neue Deutschland« aussehen sollte. Auf der einen Seite standen die Befürworter einer »großdeutschen Lösung«, die dafür eintraten, dass das deutschsprachige Österreich mit einbezogen werden sollte, während die Kronländer des Vielvölkerstaats in einem besonderen Vertrag locker angegliedert würden. Eine andere Gruppe sprach sich angesichts der großen Schwierigkeiten, die diese Konstellation mit sich brachte, für eine »kleindeutsche Lösung« ohne Österreich aus und wollte daher dem preußischen König die Kaiserkrone anbieten. Friedrich Wilhelm IV. saß also wieder fest im Sattel.

Die Situation hatte sich inzwischen so weit entspannt, dass der Kronprinz am 4. Juni 1848 wieder nach Hause zurückkehren konnte – allerdings unter der Bedingung, dass er sich aus der Tagespolitik heraushielt. Auch das Kommando über sein Regiment wurde ihm entzogen und einem anderen übertragen. Politisch war Wilhelm zumindest vorerst kaltgestellt.

»Ich sehe außerordentlich schwarz« – Augustas Angst vor der Zukunft

Augusta fuhr ihrem Gemahl gemeinsam mit den Kindern bis Magdeburg entgegen. Doch die Wiedersehensfreude war nicht ungetrübt, denn Augusta machte sich große Sorgen um die Zukunft und glaubte nicht daran, dass sich Wilhelm tatsächlich mit der neuen politischen Situation arrangieren würde. Aber auch sie selbst zeigte sich erschüttert, wie labil ihre eigene Stellung geworden war. Die revolutionären Ereignisse hatten ihr Leben in den Grundfesten erschüttert. Am 12. Juni 1848 schrieb sie ihrem Bruder Karl Alexander nach

Weimar: »Wilhelms Stellung ist immer noch verwickelt und peinlich, da ihm inmitten aller Schwierigkeiten Untätigkeit aufgezwungen worden ist; und in dieses kann er sich nicht hineinfinden. Denn seine Ansichten können sich noch immer nicht den Zeiterfordernissen anpassen, und er versteift sich dort, wo er besser täte, offen die Ursachen der Katastrophe einzusehen … Frage mich nicht nach meiner Auffassung der Dinge: denn ich sehe außerordentlich schwarz. Ich will nicht über mein Geschick klagen, aber ich darf und muss dir sagen, meine Stellung ist eine fürchterliche gewesen, und ich brauchte alle Willenskraft, die mir Pflichtgefühl und Hingebung verleiht, um diese drei Monate zu ertragen. Mehr als einmal wäre ich lieber zu Fuß als Bettlerin mit meinen Kindern davongezogen, statt hier ohne Hilfe, ohne Beistand unter der Last einer zu Boden drückenden Verantwortung auszuhalten. Aber in meiner schlimmsten Niedergeschlagenheit hat mich die Erinnerung an unsere Großmutter aufrechterhalten.* Aber, du lieber Gott, welche Erfahrungen, welche Schule! Erkennen zu müssen, dass alles von einem Augenblick zum anderen schwinden kann und uns dem Unglück und der Verlassenheit preisgeben. Dass man zu den Bittflehenden hinabsinkt, sich um das Wohlwollen anderer bewerben muss, dass man Gleichgültigkeit, ja selbst Undankbarkeit dort antrifft, wo man früher unterwürfigen Eifer vorfand. Dass jeder Tag Entbehrungen, Angst, bange Zweifel mit sich bringt und schlaflose Nächte, welche die durch tägliche Anforderungen abgenutzten Kräfte verbrauchen, dann, ja dann erst lernt man das Leben kennen und verfällt in tiefe Schwermut … Was Deutschlands Ge-

* Herzogin Luise von Sachsen-Weimar-Eisenach trat nach der Niederlage bei Jena und Auerstedt 1806 mutig dem wütenden Napoléon entgegen, der auf der Suche nach Herzog Karl August die Schlosstreppe hochgestürmt war.

schick anbetrifft, kann ich in den Frankfurter Verhandlungen nur einen vorübergehenden Zustand, der Neues vorbereiten mag, ersehen. Ob dies Kommende eine neue soziale Ordnung bringt oder an den Dreißigjährigen Krieg erinnernden Bürgerkrieg? Entbrennt dieser, werden alle politischen, religiösen, nationalen und sozialen Interessen sich bekämpfen, und da eine überragende Persönlichkeit fehlt, wird irgendeine zusammenhängende Partei die Diktatur errichten. Denn das hat man ja immer gesehen, ruht die Macht in den Händen der vielen, gleitet sie unweigerlich in die Hände des einen. Ist es ein Republikaner, ist es um uns geschehen, und auch wenn dies nicht der Fall ist, wird unsere Stellung vollkommen umgewandelt werden. Falls ich mich irre, würde ich es als Erste anerkennen, ja, mich darüber freuen, aber diese Ansichten beruhen auf vielem Studium, auf ernstes Nachdenken … Noch wagt der Prinz weder nach der Hauptstadt zurückzukehren, noch von unserem armen Haus wieder Besitz zu ergreifen. Nur kurz zeigte er sich in der Nationalversammlung, hat dort aber leider keinen Eindruck gemacht.«

Die Wiedergeburt des »alten Preußen«

Doch die Stimmung in Preußen war längst nicht so antiroyalistisch, wie Augusta geglaubt hatte. Wie sie schon wenig später ihrer Mutter schrieb, wurde sie sogar bei einem kurzen Besuch in ihrem – inzwischen wieder gründlich gereinigten – Berliner Palais »von bürgerlichen Frauen und einigen unseres Bekanntenkreises mit Blumen begrüßt«.

Die Zeit arbeitete gegen die Paulskirchenversammlung, von deren Debatten sich Augusta ohnehin kaum etwas versprach: »Die Verfassung war eine Frucht der Theorie und trug als solche keine Lebenskraft in sich«, schrieb sie später. Der revolutionäre Elan erlahmte zusehends, und der König konnte seine angeschlagene Stellung bald wieder festigen. Am 5. Dezember 1848 verkündete Friedrich Wilhelm IV. aus eigener Vollmacht eine aufgezwungene, »oktroyierte« Verfassung, wie sie von den enttäuschten Liberalen genannt wurde. Sie blieb bis 1918 in Kraft. In der ersten Kammer, dem Herrenhaus – so verfügte es das neue Reglement –, saßen weiterhin nur Mitglieder des Adels und vom König berufene Männer. Das Volk sollte eigentlich in der zweiten Kammer, dem Abgeordnetenhaus, vertreten sein. Das aber verhinderte ein im Mai 1849 vom König verordnetes Dreiklassenwahlrecht, durch das die Bevölkerung nach ihren Steuerleistungen in drei Klassen eingeteilt wurde. Die wohlhabenden Bürger der ersten und zweiten Klasse machten zwar nur einen geringen Bruchteil der Bevölkerung aus, hatten aber die meisten Vertreter im Abgeordnetenhaus. Zur dritten Klasse gehörte der weitaus größte Teil der Einwohner Preußens, aber so klein wie sein Steueraufkommen war auch die Zahl der Abgeordneten. Damit war das alte Preußen wiederauferstanden. Die Bewohner blieben Untertanen und waren keine mündigen Staatsbürger geworden.

Und doch musste Friedrich Wilhelm IV. noch das Versprechen wahrmachen, das er am 21. März des Jahres 1848 gegeben hatte: »Preußen geht fortan in Deutschland auf.« Während man in Frankfurt noch um eine Lösung rang, wurde die Revolution im Habsburgerreich vom kaiserlichen Heer niedergeschlagen und das Land wieder absolutistisch regiert. Damit war eine »großdeutsche Lösung« unmöglich geworden. Als die Nationalversammlung am 28. März 1849 zur Kaiserwahl schritt, enthielten sich die Großdeutschen daher der Stimme. 290 von 538 Abgeordneten wählten den preußischen König zum deutschen Kaiser. Eigentlich hätte jetzt die nationale Einigung Deutschlands vollzogen werden können.

Doch der vom Gottesgnadentum durchdrungene Friedrich Wilhelm IV. weigerte sich strikt, die Krone aus den Händen der »Meister, Bäcker und Metzger« anzunehmen: »Die sogenannte Krone ist gar keine Krone«, schrieb er an Ernst August von Hannover, »wohl aber ein Hundehalsband, mit dem man mich an die Revolution von 48 ketten wollte.«

Auch die aristokratisch denkende Augusta, eigentlich eine Befürworterin der »kleindeutschen Lösung«, billigte die ablehnende Haltung des Königs. Sie schrieb ihrer Mutter Maria Pawlowna: »Ich bin gegen die Annahme des Kaisertitels, diese wäre eine Versteifung der Schwierigkeiten.« Deutlicher wurde sie in einem Schreiben an Minister Otto von Manteuffel: »Aus den Händen der Deputation kann die Krone Deutschlands nicht angenommen werden, aber die Antwort darf keine negative sein, sie muss versöhnlich und befriedigend auf die Befugnisse der Fürsten hinweisen, ohne das Parlament zu verletzen …«

Nach einem politischen Empfang im Berliner Schloss am 3. April 1849, bei dem auch die enttäuschten Deputierten der Nationalversammlung anwesend waren, lud Wilhelm noch ins Alte Palais. An diesem Abend glänzte Augusta ganz offensichtlich durch diplomatisches Geschick. Karl Biedermann, einer der Deputierten, war von der Kronprinzessin jedenfalls ganz begeistert: »Der Lichtpunkt unseres Aufenthalts war der Abend im Palais. Wir waren noch voll der schmerzlichen Eindrücke des Morgens. Der Prinz, ein gerader, straffer, militärischer Charakter, empfing uns, durchdrungen, wie man sah, von der hohen Bedeutung des Tages … Die Prinzessin, eine Frau, bei der Geist und Gemüt um den Vorrang streiten, vielleicht der klarste politische Kopf und das wärmste patriotische Herz am Hofe zu Berlin, bat, beschwor uns fast, mit tiefer Bewegung in ihrer Stimme und ihren Mienen, an dem glücklichen Ausgang unserer Sendung nicht zu verzweifeln, das Werk der Verständigung nicht vorschnell abzubrechen. Es werde, es müsse alles noch gut enden, das Ziel sei ja ein so herrliches, ein so notwendiges.« Die Gäste fühlten sich geschmeichelt und in ihren politischen Absichten bestärkt. Wenn man jedoch bedenkt, dass Augusta wenig später in einem Brief an ihre Mutter die Deputation als »schreckliche Gesellschaft« bezeichnete, dann wirft das ein ganz anderes Licht auf ihren Auftritt. Offenbar ging es ihr nur darum zu beschwichtigen, ein erneutes Aufflackern der Revolution zu verhindern, die ihre fürstliche Stellung um ein Haar zunichte gemacht hätte.

Das freilich musste Augusta nicht mehr befürchten. Die Revolution war gescheitert, von einer liberalen Erneuerung sprach niemand mehr in Berlin. Schon seit dem Herbst 1848 war der Einfluss reaktionärer Berater auf den König stetig gestiegen. Diese Hofpartei stand im Gegensatz zum Ministerium und übte so einen unkontrollierten und daher umso wirksameren Einfluss auf Friedrich Wilhelm IV. aus. Kopf der sogenannten Kamarilla war Leopold von Gerlach, ansonsten waren alle politischen und gesellschaftlichen Kräfte vertreten, die selbst größtes Interesse an der Wahrung des Status quo hatten: Militär, Kirche, Bürokratie und nicht zuletzt die Junker, der großgrundbesitzende Adel, dem auch Otto von Bismarck angehörte. Eigentliche Protektorin und »graue Eminenz« der Hofpartei war Königin Elisabeth. Auch wenn sie sich ihrer Art entsprechend eher unauffällig im Hintergrund hielt, so darf man ihren Einfluss auf den königlichen Gemahl keinesfalls unterschätzen.

Wie ein Spuk verschwanden Ereignisse und Gestalten des Jahres 1848, wich die revolutionäre Begeisterung allgemeiner Ernüchterung, Enttäuschung, Resignation. Mit bitterem

Sarkasmus spotteten die Berliner, die einzig verbliebene Errungenschaft der Revolution sei die Erlaubnis, auf offener Straße Tabak zu rauchen. Nichts schien erreicht, im Gegenteil. Das alte System, das man hatte umgestalten wollen, präsentierte sich gefestigter denn je. In Preußen war der konservativ-bürokratische Obrigkeitsstaat wieder fest etabliert, abgeschottet gegen Liberalismus und Demokratie. Mit drastischen Strafen rächte sich die Reaktion an den Revolutionären. Tausende verdächtiger Personen, denen man Hochverrat, Majestätsbeleidigung und Verbreitung aufrührerischer Texte zur Last legte, wurden polizeilich überwacht und verfolgt. Zu ihnen gehörten auch die Dichter Ludwig Uhland und Hoffmann von Fallersleben sowie der Komponist Richard Wagner. Die führenden Revolutionäre waren entweder tot, inhaftiert oder emigriert. Zwischen 1850 und 1855 kehrten mehr als 700 000 Menschen Deutschland den Rücken und wanderten überwiegend in die Vereinigten Staaten aus. Wer dennoch geblieben war, wollte von Politik meist nichts mehr wissen.

Dass das politische Pendel so weit zurückschlug, hatte Augusta nicht gewollt. Jetzt, da sich ihre eigene Stellung wieder gefestigt hatte und Leib und Leben nicht mehr bedroht waren, holte der »böse Zauber« der Politik sie wieder ein. Vom reaktionären Preußen war sie zutiefst enttäuscht, die Verhältnisse hier schienen für die Ewigkeit zementiert zu sein. Wieder erschien ihr Berlin als »Fegefeuer«. Deshalb begrüßte sie es ausdrücklich, dass Wilhelm unterdessen zum Generalgouverneur der Rheinprovinz ernannt worden war. In Kürze würde das Kronprinzenpaar deshalb nach Koblenz umziehen.

»Die vielen Zeichen der Anhänglichkeit«

Glückliche Jahre in Koblenz

Wie Hund und Katz – Preußen und die Rheinländer

Der Wiener Kongress hatte 1815 mit der staatlichen Neuordnung Europas auch eine territoriale Veränderung Preußens verfügt. Was im Osten verloren gegangen war, kam gleichsam im Westen dazu: die ehemaligen Kurlande Trier und Köln sowie die früheren Bistümer Münster und Osnabrück. Daraus formte man nun die neuen preußischen Provinzen Rheinland und Westfalen, die aber nicht nur territorial vom »Mutterland« getrennt waren, sondern auch eine ganz andere Mentalität besaßen, besonders die Rheinländer.

Friedrich Wilhelm III. hatte am 10. Februar 1815 das erste neue »Mitglied« mit folgenden Worten begrüßt: »So habe ich denn in Vertrauen auf Gott und die Treue meines Volkes diese Rheinländer in Besitz genommen und mit der preußischen Krone vereinigt.«

»Diese Rheinländer« jedoch waren über die Zwangsvereinigung mit Berlin nicht sonderlich glücklich. In Köln spottete man sogar: »Mir hierade in en ärm Famillich – Wir heiraten in eine arme Familie ein«, und das meinte man nicht nur in finanzieller Hinsicht.

Vor den Preußen waren die Rheinländer eine Zeit lang Untertanen der Franzosen gewesen. Nun hatte die »Franzosenzeit« auch ihre Nachteile gehabt – die Aufhebung von Stiften und Klöstern, die Plünderung von Kirchenschätzen und die Zerstörung mehrerer Gotteshäuser. Aber in anderer

Beziehung hatte sie segensreich gewirkt, vor allem durch die Neuordnung des Rechtswesens, die Aufhebung der Zünfte und die Belebung des Handels. Die Gleichheit vor dem Gesetz war Wirklichkeit geworden, religiöse Minderheiten – Juden und Protestanten – konnten erstmals frei ihren Glauben leben. Nun hatte die religiöse Toleranz auch in Preußen bekanntlich eine lange Tradition. Deshalb hatte Friedrich Wilhelm III. damals den katholischen Rheinländern auch versprochen: »Eure Religion, das Heiligste, was den Menschen angehört, werde ich ehren und schützen.« Tatsächlich aber beherrschten sowohl politische als auch konfessionelle Gegensätze die Szene. Die katholische rheinische Bevölkerung und das protestantische Preußen wollten einfach nicht zusammenwachsen. Die Preußen verkehrten unter sich, und mögliche Hoffnungen der Rheinländer lösten sich rasch in Luft auf. Man war enttäuscht, fühlte sich »besetzt« und schlecht behandelt, manch einer dachte sogar mit Wehmut an die »Franzosenzeit« zurück. Nichts war so notwendig, wie Brücken zu schlagen – auch noch nach 35 Jahren.

Neue Heimat Koblenz

Seit 1822 war Koblenz Sitz des Generalgouverneurs der Rheinprovinz. Die kleine Stadt am Zusammenfluss von Rhein und Mosel konnte auf eine lange Geschichte zurückblicken. Schon die Römer hatten hier eine blühende Handelsniederlassung gegründet, die in der Zeit der Völkerwanderung zwar zerstört, im Mittelalter jedoch wiederaufgebaut wurde und eine neue Blüte erreichte. Eine weitere Hochzeit erlebte Koblenz im 17. Jahrhundert mit dem Umzug des geistlichen Kurfürsten von Trier nach Ehrenbreitstein, der Festung auf dem ausgedehnten Bergrücken hoch über der

Stadt. Der letzte Kurfürst, Erzbischof Clemens Wenzeslaus, floh 1794 vor den französischen Revolutionstruppen, die anschließend das Rheinland besetzten, bevor es 1815 zu Preußen kam.

Neben den staatlichen Verwaltungsbehörden waren in Koblenz inzwischen auch ein preußisches Armeecorps sowie das Konsistorium der evangelischen Landeskirche beheimatet. Ab 1815 wurde die mittelalterliche Festung Ehrenbreitstein auf königlichen Befehl zu einer modernen Befestigungsanlage ausgebaut, jener weitläufigen Zitadelle, die das Stadtbild noch heute beherrscht – ein Bollwerk gegen das benachbarte Frankreich.

Im Frühjahr 1850 bezogen Augusta und Wilhelm ihr neues Zuhause in Koblenz, das am Rhein gelegene Schloss des letzten Kurfürsten von Trier. Der klassizistische Säulenbau wurde 1791 vollendet, also nur drei Jahre, bevor Clemens Wenzeslaus Koblenz fluchtartig verlassen hat. Das Schloss diente bis 1813 als französisches Lazarett, bevor es schließlich preußische Residenz für die Generalgouverneure des Rheinlands wurde. In Koblenz begann für Augusta die wohl schönste Zeit ihres Lebens, zumindest als Prinzessin von Preußen. Fern von den Berliner »lokalen Eigentümlichkeiten« fand sie hier endlich die ersehnte Ruhe und ein – in jeder Hinsicht – mildes Klima.

Tochter Luise, inzwischen elf Jahre alt, kam natürlich mit nach Koblenz, während Fritz im nicht allzu fernen Bonn Jura studierte, aber häufiger zu Besuch kam. Es war Augustas ausdrücklicher Wunsch gewesen, dass ihr Sohn als Thronfolger eine akademische Ausbildung erhielt, auch wenn sie seine geistigen Fähigkeiten nach wie vor als nicht besonders groß einschätzte.

Friedrich Wilhelm III. hatte 1818 die nach ihm benannte rheinische Hochschule gegründet, ein sichtbares Zeichen für den Neubeginn auch auf akademischem Gebiet. Von Anfang an hatte sich Bonn zu einer »Fürstenuniversität« entwickelt, die von zahlreichen jungen Adligen besucht wurde, unter ihnen auch Albert von Sachsen-Coburg und Gotha, dem späteren Mann Queen Victorias. Nun darf man sich freilich nicht vorstellen, dass die jungen Prinzen gemeinsam mit ihren bürgerlichen Kommilitonen im Hörsaal saßen und die Vorlesungen mitschrieben. Vielmehr erhielten sie Einzelunterricht von ausgesuchten Professoren und genossen auch an der Universität eine privilegierte Stellung.

Karitative Betätigung

Seit ihrer Ankunft in Berlin hatte sich Augusta vergeblich gewünscht, im karitativen Bereich wirken zu können. Jetzt endlich gab es eine Möglichkeit, sich in dieser Hinsicht »nützlich« zu machen. Augusta nahm unverzüglich die Gelegenheit wahr, die katholischen Wohlfahrtsvereine der Umgebung kennenzulernen, und ließ sich interessiert und unbefangen über deren Arbeit unterrichten – für eine protestantische preußische Prinzessin alles andere als eine Selbstverständlichkeit! Sie besuchte die Koblenzer Dominikanerinnen im Kloster Arenberg und unterstützte die katholischen Einrichtungen überhaupt ebenso wie die evangelischen. Beide nämlich übernahmen jetzt zunehmend soziale Aufgaben.

Vertreter beider Konfessionen hatten erkannt, dass sich die Arbeiter immer mehr von der Kirche entfremdeten. Dem galt es nun entgegenzusteuern. Einzelne Sozialreformer gründeten damals Hilfswerke und riefen damit eine innere Mission genannte christliche Arbeiterbewegung ins Leben. So nahm zum Beispiel der evangelische Pastor Friedrich von Bodelschwing in Bethel bei Bielefeld Kranke und Bedürftige auf.

Der Mangel an gut ausgebildeten Krankenpflegerinnen war damals eklatant. Ganz besonders angetan war Augusta deshalb auch vom Werk des protestantischen Pastors Theodor Fliedner, der 1836 einen Verein für christliche Krankenpflege gegründet hatte, den »Rheinisch-Westfälischen Verein für Bildung und Beschäftigung evangelischer Diakonissen«. Die Diakonissen, die sich, ähnlich wie die Nonnen bei den Katholiken, zu Ehelosigkeit, Gehorsam und einem einfachen Leben verpflichteten, bildeten eine Schwesterngemeinschaft, die überall, wo Not am Mann war, in der Krankenpflege eingesetzt wurden. Ihre Tracht bestand aus einem weißen Häubchen sowie einem dunklen Kleid mit Schürze. Mit Fliedners Krankenhaus in Kaiserswerth bei Düsseldorf war das erste Diakonissenhaus Deutschlands entstanden. Augusta traf mehrmals mit Theodor Fliedner zusammen und versuchte, so weit sie konnte, seine Arbeit auch finanziell zu unterstützen. Mit der englischen Krankenschwester Florence Nightingale, die bei Fliedner in Kaiserswerth gelernt und danach in London ein Heim für kranke Frauen ins Leben gerufen hatte, stand Augusta in einem regen Briefaustausch. Gleichermaßen galt ihr Interesse der Arbeit des katholischen Priesters Adolf Kolping, der sich ebenfalls mit sozialen Problemen auseinandersetzte und 1849 in Köln seinen »Gesellenverein« gegründet hatte, Keimzelle des heutigen Kolpingwerks. Endlich war Augusta in die Fußstapfen ihrer Mutter Maria Pawlowna getreten und somit selbst auf dem Weg, zum »Engel der Armen« zu werden. In Koblenz übernahm die auch das Protektorat über den katholischen Frauenverein.

Durch ihre tolerante Haltung, die Augusta gegenüber dem Katholizismus und der katholischen Bevölkerung des Rheinlands einnahm, gelang es ihr schon bald, die Beziehungen zwischen dem preußischen »Stammland« und dem Rheinland zu verbessern. Von der Bevölkerung wurde ihr dies hoch angerechnet. Hatten sich die Rheinländer bislang eher als »Untertanen zweiter Klasse« empfunden, so begannen sie nun langsam, das Gefühl preußisch-protestantischer Missachtung loszuwerden und dankbar die Brücken zu betreten, die Augusta gebaut hatte. Sie brachten der Kronprinzessin die gleiche Sympathie entgegen wie diese ihnen. Die rheinische Leichtigkeit tat Augusta gut. Zum ersten Mal war sie wirklich beliebt! Glücklich schrieb sie ihrer Mutter schon im Herbst 1850: »Ich kann gar nicht sagen, wie sehr die vielen Zeichen der Anhänglichkeit, wo ich vor sechs Monaten als Fremde ankam, mich rühren. Ich habe das noch gar nicht verdient, es ist mir aber doch eine Befriedigung, dass hier, wo ich zum ersten Mal allein in einer Provinz lebe, es mir gelingt, ein damals in diesen Gegenden unbekanntes Vertrauen zu erwecken.«

Eine verkappte Katholikin?

Dass Augusta einen derart toleranten und unbefangenen Umgang mit Katholiken pflegte, wurde von preußisch-protestantischer Seite jedoch misstrauisch beobachtet, denn die Kluft zwischen beiden Konfessionen war damals noch kaum überbrückbar. Es gab deshalb nicht wenige, die ihr unterstellten, sie sei selbst bereits heimlich Katholikin geworden, eine weitere Attacke ihrer Gegner, die in ihr ja schon eine »kleine Jakobinerin« vermutet hatten. Da war es wenig tröstlich, dass auch über Königin Elisabeth das Gerücht verbreitet wurde, sie sei insgeheim noch immer katholisch. Im September 1842 war Elisabeth gemeinsam mit ihrem königlichen Gemahl Friedrich Wilhelm IV. zum Dombaufest des Kölner Doms an den Rhein gereist, denn die Kathedrale sollte nach 300-jähriger Baupause jetzt endlich vollendet werden. Es war eine Geste der Versöhnung zwischen protestantischem Staat und katholischer Kirche nach den unheilvollen »Kölner Wirren«, die 1837 zur Verhaftung des Erzbischofs Clemens August zu Droste von Vischering geführt hatten. Ausgelöst wurde der Konflikt durch die seit 1825 auch im Rheinland geltende Bestimmung, dass Kinder nach dem Glaubensbekenntnis des Vaters erzogen werden mussten. In Kölner Kirchenkreisen wurde diese Regelung als Versuch angesehen, die Rheinlande allmählich zu »protestantisieren«, da bei Mischehen in der Regel die Väter aus dem protestantischen Altpreußen stammten. Nach Drostes Berufung an die Spitze des Erzbistums 1835 formierte sich der katholische Widerstand und spitzte sich weiter zu. Doch zurück zu Elisabeth.

Während des Pontifikalamts im Kölner Dom unterlief der Königin ein peinlicher Fauxpas: Bei der Wandlung nahm sie instinktiv die Gesten ihrer katholischen Kindheit auf und bekreuzigte sich. Ein unbedachter Moment, der freilich von vielen dahingehend gedeutet wurde, Elisabeth sei in Wirklichkeit noch immer katholisch.

Freilich verkörperte auch Augusta keineswegs das Ideal einer lupenreinen Protestantin. Von ihrer Vorliebe für Bilder christlichen Inhalts, segnende Schutzengel und wehmütige Nonnen ist bereits die Rede gewesen. Aber auch ansonsten pflegte sie ihre ganz besonderen Eigenarten. Sie verschenkte gerne fromme Bildchen, verrichtete ihre Morgen- und Abendandachten an einem gotisch geschnitzten Betpult und hatte auch die Angewohnheit, ihre Kinder zu segnen. Jedes Mal, wenn sie eine Reise antrat oder zurückkehrte, schlug sie über ihren Köpfen ein Kreuz. Ihre Vertraute Marie Radziwiłł, die Augusta sehr gut kannte, schrieb später in ihren Erinnerungen: »Sie fand Trost in ihrer christlichen Resignation, in ihrer unermüdlichen Tätigkeit und in dem Genuss einer Lebensstellung, die ihr gestattete, ein großes Werk zu tun und große

Resultate zu erreichen. Sie hatte sich ein Glaubensbekenntnis ein wenig nach ihren individuellen Anschauungen geschaffen. Wie oft hat sie mir gesagt: ›Ich bin nicht protestantisch, ich bin evangelisch.‹ Jeden Abend las sie, bevor sie sich niederlegte, ein Kapitel in der *Nachfolge Christi*, noch am Abend vor ihrem Tod …«

Dabei handelt es sich um das Werk des religiösen Schriftstellers und spätmittelalterlichen Mystikers Thomas von Kempen (um 1380–1471), eines der verbreitetsten und bekanntesten Andachtswerke überhaupt. Es enthält Anleitungen zu einem wahrhaft christlichen Leben. Auch wenn es sich bei der *Nachfolge Christi* naturgemäß um das Werk eines katholischen Autors handelt, so hat es doch auch eine tiefe Wirkung auf den Protestantismus gehabt, insbesondere auf den Pietismus, der die subjektive Seite des Glaubens und die christliche Lebensführung in den Vordergrund stellte.

Allen Unterstellungen zum Trotz: Fest steht, dass Augusta nie mit dem Gedanken gespielt hat, zum katholischen Glauben überzutreten. Das wäre für eine preußische Kronprinzessin auch kaum möglich gewesen. Außerdem hat sie die Dogmen der katholischen Kirche wie Transsubstantiation – die Wesensverwandlung von Brot und Wein bei der Eucharistie –, Unfehlbarkeitslehre und Unbefleckte Empfängnis ebenso abgelehnt wie die Ohrenbeichte und den Priesterzölibat. Was Augusta am Katholizismus ansprach, das waren die Riten und Gebräuche der alten Kirche. Als Kind und Heranwachsende hatte sie ihre Mutter oft und gern zu den russisch-orthodoxen Gottesdiensten begleitet und die spirituelle Atmosphäre dort in sich aufgenommen. Die protestantischen Kirchen hingegen waren ihr viel zu nüchtern, sowohl was die Liturgie als auch ihre Ausschmückung betraf. Augusta konnte Gott in einer mystischen, weihrauchgeschwängerten Umgebung einfach viel näher sein. All das machte es ihr vergleichsweise leicht, Verständnis für den katholischen Glauben zu entwickeln, denn das Wichtigste war in ihren Augen ohnehin das Christentum selbst, auf Grundlage der Evangelen.

Reise zur Weltausstellung nach London

Mit ihrem karitativen Engagement hatte Augusta endlich eine befriedigende Aufgabe gefunden. Aber auch das gesellschaftliche Leben am Koblenzer Hof kam keineswegs zu kurz. Wie schon in Berlin, so lud Augusta auch hier gern zu Gesprächen bei Tee und Gebäck ein, wobei sie erstmals auch Rheinländer empfing – Künstler und Wissenschaftler sowie Angehörige des rheinischen Adels. So wuchs ganz allmählich das zusammen, was – zumindest aus preußischer Sicht – zusammengehörte.

Seit Wilhelms Rückkehr aus London stand man in engem Kontakt mit der englischen Königsfamilie, und es hatte den Anschein, als könnte das freundschaftliche Verhältnis in einiger Zukunft durch eine preußisch-englische Eheschließung besiegelt werden. Noch freilich war es viel zu früh, denn Vicky, die älteste Tochter der Queen, war gerade erst zehn Jahre alt. Doch am 6. April 1851 schrieb Wilhelm an seine Schwester Charlotte: »Die Queen hat, glaube ich, Pläne für ihre Princess Royal und meinen Sohn. Wenn sich die Jugend konveniert [gefällt], werde ich nichts dagegen haben. Aber gewiss werde ich nichts dagegen tun. Gefallen wird die Kleine meinem Sohn schwerlich, denn sie ist gar nicht hübsch, und Monsieur mon fils [mein Herr Sohn] scheint einen guten Geschmack zu haben.« Tochter Luise hingegen, wenngleich zwei Jahre älter als Vicky, schien Wilhelm noch viel zu jung für irgendwelche Heiratsprojekte: »Wiwi ist noch sehr Kind, noch nicht Backfisch. Sie ist von Herzen und Gemüt ebenso gutartig als ihr Bruder, aber viel lebendiger, voller Verstand und komisch. Wir können dem Himmel nicht genug danken über die Entwicklung, die beide nehmen. Fritz ist so durch und durch Preuße, dass nichts ihn wankend macht, und er entwickelt mehr Charakterfestigkeit, als ich glaubte. Er ist Soldat mit Leib und Seele, und die Studien gehen seit diesem Jahr besser, weil es ihm nicht leicht wird, mit neuen Menschen und Verhältnissen rasch sich zu finden – außer der Truppe, wo er ein angeborenes Taktgefühl hat … Unser Leben hier ist sehr einförmig. Der gesellige Zirkel ist natürlich sehr beschränkt, wenigstens der, den man den engeren nennt.«

Doch Abwechslung war bereits in Sicht. Die Queen und Prinzgemahl Albert hatten die preußische Kronprinzenfamilie zu einem ganz besonderen Ereignis nach London eingeladen: zur Weltausstellung im Kristallpalast im Mai 1851.

Als Deutscher hatte Albert von Sachsen-Coburg und Gotha bislang keinen leichten Stand in seiner neuen Heimat gehabt. Er war ein ungeliebter Ausländer und blieb selbst beim englischen Adel Außenseiter. Die satirische Zeitschrift *Punch* wählte ihn zur beliebten Zielscheibe und machte sich jahrelang über ihn lustig. Doch nun sollte er endlich eine Gelegenheit bekommen, seine Fähigkeiten auch der breiten Öffentlichkeit unter Beweis zu stellen. Die Weltausstellung war im Wesentlichen sein Projekt.

Ihr Thema war »Fortschritt«, denn der Gedanke des Fortschritts spielte damals eine maßgebliche Rolle. Nie zuvor war das Bewusstsein der Menschen, Herr über die Welt zu sein, ausgeprägter gewesen. Nicht nur die Engländer sahen sich einer aufregenden neuen Zeit gegenüber, die sie sich früher kaum hätten vorstellen können, einer Welt aus Eisen, Dampf, Maschinen, Eisenbahnen und Telegrafendrähten.

Tag für Tag, so schien es, erweiterten neue wissenschaftliche Erkenntnisse das Wissen der Menschheit, auch die Medizin stand vor großen Fortschritten. Der scheinbar grenzenlose Erfindergeist manifestierte sich auf der Weltausstellung. Auch Augusta und ihre Familie standen staunend vor dem berühmten Kristallpalast im Londoner Hyde Park – Ausdruck der führenden Rolle Großbritanniens im Industriezeitalter wie die ganze Ausstellung überhaupt. Sie waren zur feierlichen Ausstellungseröffnung eingeladen. Am 1./2. Mai 1851 berichtete Wilhelm seiner Schwester Charlotte: »Soeben kehre ich von der Eröffnung der Ausstellung zurück. Es dürfte schwer sein, eine Beschreibung von dieser Zeremonie zu machen, denn alles trug dazu bei, dieselbe vollständig reüssieren [erfolgreich sein] zu lassen. Das Eigentümliche und Gigantesque des Gebäudes, das Bunte und Durcheinander der Gegenstände, die immensen Räume im Inneren, die ungeheure Menge der Menschen unten und auf den Galerien ... Das Ganze von der Sonne beschienen bildete ein unbeschreiblich Schönes ...«

Doch so überwältigend die Leistungsschau im Kristallpalast auch sein mochte – eigentlicher Zweck des Besuchs war freilich ein anderer. Wie Wilhelm schon seiner Schwester Charlotte geschrieben hatte, sollte hier die Ehe des jungen Fritz mit der kleinen Princess Royal Vicky angebahnt werden. Die 10-Jährige war eigens mit der Aufgabe betraut worden, ihren preußischen Gast durch die Ausstellung zu führen. Und das fiel ihr keineswegs schwer, denn Vicky war für ihr Alter außergewöhnlich reif und dazu noch hochbegabt. Sie sprach fließend mehrere Sprachen – Deutsch, Englisch und Französisch – und besaß ein phantastisches Gedächtnis, sodass sie alles, was sie einmal gelesen und gelernt hatte, tatsächlich auch behielt. Von ihrem Vater Albert gründlich unterrichtet, führte Vicky den staunenden Fritz zu den verschiedenen Exponaten, wobei sich der junge Preuße natürlich am meisten für die deutschen Erzeugnisse interessierte, zum Beispiel für die isolierten Telegrafendrähte von Werner Siemens, durch die die Verlegung eines transatlantischen Kabels ermöglicht wurde, oder die gegossene Stahlkanone von Alfred Krupp aus Essen. Kriegsgerät war Augustas Sache nicht. Ihr dürfte am meisten der berühmte Koh-i-Noor-Diamant gefallen haben, der mehr wert gewesen sein soll als die gesamte übrige Ausstellung. Doch am schönsten war es für sie zu beobachten, wie gut sich Fritz und Vicky verstanden. Der Altersunterschied von fast zehn Jahren schien überhaupt keine Rolle zu spielen.

Noch vier Wochen lang war die preußische Kronprinzenfamilie zu Gast in England, zuletzt in ganz privater Atmosphäre auf Schloss Osborne. Hier konnten Augusta und die Queen ihre beiden Ältesten in aller Ruhe mit zufriedener Genugtuung betrachten, ein höchst ungleiches Paar: der schlanke und hoch gewachsene Fritz und die kleine, eher pummelige Vicky, die zumindest äußerlich ganz nach ihrer Mutter kam. Die beiden jungen Leute verstanden sich ausnehmend gut und schienen nahezu pausenlos in intensive Gespräche vertieft zu sein. Die »Coburger« durften also hoffen, die geplante preußisch-englische Allianz in ein paar Jahren mit einer Hochzeit krönen zu können.

Tod des Vaters

Hinsichtlich ihrer karitativen Aktivitäten stand Augusta natürlich in regem Austausch mit ihrer Mutter. In Weimar nämlich ging Maria Pawlowna nach wie vor unermüdlich ihren sozialen Verpflichtungen nach, kümmerte sich um die Arbeit des »Patriotischen Frauenvereins«, initiierte kostenlose Suppenküchen und veranlasste, dass Bedürftige kostenlos im Krankenhaus behandelt wurden. Auch in kultureller Hinsicht gelang es Maria Pawlowna, Akzente zu setzen. Die Berufung des damals noch jungen Komponisten Franz Liszt zum Hofkapellmeister war im Wesentlichen ihr zu verdanken. So sorgte sie dafür, dass das seit Goethes Tod weitgehend brachliegende Weimarer Geistesleben ein wenig neuen Aufschwung erfuhr und so etwas wie ein »silbernes Zeitalter« einleitete.

Die Revolution von 1848 brachte keine nennenswerten Erschütterungen, sieht man davon ab, dass ein paar Fensterscheiben im Weimarer Schloss zu Bruch gingen. Doch die aufgebrachten Gemüter ließen sich rasch beruhigen, und an der Ilm zog bald wieder Frieden ein. Großherzog Karl Friedrich ließ sich ohnehin nicht so leicht erschüttern, wie ein Augenzeuge berichtete: »Als im März 1848 stürmische Petitionen in den Schlosshof getragen wurden und die Minister sich im Schlosse versammelten, blieb er ganz ruhig in seinem Zimmer und ließ sich nicht stören in dem Zeichenunterricht.«

Im Juni 1853 feierte Weimar das 25-jährige Regierungsjubiläum des Großherzogspaares. Nur zwei Wochen später, am 7. Juli, starb Karl Friedrich im Alter von 70 Jahren. Für die Untertanen war der Verlust ihres alten Landesherrn nicht sonderlich schmerzlich, denn es war ihm nie gelungen, aus dem Schatten seines vitalen Vaters Karl August herauszutreten. Jetzt setzte man alle Hoffnungen auf den neuen Großherzog Karl Alexander, Augustas jüngeren Bruder. Augusta selbst trauerte zwar um den Vater, doch da das Verhältnis zu ihm nie sonderlich eng oder gar herzlich gewesen war, hielt sich ihr Kummer in Grenzen. Hingegen war ihr der inzwischen 35-jährige Karl Alexander schon längst zum engsten Vertrauten geworden, der einzige vielleicht, dem sie ehrlich ihr Herz ausschütten konnte.

Der neue Großherzog, der 1842 Prinzessin Sophie der Niederlande geheiratet hatte, trat in die Fußstapfen seines Großvaters und machte sich einen Namen als großzügiger Förderer von Kunst und Kultur. Er ließ die Wartburg restaurieren und beauftragte den gebürtigen Wiener Moritz von Schwind 1854/55 mit der Anfertigung der bekannten Historienbilder: Stationen aus der Thüringer Landgrafengeschichte, dem Leben der heiligen Elisabeth und dem legendären Sängerkrieg – Themen, die zuvor der Komponist Richard Wagner in seinem »Tannhäuser« verarbeitet hatte. Franz Liszt und Richard Wagner hatten das Glück, in Karl Alexander einen kunstsinnigen Mäzen zu haben, der auch die Erinnerung an die Blütezeit des Weimarer »Musenhofs« hochhielt. Auf seine Initiative wurden in der Weimarer Altstadt nicht nur die Denkmäler von Herder und Wieland aufgestellt, sondern auch das Doppelstandbild von Goethe und Schiller vor dem Nationaltheater. Und schließlich konnte 1885 endlich auch die Goethe-Gesellschaft ins Leben gerufen werden.

Der Koblenzer Kreis

Für Augusta lief in den Jahren in Koblenz alles weitgehend nach Wunsch. Sie fühlte sich in der kleinen Stadt sehr wohl, und auch mit Wilhelm gab es keine gravierenden Differenzen. Der »Kartätschenprinz« schien aus den revolutionären Ereignissen eines gelernt zu haben, nämlich dass Fürst und Volk auf Dauer nicht gegeneinander stehen konnten. Anders als an der Spree war es hier am Rhein auch ungleich leichter, eigene politische Überlegungen anzustellen – ganz ohne die Einflüsterungen der Kamarilla. Allmählich öffnete sich Wilhelm daher einer »gesundkonservativen« Denkweise, wie er es selbst nannte, wobei ihn Augusta natürlich nachhaltig unterstützte. Schließlich bildete die Politik auch im Koblenzer Schloss den eigentlichen Schwerpunkt im Leben des Kronprinzenpaares, doch anders als Berlin wurde Koblenz damals gewissermaßen zum Sammelbecken gemäßigt liberal denkender Männer.

Tonangebend am Berliner Hof war die sogenannte Kreuzzeitungspartei, die ihren Namen von dem 1848 gegründeten konservativen Presseorgan ableitete. Der richtige Name lautete zwar *Neue Preußische Zeitung,* aber da auf dem Titelblatt gut sichtbar das Eiserne Kreuz prangte, setzte sich schon bald der Name »Kreuzzeitung« durch. Zum Kreis dieser »Partei« gehörten vor allem die Gründer des Blattes, Leopold und Ernst Ludwig von Gerlach, aber auch die übrigen Mitglieder der Kamarilla.

In Koblenz herrschte hingegen die »Wochenblattpartei« vor, benannt nach dem 1851 gegründeten *Preußischen Wochenblatt.* Kopf dieses »Koblenzer Kreises« war der Jurist August von Bethmann-Hollweg, als einflussreich galten aber auch der Historiker Max Duncker, Clemens Theodor Perthes sowie der junge badische Staatsbeamte Franz von Roggenbach (1825–1907), von dem später noch die Rede sein wird. Eine ganz besondere Stellung am Koblenzer Hof nahm Alexander von Schleinitz (1807–1885) ein, der 1848 kurz das Amt des preußischen Außenministers bekleidet hatte, dann aber wegen deutschlandpolitischer Differenzen mit dem König seinen Rücktritt einreichte. Danach hatte er sich aus der aktiven Politik zurückgezogen und lebte seither in Koblenz. Mit Schleinitz verband Augusta ein ganz besonderes Vertrauensverhältnis, was zu zahlreichen Unterstellungen führte. Bismarck spottete über den »Haremsminister«, und Philipp zu Eulenburg, ein enger Freund Wilhelms II., sah sich Jahrzehnte später sogar veranlasst, Spekulationen über eine Beziehung der beiden anzustellen, die angeblich über eine normale Freundschaft hinausging: »Er war den Frauen immer gefährlich gewesen«, schrieb Eulenburg in seinen Erinnerungen über Schleinitz, »darum war es nicht zu verwundern, dass er es auch gegenüber der Frau Prinzessin wurde.« Derlei Mutmaßungen entbehren jeglicher Grundlage, zumal Eulenburg selbst erst 1847 geboren wurde und in der fraglichen Zeit noch ein Kind war. Gewiss wird der smarte Schleinitz der Kronprinzessin geschmeichelt haben, mehr aber auch nicht. Augusta besaß weder das sinnliche Temperament, das für einen solchen »Seitensprung« unabdingbare Voraussetzung gewesen wäre, noch hätte sie dergleichen mit ihren strikten Moralvorstellungen in Einklang bringen können. Jede Art von Frivolität war ihr zuwider. Später, als ganz Berlin ins Theater drängte, um sich die Vorstellung der »Kameliendame« anzusehen – eines Bühnenstücks über eine Pariser Kurtisane nach einer Vorlage von Alexandre Dumas –, blieb sie selbst entrüstet zu Hause.

Was der »Koblenzer Kreis« anstrebte, war eine maßvolle Liberalisierung Preußens, eine Allianz mit den führenden Kräften des liberalen Bürgertums. Insofern griff man auf Ideen zurück, die schon zu Beginn des 19. Jahrhunderts von Reformern wie Stein und Hardenberg entwickelt worden waren. Doch der Reformeifer, der Preußen damals erfasst hatte, war bekanntlich schon nach kurzer Zeit in sich zusammengesunken.

Damals hatte der leitende Minister Freiherr von Hardenberg (1750–1822) die Notwendigkeit politischer Reformen klar erkannt und seinem König Friedrich Wilhelm III. gesagt: »Majestät, wir müssen dasselbe von oben her machen, was die Franzosen von unten her gemacht haben.« Zunächst aber war es Freiherr Karl vom und zum Stein (1757–1831), der die preußischen Staatsreformen in Angriff nahm. Doch nach Anfangserfolgen wie der Bauernbefreiung und der Aufhebung der Standesschranken geriet der Prozess ins Stocken. Dem König gingen die Reformvorschläge seines Ministers zu weit. Stein wollte nämlich wichtige Positionen nur noch nach dem Leistungsprinzip besetzen und nicht mehr aufgrund der adligen Herkunft der Betreffenden. Die Kabinettsräte am Berliner Hof bezeichnete er ganz undiplomatisch als eine »boshafte Rotte niederer Faultiere«. Nach weiteren scharf formulierten Denkschriften fiel er in Ungnade und musste seinen Hut nehmen. Friedrich Wilhelm III. nannte Stein einen »widerspenstigen, trotzigen, hartnäckigen und ungehorsamen Staatsdiener«. Nachfolger wurde Staatskanzler Hardenberg, der weitere Reformen durchsetzen konnte, wie die Befreiung vom Zunftzwang und die Gleichberechtigung der Juden. Gegen großen Widerstand hob er die Steuerbefreiung des Adels auf und tat damit einen weiteren Schritt zur Gleichheit aller Bürger.

Von entscheidender Bedeutung war auch die Heeresreform unter der Federführung von Scharnhorst und Gneisenau. Gegen den Widerstand der adligen Offiziere setzte Scharnhorst einige maßgebliche Neuerungen durch: Entehrende Strafen, zum Beispiel das Spießrutenlaufen, wurden abgeschafft. Die Offizierslaufbahn, die bislang nur den Adligen offenstand, sollten künftig auch tüchtige Soldaten bürgerlicher Herkunft einschlagen können. 1813 wurde schließlich die allgemeine Wehrpflicht eingeführt.

Der »Koblenzer Kreis« wollte nun da weitermachen, wo die preußischen Reformer vor knapp 50 Jahren aufgehört hatten: Aus gehorsamen Untertanen sollten mündige Staatsbürger werden.

Augusta sah mit Genugtuung, dass sich Wilhelm ein wenig in ihre Richtung bewegte, auch wenn man ihren Einfluss nicht überschätzen darf. Immerhin bezeichnete er sich in diesen Jahren selbst nicht nur als »gesundkonservativ«, sondern mitunter sogar als »gemäßigt liberal«. In Berlin sah man den Sinneswandel des Kronprinzen natürlich überhaupt nicht gern und sprach sogar abfällig von der Koblenzer »Demokratenfamilie«. 1854 kam es schließlich zu einem ernsten Zerwürfnis zwischen Wilhelm und seinem königlichen Bruder. Vorausgegangen waren ganz allgemeine innen- und außenpolitische Differenzen, Auslöser jedoch war die Ablösung des Kriegsministers Eduard von Bonin (1793–1865), einem Vertrauten des Kronprinzen, den Friedrich Wilhelm IV. durch Friedrich Graf von Waldersee (1795–1864) ersetzte, einen Mann der »Kreuzzeitungspartei«. Von Bonin hatte während des Krimkriegs* versucht, die preußische Politik vom russischen Einfluss zu befreien.

Der »Bruderstreit« währte allerdings nicht sehr lange. Als Augusta und Wilhelm im Juni 1854 zur Feier ihrer Silberhochzeit nach Berlin kamen, hatten sich die Wogen anscheinend schon wieder geglättet. Wilhelm schrieb am 15. Juni an Charlotte: »Das Wiedersehen im Palais war herzlich vom König und allen. Nur Karl und Marie waren auffallend kalt und bitter bei allen Gelegenheiten ... Wir haben eine schöne Feier für unsere Herzen erlebt ... Der Tag begann mit Familienglückwunsch auf dem Babel, dem Kirchgang in der Friedenskirche, Militär- und Hofgratulation im Potsdamer Schloss, Dinner bei uns und Soiree in Sanssouci mit kleinem Ball.« Nach den anstrengenden Feierlichkeiten konnte das Jubelpaar endlich wieder ins beschauliche Koblenz zurückkehren.

---

* Krimkrieg 1853–1856. Während Russland die Gründung selbstständiger Balkanstaaten anstrebte und versuchte, die Türken vom Bosporus zu verdrängen, sah England seine Mittelmeerstellung aufs Schärfste bedroht und stieg an der Seite der Türkei in den Krieg ein, unterstützt von Frankreich. Preußen hielt derweil zu Russland, blieb aber formell neutral.

Preußen und Baden

Nur ein Wermutstropfen fiel in dieser Zeit auf Augustas häusliches Glück: Es würde nicht mehr lange dauern, bis sie sich von »Wiwi«, ihrer geliebten Tochter Luise, würde trennen müssen. Luise war inzwischen zu einer jungen Dame herangewachsen und hatte schon beinahe das heiratsfähige Alter erreicht. Sie war in jeder Hinsicht ein Ebenbild ihrer Mutter geworden, nicht nur, was die äußere Erscheinung betraf. Später zeigte sich, dass sie ebenso Augustas Interesse an Politik wie an karitativer Tätigkeit geerbt hatte. Die Ähnlichkeit der beiden ist jedem aufgefallen, auch Augustas Enkel. Wilhelm II. sah in seiner Tante Luise »den Widerschein in allem der Mutter«.

In Wilhelms Brief an Charlotte vom 15. Juni 1854 informierte er seine Schwester auch über die Fortschritte, die Luise in der letzten Zeit gemacht hatte: »Ich hole nun das Vergessene nach wegen der Schilderung meiner Tochter, woran du mahnst. Sie ist so groß wie die Mama und hat bis jetzt eine hübsche schlanke Figur. Bis auf den Mund ist sie recht hübsch, sieht sehr preußisch aus und hat Papas Augen. Ihre ganze angenehme Erscheinung liegt in dem unschuldigen, gemütlichen und doch geistreichen Ausdruck ihres Gesichtchens. Sie hat Verstand, lernt leicht, wenn sie will, und fasst daher rasch auf und behält das Erlernte. Von Herzen ist sie wie ihr Bruder vortrefflich, einfach, bescheiden, gehorsam und fängt sie auch an, recht hübsch, ungescheut und unbefangen Konversation zu machen. Ich glaube, dass diese Schilderung nicht durch die Blindheit des Vaters diktiert ist. Aus den Zeitungen wirst du gesehen haben, dass man Wiwi mit dem Regenten von Baden verheiratet. Es ist uns allerdings kein Zweifel durch sein Verhalten und sein Benehmen übrig geblieben, dass er an sie denkt. Doch darf sie von nichts wissen vor ihrer Konfirmation zu Ostern. Uns Eltern könnte diese Allianz nur in jeder Beziehung erwünscht sein bei Persönlichkeit und Stellung des Regenten, der vortrefflich ist an Herz und Verstand ...«

Schon 1850 waren die Weichen für Luises Zukunft gestellt worden. Damals hatte sich Augusta gemeinsam mit ihrer Tochter zu einem Kuraufenthalt nach Baden-Baden begeben und dabei auch einen Abstecher nach Karlsruhe gemacht, um der Familie des Großherzogs von Baden einen Besuch abzustatten. Anders als in Preußen war die 1848er Revolution in Baden nicht so schnell zu Ende gewesen, sondern wurde schließlich mit Waffengewalt – und preußischer Unterstützung – niedergeschlagen. Nachdem das Werk der Paulskirche gescheitert war, hatten republikanische Revolutionäre 1849 von Baden aus versucht, eine neue Aufstandswelle auszulösen. Herzog Leopold (1790–1852) musste damals fluchtartig seine Residenz verlassen und rief preußische Truppen zur Hilfe. Kein anderer als »Kartätschenprinz« Wilhelm besaß den Oberbefehl über die Soldaten und ging massiv gegen das badische Revolutionsheer vor. 19 Revolutionäre ließ er standrechtlich erschießen. Leopold aber konnte bald wieder in sein Schloss zurückkehren, nunmehr fest entschlossen, dem revolutionären Geist endgültig den Garaus zu machen. Zu seiner Unterstützung blieben noch bis 1852 preußische Soldaten in Baden stationiert.

Die gemeinsame Niederschlagung der Revolution hatte die beiden Fürstenfamilien, die seit jeher freundschaftlich miteinander verbunden waren, nur noch enger zusammengeschweißt. Prinzessin Luise hatte in Karlsruhe auch den Erbprinzen Friedrich von Baden (1826–1907) kennengelernt und ihn offenbar gleich sympathisch gefunden. Und so begann man, eine dynastische Verbindung zwischen Preußen und Baden anzubahnen.

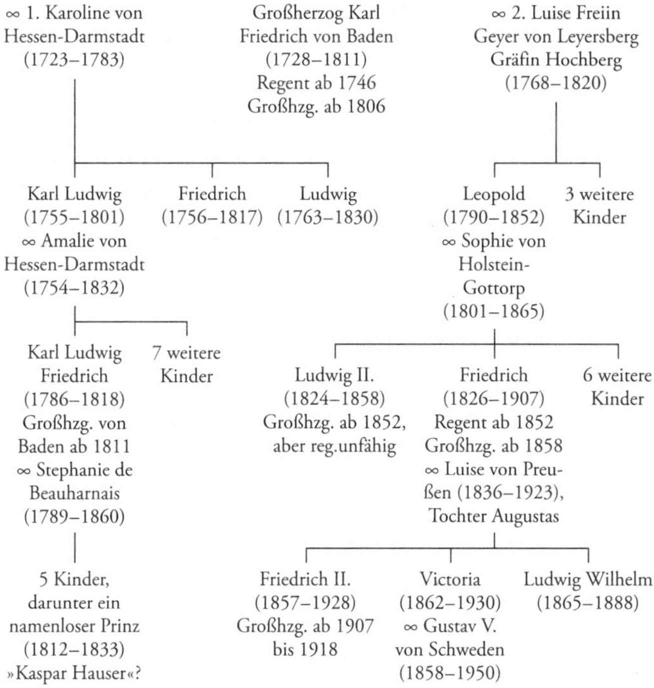

Stammtafel Baden

Dabei galten gerade die Preußen den Badenern als »Staatsfeind Nr. 1«. Das brutale Vorgehen gegen die Aufständischen war unvergessen und inspirierte den Dichter Ludwig Pfau zu seinem »Badischen Wiegenlied«: »Schlaf, mein Kind, schlaf leis, / dort draußen geht der Preuß! / Deinen Vater hat er umgebracht, / Deine Mutter hat er arm gemacht / und wer nicht schläft in guter Ruh' / dem drückt der Preuß' die Augen zu. / Schlaf, mein Kind, schlaf leis…«

Das Klima entspannte sich erst, als Friedrich 1852 nach dem Tod des Vaters die Regentschaft für seinen regierungsunfähigen Bruder Ludwig übernahm, den Kriegszustand im Land beendete und eine weitgehende Amnestie für die politischen Gefangenen erließ. Die Preußen zogen endlich ab, und in Baden atmete man auf. Friedrich galt als fortschrittlich, gemäßigt liberal und weltoffen, zudem war er auch ein entschiedener Befürworter der nationalen Einigung Deutschlands unter preußischer Führung.

Luises Hochzeit mit Friedrich von Baden

Im Mai 1855 wurde Luise in der Charlottenburger Schlosskapelle konfirmiert. Wieder war Wilhelm hellauf von seiner Tochter begeistert: »Die feierliche Handlung ist vorüber, und ich muss selbst gestehen, dass Luise über meine Erwartungen vorgreifend sie bestanden hat … Dabei war ihr Gedächtnis in Sprüchen und Katechismus unglaublich, denn sie hat nicht einmal angestoßen … Luises Ausdruck und ihre gefühlvolle, aber gefasste Sprache und ganzes Erscheinen waren wenigstens für uns Eltern unbeschreiblich rührend …«

Am 30. September 1855 feierte man im Koblenzer Schloss nicht nur Augustas 44. Geburtstag, sondern auch die Verlobung des jungen Paares, das laut Vater Wilhelm »nach menschlicher Berechnung einer glücklichen Zukunft« entgegenzugehen schien. Noch ein einziges gemeinsames Jahr in Koblenz war Augusta mit ihrer Tochter vergönnt. Am 20. September 1856 heiratete Luise den im gleichen Jahr zum Großherzog beförderten Friedrich von Baden in Berlin. Voller Wehmut schrieb Augusta an ihre Mutter Maria Pawlowna: »Ebenso, wie das bei dir der Fall ist, schmerzt mich der Gedanke an den Verlust dieser rührenden Einfalt, Ahnungslosigkeit und Reinheit.« Es sei ihr, meinte Augusta, als scheide ein guter Engel von ihr. Auch Wilhelm war zutiefst ergriffen, wie er zwei Tage später nach St. Petersburg schrieb: »Der große Schritt ist also geschehen. Und wie es alle Eltern empfinden, wenn sie die Tochter aus dem Hause geben, so empfinden wir es nun auch!« Augustas gewaltigen Trennungsschmerz deutete Wilhelm nur an: »Natürlich ist es die Mutter auch sichtbar am meisten, und bei ihrer Leidenschaftlichkeit in allen Gefühlssachen namentlich, ist denn erklärlich, dass bei ihr Wehmut die Freude überragt. Der schlimme Tag ist natürlich übermorgen. – Bis jetzt ist alles sehr nach Wunsch gelaufen. Luise sah mit ihrem Ausdruck völligen receuellements [Selbstbesinnung] bei der Trauung sehr charmant aus und ertrug alle Fatiguen sehr gut ... Bei der Abendcour war Luise zum ersten Mal in Brillanten coiffiert, was ihr vortrefflich stand ...«

So schwer es den Eltern, insbesondere Augusta, auch fallen mochte, ihre »kleine Wiwi« loszulassen, die Tochter hatte ein gutes Ehelos gezogen. Am 9. Juli 1857 brachte Luise ihr erstes Kind zur Welt, den Thronfolger und späteren Friedrich II., letzten Großherzog von Baden. Damit war Augusta zur stolzen Großmutter geworden. Es folgten noch zwei weitere Kinder, Viktoria (1862–1930) und Ludwig Wilhelm (1865–1888), der mit nur 23 Jahren aus nicht ganz geklärten Gründen verstarb. Offiziell wurde als Todesursache eine Lungenentzündung angegeben, doch die Gerüchte wollten nicht verstummen, dass er in Wirklichkeit bei einem Duell ums Leben gekommen war.

Als Mutter machte Luise ähnliche Erfahrungen wie schon Augusta. Ihr ältester Sohn Friedrich, genannt Fritz (1857–1928), war ein höchst mittelmäßiger Schüler und erfüllte die in ihn gesetzten Hoffnungen in keiner Weise. Viktoria hingegen trat ganz in die Fußstapfen von Mutter und Großmutter, lernte leicht und gern und setzte sogar die Tradition der karitativen Betätigung fort. 1881 heiratete sie den schwedischen Thronfolger, der 1907 als Gustav V. König von Schweden wurde. Seit einem Erholungsaufenthalt in Ägypten galt Viktorias große Leidenschaft der Archäologie, ein Interesse, das sie übrigens mit ihrem kaiserlichen Cousin Wilhelm II. teilte.

Kaspar Hauser – der rechtmäßige Großherzog von Baden?

In den allgemeinen Jubel über die preußisch-badische Hochzeit mischten sich aber auch ein paar kritische Stimmen. So fragte beispielsweise Queen Victoria, wie man sich in Preußen nur mit den »Mördern des Kaspar Hauser« einlassen konnte. Was waren die Hintergründe dieser Frage?

Im Jahr 1828 tauchte ein rätselhafter junger Mann in Nürnberg auf. Er sprach zunächst kein einziges Wort und trug stattdessen einen Brief bei sich, in dem stand, dass er seit 1812 in Abgeschiedenheit von der Welt aufgewachsen sei und nun wie sein Vater Soldat werden wolle. Sein Name: Kaspar Hauser. Tatsächlich ließen Verhöre und Lebensgewohnheiten auf eine lange Gefangenschaft schließen. Der Fall wurde vom Ansbacher Rechtsgelehrten Anselm Feuerbach aufgegriffen, der den Heranwachsenden zu verschiedenen Personen in Pflege gab. Doch Kaspar Hauser blieb geistig unterentwickelt und problematisch. Nachdem er bereits 1829 mit starken Verletzungen aufgefunden worden war, starb er 1833 durch einen Dolch.

Jetzt schossen die Spekulationen ins Kraut. Wer konnte Interesse daran haben, den mysteriösen Kaspar Hauser umzubringen? Schon früh tauchte die Behauptung auf, der seltsame Jüngling sei in Wirklichkeit kein anderer als ein beiseitegeschaffter Erbprinz von Baden gewesen!

Bereits 1828 nämlich standen Personen aus dem Umfeld des Großherzogs Karl Friedrich von Baden (1728–1811) und seiner morganatischen Ehefrau Gräfin Luise von Hochberg (1768–1820) in Verdacht, den 1812 geborenen Sohn des Erbprinzen Karl von Baden und Stéphanies von Beauharnais, einer Adoptivtochter Napoléons, mit einem sterbenden Säugling vertauscht zu haben. Der Grund war folgender: Karl Friedrich hatte aus seiner ersten Ehe mit der 1783 verstorbenen Karoline von Hessen-Darmstadt den gemeinsamen Sohn Karl, der den Vater nach dessen Tod 1811 auch beerbte. Doch Karl Friedrich war 1787 eine zweite, morganatische Ehe eingegangen. Seine neue Frau war besagte Gräfin Hochberg, eine geborene Luise Geyer von Geyersberg. Diese ehrgeizige Dame brachte vier Kinder zur Welt, darunter auch Leopold, den Vater des 1826 geborenen Friedrich, Augustas Schwiegersohn. Hat Gräfin Hochberg den kleinen Prinzen beiseitegeschafft und gefangen gehalten, um ihrem eigenen Sohn den Weg zum Thron zu ebnen? Würde diese Theorie stimmen, dann hätte eigentlich »Kaspar Hauser« als Sohn von Karl und Stéphanie Großherzog von Baden werden müssen.

Doch die »Prinzentheorie« ist längst widerlegt. Bei DNA-Tests 1996 und 2002 wurde das genetische Material aus Kaspar Hausers blutbefleckter Unterhose mit Proben verglichen, die aus der direkten Linie von Stéphanie Beauharnais stammten. Mehrere weibliche Nachkommen hatten sich bereit erklärt, Blutproben für diese Untersuchung zur Verfügung zu stellen. Danach stand eindeutig fest, dass der rätselhafte Jüngling eines mit Sicherheit nicht war: der ausgetauschte Erbprinz von Baden. Heute schließt man auch nicht mehr aus, dass sich Kaspar Hauser die tödlichen Verletzungen sogar selbst beigebracht haben könnte, vielleicht weil seine Umgebung, die sich zunächst so sehr für ihn interessierte, allmählich das Interesse verlor. Das badische Herrscherhaus ist damit wohl rehabilitiert, und auch die Preußen stehen nicht mehr unter dem Verdacht, sich mit den »Mördern des Kaspar Hauser« eingelassen zu haben.

Sohn Fritz auf Freiersfüßen

Augusta musste sich wohl oder übel daran gewöhnen, dass Luise nicht mehr ständig an ihrer Seite war und jetzt in Karlsruhe eine eigene Familie hatte. Doch die Verbindung von Mutter und Tochter blieb auch weiterhin sehr eng. Man besuchte sich gegenseitig, traf sich auf Familienfesten und vor allem während des alljährlichen mehrwöchigen Sommeraufenthalts in Baden-Baden, den Augusta und Luise stets zusammen verbrachten.

Es war wieder ein wenig ruhiger im Koblenzer Schloss geworden. Allerdings kam der in Bonn studierende Fritz oft und gern zu seinen Eltern zu Besuch und fühlte sich in der »Demokratenfamilie« sichtlich wohl. Augustas Leben war ausgefüllt mit ihren vielfältigen karitativen Aktivitäten, ihr Verhältnis zu Wilhelm sichtlich entspannt. Nennenswerte politische Auseinandersetzungen gab es in dieser Zeit nicht. Seinem früheren Lehrer Ernst Curtius schrieb Fritz über das »heimliche, harmlose Familienleben«.

In dieser harmonischen Atmosphäre wurde hin und wieder auch über die Hochzeitspläne des Sohnes gesprochen. Inzwischen waren seit dem Besuch auf der Weltausstellung in London fünf Jahre vergangen, und das Heiratsprojekt hatte bereits konkrete Formen angenommen. Schon im September 1855 hatte Wilhelm an seine Schwester Charlotte geschrieben: »Es scheint, dass sich fast gleichzeitig das Schicksal unserer beiden Kinder entscheiden soll. Die Wünsche aus England sind Fritz natürlich nicht unbekannt geblieben …

Diesen Sommer erklärte er sich uns, die Bekanntschaft jetzt erneuern zu wollen, wo die Princess Royal in einem Alter sei, wo man sie doch schon beurteilen könne, aber auch zugleich noch so jung, dass eine Nichtverfolgung des Projekts der Prinzessin keinen Schaden in der öffentlichen Meinung tun könne. Wir approuvierten [genehmigten] diese seine Ansicht vollkommen, und der König, der diese Partie seit langer Zeit wünscht, gab sofort seine Einwilligung zu der Reise. Nach Fritzens Briefen aus Balmoral scheint sein Entschluss, die Prinzessin dereinst zu erwählen, festzustehen, denn er ist enorm verliebt! Wir erwarten ihn heute Abend hier …«

Als Fritz zur Verlobung seiner Schwester Luise und Augustas 44. Geburtstag in Koblenz eintraf, gab es viel zu erzählen. Er hatte mehrere Tage mit der englischen Königsfamilie auf Schloss Balmoral im schottischen Hochland verbracht, wo man ihn schon wie einen eigenen Sohn behandelte. Über die inzwischen 14-jährige Vicky war er voll des Lobes: »Princess Royal hat sich sehr formiert«, hatte er nach der Ankunft seinen Eltern geschrieben, »und obwohl nicht viel größer als die Königin, sieht sie doch viel hervorragender aus als wie sie. Ihr Ausdruck ist seelenvoll und spricht von Verstand; besonders viel sagen die Augen; Haltung und Gang sind sehr graziös, ohne gemacht zu sein. Kurz, das ganze Auftreten ist vorteilhaft und zeigt ein Gemisch kindlicher Unbefangenheit wie einiger Gewohnheit, sich unter Menschen zu bewegen.« Seinem Tagebuch vertraute Fritz an, dass er von Vickys »allerliebstem Ausdruck ganz entzückt« sei. Am 29. September 1855 bat er die Queen und Prinzgemahl Albert, Vicky heiraten zu dürfen, und schrieb nach der freudigen Zustimmung seiner künftigen Schwiegereltern: »Ich empfinde eine Seligkeit, die ich nie gekannt, und unbeschreiblich ist meine Dankbarkeit gegen Gott, der alles so gnädig und wunderbar leitete …« Noch freilich blieb die Verlobung geheim. Selbst Wilhelms Schwester

Charlotte wurde erst am 9. April 1856 in das Geheimnis eingeweiht: »Das wichtigste Familienereignis … dürfen Auguste und ich nunmehr dir offiziell anzeigen, dass nämlich unser Sohn sich am 29. September vorigen Jahres mit der Prinzessin Victoria … in Balmoral verlobt hat. Die Deklaration dieses für unsere Elternherzen, für die Familie und das Vaterland so hochwichtigen Ereignisses sollte Geheimnis bleiben bis nach erfolgter Konfirmation der jungen Prinzess, die nunmehr am Gründonnerstage stattgefunden hat.« Am 17. Mai 1856 wurde das Eheversprechen ganz offiziell bekannt gegeben, doch bis zur Hochzeit vergingen noch fast zwei Jahre.

Während Prinzessinnen damals in der Regel recht früh verheiratet wurden – Augusta und ihre Tochter Luise waren beide erst 17 Jahre alt –, ließ man den Söhnen deutlich mehr Zeit. Sie sollten sich ruhig »die Hörner abstoßen« und sexuelle Erfahrungen sammeln, bevor sie vor den Traualtar traten. Das alles hatte freilich mit größter Diskretion zu geschehen. Dass sich ein Monarch wie seinerzeit Friedrich Wilhelm II. offen zu seinen unehelichen Kindern bekannte, war Mitte des 19. Jahrhunderts ein Ding der Unmöglichkeit. Man erwartete von der Königsfamilie, dass sie zumindest nach außen hin ein Bild ungestörter Harmonie bot. Zwar weiß man, dass auch Wilhelm zahlreiche Liebschaften hatte, doch gesprochen wurde darüber nur hinter vorgehaltener Hand. Vertraute Personen, auch Augusta selbst, wussten natürlich Bescheid, aber nach außen hin war das Thema tabu. Das galt ebenso für die jungen Prinzen. Wann, wo und mit wem Fritz seine sexuellen Erfahrungen machte, ist unbekannt. Doch noch heute wird im nahe bei Bonn gelegenen Bad Neuenahr die Vermutung geäußert, der 1855 geborene Gründer eines renommierten Sanatoriums am Ort sei ein unehelicher Sohn des Prinzen Fritz von Preußen gewesen. Ein Indiz dafür lässt sich auf dem Friedhof von Bad Neuenahr finden: das Relief auf dem Grabstein, das den 1935 verstorbenen Mediziner zeigt, sieht den Bildern des späteren Kronprinzen tatsächlich verblüffend ähnlich. Das liegt natürlich auch an dem eindrucksvollen langen Bart, der die beiden Männer zierte. Ob es sich aber tatsächlich um einen unehelichen Enkel von Augusta und Wilhelm handelt, lässt sich natürlich nicht beweisen. Das Gleiche gilt für die Behauptung des inzwischen verstorbenen Journalisten Karl Eduard von Schnitzler, seinerzeit berühmt-berüchtigt durch die Auftritte in der Sendung »Der schwarze Kanal« im DDR-Fernsehen. Schnitzler behauptete in seinen Lebenserinnerungen *Meine Schlösser*, seine Urgroßmutter, Gattin des Magensalz-Fabrikanten Bullrich, habe selbigen mit dem nachmaligen deutschen Kaiser Friedrich III. betrogen. In diesem Fall wäre Fritz der Urgroßvater von Schnitzler und Augusta seine Ururgroßmutter.

Bismarck mischt mit

Für Augusta war es eine große Genugtuung, dass die seit Langem geplante Verbindung ihres Sohnes Fritz mit Vicky tatsächlich zustande gekommen war. Die Chancen, den ambitionierten Coburger Plan zu verwirklichen, den man zehn Jahre zuvor in London diskutiert hatte, waren damit weiter gestiegen. Zumindest am Koblenzer Hof konnte man sich eine konstitutionelle Monarchie für Preußen durchaus vorstellen.

Doch in der »Kamarilla« am Berliner Hof stieß die Verlobung des jungen Prinzen auf wenig Gegenliebe. Auch Otto von Bismarck formulierte seine starken Zweifel, wenngleich in diplomatischer Verkleidung: »Sie fragen mich, was ich zu der englischen Heirat sage. Ich muss beide Worte trennen, um meine Meinung zu sagen; das Englische daran gefällt mir nicht, die Heirat aber mag ganz gut sein, denn die Prinzessin hat das Lob einer Dame von Geist und Herz … Gelingt es ihr, die Engländerin zu Hause zu lassen und Preußin zu werden, so wird sie ein Segen für das Land sein … Bleibt unsere künftige Königin aber auch nur einigermaßen Engländerin, so sehe ich unseren Hof von britischen Einflussbestrebungen umgeben … Bei uns wird britischer Einfluss in der servilen Bewunderung des deutschen Michels für Lords und Gemeine … den fruchtbarsten Boden finden … Wie wird das erst werden, wenn die erste Frau im Lande eine Engländerin ist …«

Bismarck, seit 1851 Gesandter am Frankfurter Bundestag, setzte sich inzwischen verstärkt mit außenpolitischen Fragen auseinander – und eine politische Annäherung an England lag völlig außerhalb seiner Vorstellungen. Mit Genugtuung hatte er zur Kenntnis genommen, wie die ehemals enge Beziehung zwischen Russland und Österreich infolge des Krimkriegs auseinanderbrach. Damit eröffnete sich für Preußen die Möglichkeit, wieder enger mit Russland zusammenzugehen. Doch Bismarcks Hauptinteresse galt der nationalen Einigung Deutschlands. Lange Zeit war er der Ansicht gewesen, Preußen und Österreich könnten im Deutschen Bund als gleichberechtigte Partner nebeneinander bestehen. Inzwischen aber musste er erkennen, dass das altehrwürdige Habsburgerreich kein Interesse an einer derartigen Koexistenz hatte, sondern die Führungsrolle ganz eindeutig für sich in Anspruch nahm. Noch wollte er keinen Bruch mit Österreich, aber er sagte bereits ganz offen: »Wir atmen einer dem anderen die Luft vom Munde fort.« Diese Position unterschied sich nicht von der Augustas, die bekanntlich ebenso eine Befürworterin der kleindeutschen Lösung war. Der einzige Unterschied: Bismarck wollte außenpolitisch die enge

Anlehnung an Russland, Augusta hingegen favorisierte das englisch-preußische Bündnis.

Augustas Koblenzer Volkspark

Inzwischen war Koblenz für Augusta zur wirklichen Heimat geworden. Sie fühlte sich schon längst nicht mehr als Fremde, und die vielen Sympathien, die ihr entgegenschlugen, taten ihr ausgesprochen gut. Deshalb wollte sie sich bei »ihren« Koblenzern bedanken. Wenn Augusta vom Schloss aus auf den Rhein blickte, dann sah sie einen verwilderten, wenig ansehnlichen Uferstreifen voller Weidengestrüpp. Und so kam sie auf die Idee, das Koblenzer Rheinufer in einen Landschaftsgarten zu verwandeln, eine »grüne Lunge« für die Stadt, deren Bewohner hier ein wenig Erholung finden sollten – ein Volkspark also.

Federführend bei der Ausführung ihres Projekts, das sie 1856 in Angriff nahm, war der preußische Gartenbaumeister Peter Joseph Lenné, dem Fürst von Pückler-Muskau beratend zur Seite stand. Beide Männer hatten auch schon den Park von Schloss Babelsberg angelegt. Die notwendigen Grundstücke für die neue Rheinanlage erwarb Augusta aus ihrer Privatschatulle. Es dauerte fünf Jahre, bis der Landschaftsgarten fertiggestellt war, ein dreieinhalb Kilometer langes »Gesamtkunstwerk« aus Baum- und Strauchgruppen, Rasenflächen und einem breit angelegten Weg, auf dem die Koblenzer »lustwandeln« und »frische Luft schnappen« konnten. Das tun sie bis heute. Mit der »Kaiserin-Augusta-Anlage«, wie sie inzwischen genannt wird, hat sich die preußische Kronprinzessin ein bleibendes Denkmal geschaffen. Deshalb vermachte sie der Stadt Koblenz auch testamentarisch eine ansehnliche Summe zur Erhaltung und Pflege der

Grünanlage. Von der ehemals prunkvollen Ausstattung existiert heute freilich nur noch wenig. Zahlreiche Kunstdenkmäler und Plastiken, die damals den Weg am Rhein entlang säumten, wurden im Zweiten Weltkrieg zerstört.

Erhalten ist jedoch das imposante Marmordenkmal der Kaiserin, das 1896 enthüllt wurde: die sitzende Augusta in anderthalbfacher Lebensgröße, umgeben von einer Pergola, an deren Ende zwei kleine Brunnen stehen. Auf der Rückseite ist zu lesen:

Der unvergesslichen Kaiserin Augusta
Die dankbare Bürgerschaft der Residenzstadt Koblenz
1895–1896

Am »Deutschen Eck«, auf der Landspitze, wo die Mosel in den Rhein fließt, hat man 1897 auch ein Reiterstandbild von Wilhelm I. aufgestellt. Es fiel zwar zunächst dem Krieg zum Opfer, ist heute jedoch wieder an der gleichen Stelle zu sehen.

Schlimme Nachrichten aus Berlin

Hätte Augusta selbst entscheiden können, dann wäre sie wohl in Koblenz geblieben und nicht wieder an die Spree zurückgekehrt. Doch das Schicksal wollte es anders. Während sich Wilhelm vorübergehend auf Schloss Babelsberg aufhielt, erlitt sein königlicher Bruder am 5. Oktober 1857 einen schweren Schlaganfall, der Anlass zu den schlimmsten Befürchtungen gab. Wenige Tage später schrieb der Kronprinz an Charlotte: »Du weißt durch den Telegrafen, wie es mit Fritz ging und geht! Die Nacht war sehr schlimm! Du kannst dir meinen Schreck denken, als ich gegen Mitternacht in Babelsberg geweckt wurde und von Alexandrine und Dr. Weiß von der Gefahr benachrichtigt, zum sofortigen Kommen aufgefordert wurde! Das war eine schreckliche

Fahrt! Bei meiner Ankunft fand ich, Gott sei Dank, die momentane Gefahr durch den Aderlass beseitigt … Seit vielen Stunden war er ganz besinnungslos und regungslos und kirschrot im Gesicht gewesen … Ich bin natürlich hier etabliert. Wir sind alle hier und in Potsdam versammelt. Nur Auguste und Luise fehlen, und sie werden wohl nicht eher kommen, als bis neue Gefahr eintritt …«

Dass es mit der Gesundheit Friedrich Wilhelms IV. nicht zum Besten stand, wusste das Kronprinzenpaar schon seit einer ganzen Weile. Bereits 1855 hatte der König mehrere kurze Ohnmachtsanfälle erlitten, in deren Folge vorübergehend demenzielle Symptome aufgetreten waren. Schon im Juli 1857 erlitt Friedrich Wilhelm IV. einen Schlaganfall, von dem er sich zwar wieder erholte, doch er spürte selbst, dass er nicht mehr »der Alte« war. Sein Gesundheitszustand blieb kritisch. Bald wurde klar, dass der König körperlich und geistig so sehr beeinträchtigt war, dass er sein Amt – zumindest für eine Zeit lang – nicht ausüben konnte. Die Einsetzung eines Stellvertreters war unabdingbar, und es war natürlich naheliegend, dass Wilhelm die Regentschaft für seinen kranken Bruder übernehmen würde. »Meine Lage wird von Tag zu Tag peinlicher«, schrieb er am 13. Oktober 1857 an Charlotte, »weil die Stunde immer näher rückt, wo an eine Geschäftsübernahme durch mich geschritten werden muss.« Doch die Hofpartei war damit überhaupt nicht einverstanden und wünschte einen anderen Stellvertreter als den »gesundkonservativen« bis »gemäßigt liberalen« Kronprinzen. Mit der Rückkehr der Koblenzer »Demokratenfamilie« nach Berlin stand schließlich zu befürchten, dass auch an der Spree so etwas wie ein »liberaler Frühling« Einzug halten würde. Die Kamarilla hatte Angst, ins politische Abseits gedrängt zu werden. Daher kam aus dem konservativen Kreis um die Brüder Leopold und Ludwig von Gerlach die Anregung, Königin Elisabeth die Regentschaft zu übertragen. Mit ihr würde die Hofpartei leichtes Spiel haben. Doch Elisabeth, die nie persönlichen politischen Ehrgeiz besessen hatte, lehnte ab. Sie wollte jetzt nur noch für ihren kranken Gemahl da sein und nicht mehr von seiner Seite weichen.

So wurde die Regentschaft am 23. Oktober 1857 an Wilhelm übertragen, wenn auch vorerst nur für drei Monate: »Der 23. Oktober war ein ungewöhnlicher Tag in meinem Leben und von außerordentlicher Bedeutung, weil er ein Abschnitt in meiner Existenz sein wird, selbst wenn nur 3 Monate mein Amt dauern sollte«, teilte Wilhelm am 8. November seiner Schwester Charlotte mit. Doch er ahnte bereits, dass sein Bruder nie wieder in der Lage sein würde, das königliche Amt auszuüben. Die ärztlichen Prognosen waren eindeutig, und auch Friedrich Wilhelm IV. selbst wusste darüber Bescheid.

Damit war auch Augusta klar, dass die schöne Koblenzer Zeit unwiderruflich zu Ende ging. Sie musste mit Wilhelm zurück nach Berlin ins »Fegefeuer«. Diese unerfreuliche Aussicht wirkte sich auch auf ihre seelische Verfassung aus. Dementsprechend warnte ihr Sohn Fritz im November 1857 auch seine Verlobte Vicky vor: »Mama ist von so wechselhaften Launen bewegt, dass man manchmal bei Dingen, bei denen man entgegengesetzter Meinung ist, so tun muss, als ginge man darauf ein, nur um sie nicht noch mehr zu reizen ... Papa sucht ihr alles recht zu machen, aber Mama erkennt es nicht an ... Ihr Charakter ist zu autokratisch, als dass sie es lange vertrüge, jetzt nicht in alles Einsicht zu haben.« Keine Frage, der alte »Feuerkopf« war wieder da – und er sollte sich auch in den nächsten Jahren immer wieder zu Wort melden. Bismarck verriet uns später in seinen *Erinnerungen:* »›Feuerkopf‹ – so pflegte Kaiser Wilhelm I. in vertraulichen, aus Verdruss, Respekt und Wohlwollen gemischten Stimmungen die

Gemahlin zu bezeichnen und diesen Ausdruck mit einer Handbewegung zu begleiten, die etwa sagen sollte: ›Ich kann nichts ändern.‹ Ich fand diese Bezeichnung außerordentlich treffend: Die Königin war, solange nicht physische Gefahren drohten, eine mutige Frau, getragen von einem hohen Pflichtgefühl, aber aufgrund ihres königlichen Empfindens abgeneigt, andere Autoritäten als die ihrige währen zu lassen.«

Hochzeit in London

Zunächst aber stand wieder ein erfreuliches Ereignis in Aussicht: die Hochzeit von Fritz und Vicky. Im Vorfeld hatte es freilich einigen Ärger gegeben, als es darum ging, den Ort der Feierlichkeiten festzulegen. Am Hohenzollernhof hatte man keine Zweifel, dass die Hochzeit in Berlin stattfinden würde. Schließlich war es Tradition, dass die Ehen aller Preußenprinzen im Weißen Saal des Stadtschlosses besiegelt wurden, dort, wo auch Augusta und Wilhelm geheiratet hatten. Doch damit war Queen Victoria überhaupt nicht einverstanden: »So etwas ist absurd. Es gibt keinen Schatten eines Zweifels, dass der Prinz nach London kommen muss, um seine Braut einzuholen. Was immer bei preußischen Prinzen üblich und Sitte sein mag, es kommt nicht jeden Tag vor, dass man die älteste Tochter der Königin von England heiratet. Und damit Schluss!« Und so blieb der Hohenzollernfamilie nichts anderes übrig, als sich dem Machtwort der Queen zu beugen und zur Hochzeit nach London zu reisen.

Obwohl die englisch-preußische Verbindung ganz in ihrem Sinne war, zeigte sich Augusta nicht gänzlich zufrieden. Erst kurz vorher hatte sie sich bei ihrem Bruder über den Sohn Fritz beklagt: »Trotz seiner vorzüglichen Eigenschaften ist er noch nicht imstande, seiner jungen Braut jene zusätzliche

Erziehung zu geben, die, meinem Gefühl nach, bei ihr vernachlässigt worden ist.« Dabei ging es im Wesentlichen um Fragen der Etikette, die Vicky im Gegensatz zu Augusta eher lästig fand, vor allem aber auch um Vickys Gewohnheit, alles, was sie dachte, offen und unbefangen auszusprechen. Doch Augusta war fest davon überzeugt, ihre Schwiegertochter noch nach ihren Vorstellungen »zurechtbiegen« zu können.

Am 25. Januar 1858 heirateten Fritz und Vicky in der königlichen Kapelle des St.-James-Palastes. Unter den Reportern, die über das wichtige Ereignis berichteten, war auch der junge Theodor Fontane, der damals als Korrespondent in London arbeitete.

Jetzt hatte Augusta eine Schwiegertochter, die geradezu für sie geschaffen zu sein schien, zumindest auf den ersten Blick. Vicky kam nicht nur aus dem Land, das die preußische Kronprinzessin für vorbildlich hielt. Beide teilten auch die gleiche politische Meinung und waren sich überhaupt in mancher Hinsicht sehr ähnlich. Vickys Hofdame schrieb über die junge Engländerin: »Sie war keine Menschenkennerin und würde es auch nie sein, denn ihr eigener Standpunkt war der einzige, den sie zu sehen vermochte.« Worin Vicky in verblüffender Weise ihrer Schwiegermutter glich …

Der Anfang war noch vielversprechend, wie Wilhelm am 25. März 1858 seiner Schwester Charlotte berichtete: »Unsere Schwiegertochter fängt an, sich bei uns zu orientieren und zu gewöhnen, was sogar rascher geschieht, als ich glaubte. Sie ist sehr vorsichtig, um sich keine Blößen zu geben, und daher noch schweigsamer, als es wünschenswert wäre. Aber alles, was sie spricht, zeugt von Verstand und gediegener Erziehung … Ihr erstes Erscheinen ist günstiger gewesen, als ich erwartete, und verdankt sie dies, bei nicht schönem Äußeren, dem hübschen, kindlichen, unbefangenen Ausdruck ihres ganzen Wesens, mit viel Würde, trotz ihrer kleinen Statur.

Dass sie gemacht ist, ihre Stellung dereinst ganz auszufüllen, daran zweifle ich keinen Augenblick, aber sie hat auch großen Ansprüchen zu genügen nach den Erwartungen, die Preußen ihr durch ihren Empfang aussprach.« Die Reise des frisch vermählten Paars von London nach Berlin hatte einem wahren Triumphzug geglichen. Am 8. Februar 1858 fuhren Fritz und Vicky in einer Staatskarosse unter Kanonendonner durch das Brandenburger Tor. In diesem Sinne schrieb Wilhelm weiter: »Es ist mehr wie auffallend gewesen, den Enthusiasmus zu sehen, den ihre Ankunft im Lande verursacht hat, und nicht bloß da, wo es passierte, sondern in allen Provinzen nah und fern. Es lässt sich dies erklären durch den Umschwung, den alle Verhältnisse seit 20–30 Jahren genommen haben, wo alles mehr in die Öffentlichkeit getreten ist … dass ein Stück Geschichte sich zugetragen hat, indem die zwei mächtigsten protestantischen Staaten sich vereinen, und zwar zwei Staaten, die berufen sind, an der Spitze der Zivilisation zu stehen, denn das ist Preußen und England ganz gewiss …« In dieser Hinsicht dachte Augusta genauso. Doch was Wilhelms Einschätzung ihrer Schwiegertochter betraf, war sie ganz anderer Ansicht. Wie sie bekanntlich schon im Brief an ihren Bruder Karl Alexander geschrieben hatte, sei deren »Erziehung vernachlässigt« worden, man müsse also noch weiter daran arbeiten. Doch als Vicky ihre anfängliche Schüchternheit erst abgelegt hatte, zeigte sie sich ausgesprochen selbstbewusst und sah keine Notwendigkeit, sich von ihrer Schwiegermutter gute Ratschläge geben zu lassen. Was Augusta aber ganz besonders ärgerte, war die Tatsache, dass Fritz seine junge Frau geradezu anhimmelte und nicht die geringste Kritik an ihr zuließ. Der Sohn, der stets so »weich und biegsam wie Wachs« gewesen war, begann Augustas Einfluss zu entgleiten. Nur politisch zog man noch an einem Strang.

Der »Liberale Frühling« der Neuen Ära

Die letzten Monate hatten gezeigt, dass Friedrich Wilhelm IV. dauerhaft regierungsunfähig blieb. Zwar gab es immer wieder bessere Phasen, in denen er zusammen mit Elisabeth kleinere Spaziergänge unternehmen konnte, doch wirklich gesund wurde er nicht mehr. Am 7. Oktober 1858 wurde Wilhelm anstelle seines erkrankten Bruders ohne zeitliche Einschränkung als stellvertretender Regent eingesetzt. Das bedeutete den endgültigen Abschied aus dem geliebten Koblenz und die Rückkehr nach Berlin, wo Augusta und Wilhelm wieder ihr Palais Unter den Linden bezogen. Augusta konnte sich nur damit trösten, dass nunmehr ihr Gemahl die Richtlinien der Politik bestimmen und die reaktionären Kräfte der Kamarilla ins Abseits drängen würde. Jetzt endlich konnte das verwirklicht werden, was man im »Koblenzer Kreis« erarbeitet hatte: die Lösung Preußens aus der starren Bindung an Russland sowie eine stärkere Westorientierung der Außenpolitik und schließlich die Schaffung einer konstitutionellen Monarchie. Augusta hoffte, dass eines Tages auch die nationale Einigung durch »moralische Eroberungen Preußens in Deutschland« vollendet werden würde. Preußen sollte durch ein fortschrittliches Staats- und Regierungssystem eine solche Sogwirkung auf die anderen deutschen Staaten ausüben, dass es damit dem reaktionären Österreich den Rang um den Wettlauf in der Lösung der deutschen Frage ablaufen würde.

Die Chancen standen gut. Nach 1848 war es eine Zeit lang gelungen, liberale Bestrebungen zu unterdrücken, doch nach etwa einem Jahrzehnt war der Reaktion »die Luft ausgegangen«, und fortschrittliche Gruppierungen erwachten allmählich aus ihrer Erstarrung. Jetzt richteten sich alle Hoffnungen auf den inzwischen 61-jährigen Wilhelm, der das Image des »Kartätschenprinzen« längst verloren hatte.

Wilhelm selbst äußerte sich zu seinen Plänen in einem Brief an Charlotte vom 29. Oktober 1858: »Du kannst sicher sein, dass ich sehr ruhig, besonnen und bedächtig meinen Weg gehen werde, wie dies seit 62 Jahren meine Maxime ist. Alle Zeitungen zeichnen mich auch so – eigentlich als einen ledernen Kerl, der aber wisse, was er will, und gewiss keine Umstürze machen werde. Was das Ministerium betrifft, so ist es in Beratung, ob es bleiben soll oder nicht. Modifikationen müssen eintreten, indem viele kein Vertrauen im Volke besitzen … Dies ist also eine neue schwere Zeit für mich, namentlich die rechten Männer zu finden …«

Tatsächlich leitete der Thronwechsel vom Oktober 1858 eine »Neue Ära« ein. Wilhelm entließ das reaktionäre Kabinett seines Vorgängers und berief neue Minister, die sich zum Teil aus dem »Koblenzer Kreis« rekrutierten: Außenminister wurde Alexander von Schleinitz, Kultusminister August von Bethmann-Hollweg, das Haupt der »Wochenblattpartei«, und als Kriegsminister wurde Eduard von Bonin ernannt, der 1854 von Friedrich Wilhelm IV. wegen politischer Differenzen entlassen worden war.

Während die Liberalen den Anfang der »Neuen Ära« feierten, spotteten die konservativen Gegner über das angebliche »Augusta-Ministerium«, in der festen Überzeugung, Wilhelm habe sich von seiner Frau zur Aufstellung dieser Kabinettsliste überreden lassen. Doch hier haben sie Augustas Einfluss schlicht und einfach überschätzt. Tatsächlich hörte Wilhelm den Ausführungen seiner Frau (meist) aufmerksam zu, treffender gesagt: er ließ sie reden, ging aber letztlich doch den Weg, den er für richtig hielt. Das schrieb Augusta auch ihrem Bruder Karl Alexander: »Was er für richtig erachtet, vermag niemand zu hindern.«

Einer aber versuchte es doch: Otto von Bismarck, erst unlängst im Januar 1859 zum Gesandten in St. Petersburg ernannt, wo er nach eigenem Empfinden »an der Newa kaltgestellt« werden sollte. Vorher aber hatte er noch ein Gespräch mit Wilhelm geführt, in dem er unmissverständlich klarmachte, wie wenig er von dem »Augusta-Ministerium« hielt, speziell von Schleinitz und Bonin. Bismarck nahm kein Blatt vor den Mund, erklärte, der »Haremsminister« von Schleinitz sei nur ein Höfling und kein Staatsmann, und behauptete bezüglich von Bonin: »Er kann nicht ein Schubfach in Ordnung halten, viel weniger ein Ministerium.« Später schrieb Bismarck in seinen Erinnerungen: »Die Audienz endete in gnädiger Form aufseiten des Regenten und auf meiner Seite mit dem Gefühl ungetrübter Anhänglichkeit an den Herrn und gesteigerter Geringschätzung gegen die Streber, deren von der Prinzessin unterstützten Einflüssen er damals unterlag. In der neuen Ära hatte die hohe Frau zunächst ein Ministerium vor sich, als dessen Begründerin und Patriotin sie sich ansehen durfte. Aber auch in diesem Kabinett blieb ihr Einfluss nicht dauernd gouvernemental, sondern gewann bald die Natur der Begünstigung derjenigen Minister, welche der obersten Staatsleitung unbequem waren …«

Eine ähnliche Ansicht wie Bismarck vertrat auch Wilhelms Schwester Charlotte, die nunmehrige Zarenwitwe Alexandra Fjodorowna*, die das neue Ministerium ebenfalls ablehnte und in Wilhelm ein Opfer der Einflüsterungen Augustas sah. Sie fürchtete um die künftigen Beziehungen Preußens zu Russland und mahnte Wilhelm eindringlich, sich nicht »betören und missbrauchen« zu lassen.

---

* Nikolaus I. war 1855 gestorben, und Charlottes ältester Sohn hatte als Alexander II. den Zarenthron bestiegen.

Glück und Leid

Zunächst aber freuten sich Augusta und Wilhelm auf die Geburt ihres zweiten Enkelkindes. Ihre Schwiegertochter war bereits schwanger und der Geburtstermin für Januar 1859 ausgerechnet.

Inzwischen hatte sich Vicky in Preußen ein wenig eingelebt, wenngleich sie den Komfort und die Behaglichkeit vermisste, die sie von »zu Hause« her kannte. Doch hier an der Spree war so manches anders als bei ihr »zu Hause« in England. Vicky, die es nicht gewohnt war, ein Blatt vor dem Mund zu nehmen, hielt mit ihrer Kritik nicht hinter dem Berg: Die Räumlichkeiten, die Fritz und sie zunächst im Berliner Stadtschloss bewohnt hatten, waren zu dunkel, die preußische Etikette viel zu streng, und auch Augustas gut gemeinte Ratschläge und Ermahnungen gingen ihr auf die Nerven. Die Kronprinzessin hingegen verlangte von ihrer Schwiegertochter, mit dem ihrem Rang angemessenen Respekt behandelt zu werden, was Vicky nicht immer gelang. Fettnäpfchen gab es also zur Genüge.

Dabei saß Vicky von Anfang an zwischen zwei Stühlen: Sie wollte, ja sie musste Preußin werden, doch gleichzeitig auch Engländerin bleiben. So verlangten es ihre Eltern, die die Tochter ständig in ihren Briefen ermahnten, gewissenhaft die Pflichten gegenüber dem neuen Land zu befolgen, andererseits aber auch darauf bestanden, dass sie nach wie vor die Ratschläge von »zu Hause« berücksichtigte.

Nach einer schweren Geburt, die Mutter und Kind beinahe das Leben gekostet hätte, brachte Vicky am 27. Januar 1859 ihren ersten Sohn zur Welt, den späteren Kaiser Wilhelm II. Die Freude war groß – bis die Ärzte nach wenigen Tagen feststellten, dass »Willies« linker Arm gelähmt war.

Offenbar war ein Nervengeflecht in der letzten Phase der Geburt beim Herausziehen so geschädigt worden, dass der Arm auf Dauer unbrauchbar blieb und später 15 Zentimeter kürzer war als der rechte. Wilhelm lernte mit den Jahren, die Behinderung geschickt zu kaschieren, doch für die Familie kam sie einer Katastrophe gleich. Schließlich war ein preußischer Prinz in erster Linie Soldat! Während sich Vicky fürchterlich schämte und sich selbst die Schuld an dem »Makel« ihres Sohnes gab, in den sie doch so große Hoffnungen gesetzt hatte, scheint Augusta mit der Situation wesentlich entspannter umgegangen zu sein. Vicky war auf »Willies« Behinderung geradezu fixiert und versuchte alles Mögliche und Unmögliche*, den »Fehler« wiedergutzumachen. Augusta hingegen schaffte es allem Anschein nach, ihren kleinen Enkel wie ein ganz normales Kind zu behandeln und so zu tun, als mache der Arm überhaupt keine Probleme. Folglich suchte Wilhelm oft und gern die Nähe zu seiner Großmutter, die ihn ganz einfach so nahm, wie er war. Dass sie damit womöglich einen Keil zwischen Mutter und Kind trieb, wird ihr durchaus bewusst gewesen sein. Augustas Verhältnis zu ihrer Schwiegertochter wurde dadurch jedenfalls nicht besser, im Gegenteil. Die spätere tiefe Entfremdung der beiden Frauen hatte längst begonnen, und auch der kleine Wilhelm würde sich später entscheiden müssen, auf welche Seite er sich stellte: auf die seiner Eltern oder auf die seiner Großeltern.

Doch es war nicht nur Wilhelms Behinderung, die Sorgen bereitete. Am 23. Juni 1859 starb Maria Pawlowna im Alter von 73 Jahren. Das Verhältnis zur jüngeren Tochter war zwar

---

* Dazu gehörten Massagen und gymnastische Übungen, aber auch sogenannte animalische Bäder. Dazu wurde der kranke Arm zweimal wöchentlich eine halbe Stunde lang in einen frisch geschossenen Hasen gesteckt. Aber nichts half, auch keine Malzbäder und erst recht nicht die »Armstreckmaschine«, mit der man den kleinen Jungen malträtierte.

stets von einer gewissen Distanz geprägt gewesen, aber Augusta nahm den Tod ihrer Mutter wohl auch deshalb so schwer, weil es ihr selbst zu dieser Zeit gesundheitlich überhaupt nicht gut ging. Es ist nicht bekannt, woran sie genau gelitten hat, vielleicht war ihr Leiden auch eher psychosomatischer Natur, vor allem, seitdem sie wieder in Berlin lebte. Sie hatte es sich deshalb zur Gewohnheit gemacht, zweimal jährlich zur Kur nach Baden-Baden zu fahren, wo sie ihre Tochter Luise treffen und überhaupt Abstand vom Berliner »Fegefeuer« gewinnen konnte. Das war in diesem Jahr nicht anders. Am 26. Oktober 1859 konnte Wilhelm seiner Schwester Charlotte mitteilen: »Auguste ist, unberufen, durch ihre Kuren im Sommer und Herbst sehr viel besser mit ihrer Gesundheit bestellt, indessen dauert das erfahrungsgemäß höchstens bis März, dann sind die Folgen der Kur wieder null …« Ein Jahr später endete der vertrauliche Briefwechsel, den Wilhelm seit 1817 mit seiner Schwester führte. Alexandra Fjodorowna starb nach gregorianischem Kalender am 20. Oktober 1860, nachdem sie schon längere Zeit gekränkelt hatte. Sie war nur 62 Jahre alt geworden. Dafür gab es in Berlin jetzt wieder eine »neue Charlotte von Preußen«, das dritte Enkelkind von Wilhelm und Augusta, das Vicky am 24. Juli 1860 zur Welt gebracht hatte.

»So mag sich der Himmel unserer erbarmen«
Königin Augusta und ihr »Todfeind« Otto von Bismarck

Thronwechsel – Preußens neues Königspaar

Am 1. Januar 1861 starb Friedrich Wilhelm IV., der sich in den letzten Jahren nicht mehr von seiner Krankheit erholt hatte. Jetzt folgte ihm Wilhelm I. auf den Thron, und Augusta wurde an seiner Seite neue Königin von Preußen. Genugtuung empfand sie jedoch keine, im Gegenteil. An ihren Bruder Karl Alexander schrieb sie: »Ich will gewiss nicht egoistisch über die traurige Veränderung meines Lebens durch die Thronbesteigung klagen ... Nie habe ich eine größere Sehnsucht nach Einsamkeit und Ruhe empfunden. Am liebsten möchte ich mich in einer Höhle verkriechen, nichts sehen, nichts hören ... Offen gebe ich zu: Dieser Winter gehört zu den traurigsten Abschnitten meines Lebens.«

Doch an »Einsamkeit und Ruhe« war überhaupt nicht zu denken. Als die offizielle Hoftrauer beendet war, plante Wilhelm ursprünglich eine traditionelle Huldigungsfeier, so wie sie auch sein verstorbener Bruder beim Antritt seiner Regentschaft abgehalten hatte. Wilhelm hätte gerne die alte Tradition weitergeführt, denn letztlich war auch er dem Gedanken des Gottesgnadentums noch stark verhaftet. Augusta jedoch war dagegen. Eine Huldigung, bei der Herrscher und Ständevertreter wechselseitige Treue im Sinne des mittelalterlichen Lehnsrechts austauschten, war mit der politischen Großwetterlage der Neuen Ära schließlich kaum zu vereinbaren. Man suchte deshalb nach einem neuen Zeremoniell, das eher zu einem »modernen Preußen« passte. Folglich ließ Wilhelm sich von seinen Beratern zu einer Zeremonie überreden, mit der er die eigenständige Machtstellung der Krone genauso vor aller Augen demonstrieren konnte: eine repräsentative Krönungsfeier in Königsberg, dort, wo sich schon Friedrich I. 1701 zum ersten König »in Preußen« gekrönt hatte. Damit setzte sich Wilhelm freilich zwischen alle Stühle und verprellte sowohl die Altkonservativen, die eine Huldigung bevorzugten, als auch die Liberalen, die einen solchen Akt keinesfalls mit einem »modernen Preußen« und einer konstitutionellen Monarchie in Einklang bringen konnten und wollten.

Zu den »Altkonservativen« zählten auch einige Mitglieder der Königsfamilie. So schrieb der neue Kronprinz Fritz in sein Tagebuch: »Tante Elise und Tante Alexandrine waren höchst pikiert über die Krönung.« Wilhelms Schwester Alexandrine, Großherzogin von Mecklenburg-Schwerin, verdächtigte Augusta ohnehin, Drahtzieherin sämtlicher politischer Neuerungen zu sein. Wie Fürstin Marie Radziwiłł, eine enge Vertraute der Königin, in ihren Erinnerungen berichtet, habe sich Alexandrine, als sie zusammen mit Wilhelm das Sterbezimmer Friedrich Wilhelms IV. verließ, ihrem Bruder weinend in die Arme geworfen und erregt gesagt, »vor allem müsse er sich vor seiner Gattin hüten, sie sei intrigant und herrschsüchtig, wenn auch nicht offenkundig, so doch im Geheimen. Jetzt, am Anfang seiner Regierung, müsse er unbedingt diesen gefährlichen Einfluss verhindern.«

Prinz Karl, Augustas Schwager, war strikt gegen eine Krönung und behauptete, die Familie würde den König nicht anerkennen, wenn er nicht eine Huldigung nach altem Ritus empfangen würde. Auch Augusta sprach sich gegen die Krönung aus, allerdings aus anderen Gründen. Eine Zeremonie, die seit 1701 nicht mehr stattgefunden hatte, erschien ihr einfach nicht zeitgemäß. Durchsetzen konnte sie sich freilich nicht. Wilhelm behauptete, er denke bei der Krönung auch gar nicht an das Jahr 1701, sondern an 1807, als er zusammen mit seinen königlichen Eltern und Geschwistern vor den Truppen Napoléons zunächst nach Memel und dann nach Königsberg geflohen war: »Hier, wo ich meine Eltern und uns selbst geflüchtet und in der äußersten Ecke der Monarchie gesehen habe … hier sollte sich der strahlende Glanz der Krone jetzt wirksam stellen.« Also machte sich die Familie auf den Weg nach Königsberg.

Am 18. Oktober 1861 fand in Königsberg die letzte Selbstkrönung eines preußischen Königs statt. Der Kronprinz hielt die Ereignisse in seinem Tagebuch fest: »Schlosshof imposant, Krönungszug ging würdig vonstatten … Herrlicher Augenblick beim Betreten der Freitreppe im Schlosshof. Anblick des Inneren der Kirche unbeschreiblich schön und in evangelisch einfacher Würde, gleichfalls der Gottesdienst. Himmlisch, als S.M. kniete, dann, nachdem er den Krönungsmantel umhatte, er die Altarstufen ersteigend, die Krone sich aufs Haupt setzte, Reichsschwert erfasste. Mama sah herrlich aus in Weiß und drap d'argent [Silberstoff], wundervolle Haltung, Bewegungen, Verbeugungen. Ergreifend, als Papa ihr die Krone aufsetzte. Als beide Majestäten ihre Throne wieder bestiegen, näherte ich mich Papa, Vicky Mama. Wir knieten nieder, küssten die rechte Hand. Hierauf Umarmung, sehr bewegt …« Wie man sieht, spricht ein nicht geringer dynastischer Stolz aus den Zeilen des Kronprinzen. Bismarck hingegen, der als preußischer Gesandter in St. Petersburg ebenfalls Zeuge der Zeremonie auf dem Schlosshof war, urteilte wesentlich prosaischer: »Von der Krönung schreibe ich kein Wort. Das dreimalige Anziehen täglich, der Zugwind in allen Sälen und Corridors liegen mir noch in allen Gliedern.«

Das Ende der Neuen Ära

Schon jetzt tauchten berechtigte Zweifel auf, ob der inzwischen 64-jährige König Wilhelm I. die Hoffnungen der fortschrittlich Denkenden auch erfüllen würde. So mancher setzte ohnehin lieber auf den gemäßigt liberal eingestellten Kronprinzen und seine englische Gemahlin Vicky, die von ihrem Vater Albert gleichsam zur »Vollstreckerin« des »Coburger Plans« ernannt worden war. Aber Albert von Sachsen-Coburg und Gotha starb im Alter von nur 42 Jahren bereits am 14. Dezember 1861 an Typhus. Vicky war untröstlich, doch der Tod ihres Vaters war nicht nur eine menschliche, sondern auch eine politische Katastrophe. So schrieb der alte Baron Stockmar voller Resignation: »Ich sehe vor meinen Augen zusammenstürzen jenes Gebäude, für das ich 20 Jahre meines Lebens gegeben habe, getrieben von der Sehnsucht, etwas Gutes und Großes zu vollbringen.« Noch war das »Gebäude« nicht wirklich zusammengestürzt, doch ein wichtiger »Stützpfeiler« war weggebrochen, sodass es um die Verwirklichung des »Coburger Plans« plötzlich nicht mehr zum Besten stand. Aber es kam noch schlimmer.

Als Wilhelm im Oktober 1858 endgültig die Regentschaft für seinen regierungsunfähigen Bruder übernommen hatte, waren die Hoffnungen auf Reformen im gemäßigt liberalen Sinne groß gewesen, selbst wenn er aus Rücksicht auf den Kranken keine radikalen Änderungen vornehmen konnte. Tatsächlich sandte die neue Regierung auch ein paar entsprechende Signale aus, wie den Abbau der Differenzen mit Österreich und die Abberufung Bismarcks als Gesandten beim Frankfurter Bundestag und seine Versetzung nach St. Petersburg. Doch die Neue Ära stieß schon bald an ihre Grenzen. In der preußischen Verfassung war bekanntlich ein

Zweikammersystem vorgesehen. In der ersten, seit 1855 Herrenhaus genannt, saßen Mitglieder der königlichen Familie, vom König auf Lebenszeit ernannte Angehörige des Hochadels sowie verschiedene Honoratioren, die von Städten oder Universitäten benannt wurden, insgesamt etwa 300 Mandatsträger. In der zweiten Kammer, dem Abgeordnetenhaus, vertraten zunächst 352, später 433 nach dem Dreiklassenwahlrecht bestimmte Abgeordnete das »normale Volk«. Das Abgeordnetenhaus war das eigentliche Parlament, in dem sich gewöhnlich auch Fraktionen bildeten, die in Opposition zur königlichen Regierung standen. Aus dem streng konservativen Herrenhaus kamen hingegen kaum abweichende Meinungen.

Als Ende 1861 die linksliberale Fortschrittspartei, eine Abspaltung von den Altliberalen, stärkste Fraktion im Abgeordnetenhaus wurde, war der Konflikt vorprogrammiert. Der Streit entzündete sich an der geplanten Heeresreform. Wilhelm argumentierte, seit den Reformen von Scharnhorst und Gneisenau, als Preußen elf Millionen Einwohner hatte, sei die Bevölkerungszahl inzwischen auf 18 Millionen gestiegen, die Anzahl der Regimenter aber seit 1814 nicht mehr erhöht worden. Eine Heeresreform erschien ihm daher mehr als überfällig, schließlich sah er in einem aktiven Heer das stärkste Machtmittel der Krone. Durch seinen Kriegsminister Albrecht Graf von Roon, der bereits im Dezember 1859 den liberalen Eduard von Bonin abgelöst hatte, ließ er dem Parlament ein entsprechendes neues Wehrgesetz vorlegen. Doch die Abgeordneten, insbesondere die Liberalen, widersetzten sich – auch aus Budgetgründen – dem königlichen Plan, die Landwehr zugunsten der Linientruppen zurückzudrängen. Zu den Wortführern der »Deutschen Fortschrittspartei« zählte auch der bekannte Arzt Rudolf Virchow, von dem später noch die Rede sein wird.

In der Landwehr leisteten die ungedienten älteren Jahrgänge Kriegsdienst. Der Kampfwert dieser bürgerlichen Miliz war naturgemäß nicht sonderlich groß, aber sie galt als das eigentliche »Volk in Waffen«, wohingegen das stehende Heer als Instrument konservativer Königsmacht eingeschätzt wurde.

Wilhelm ließ sich auf keinerlei Verhandlungen ein, löste das widerspenstige Parlament kurzerhand auf und ließ Neuwahlen ausschreiben, die im März 1862 jedoch nicht das von ihm gewünschte Ergebnis brachten. Auch in der neuen Volksvertretung verfügte die Fortschrittspartei über eine starke Mehrheit. Wieder wurde das umstrittene Wehrgesetz abgelehnt, und als Wilhelm gegen den Willen der parlamentarischen Mehrheit die Heeresreform trotzdem durchsetzen wollte, traten die königlichen Minister zurück.

Wie sollte es nun weitergehen? Wilhelm dachte ernsthaft über eine Abdankung nach und wollte seinem Sohn, dem »recht- und gesetzmäßigen Nachfolger«, die Krone übergeben, was auch Augusta für die beste Lösung hielt. Die entsprechende Urkunde war bereits aufgesetzt, nur noch Datum und Unterschrift fehlten.

Der 30-jährige Fritz befand sich in einem Loyalitätskonflikt, auch wenn Vicky ihn beschwor, auf das Thronangebot einzugehen: »Wenn du es nicht annimmst, glaube ich, dass du es einst bereuen wirst, jedenfalls möchte ich nicht die Verantwortung auf mich nehmen, abgeraten zu haben.« Doch Fritz hatte Angst vor der eigenen Courage und gab an, er wolle den Thron nicht über den Vater hinweg besteigen. Mit seiner Ablehnung am 18. September 1862 sanken nicht nur die Chancen des preußischen Liberalismus gen null – auch der Coburger Plan war nur noch Makulatur und die Neue Ära definitiv zu Ende. Die alte konservative Militärpartei mit Albrecht von Roon an der Spitze hatte gesiegt.

Der Mann der Stunde: Otto von Bismarck

Augusta war verzweifelt. Vergeblich hatte sie versucht, Wilhelm zum Einlenken gegenüber dem Parlament zu bewegen und ihn davon zu überzeugen, dass sein Weg in eine Sackgasse führte. Hatte nicht die Revolution von 1848 zur Genüge gezeigt, wie gefährdet die Dynastie der Hohenzollern war, wenn sie sich gegen das Volk stellte? Doch sie stieß mit ihren Warnungen auf taube Ohren. Dabei wusste Wilhelm selbst ganz genau, dass er sich mit der Heeresreform in eine ausweglose Situation manövriert hatte, aus der er alleine nicht mehr herauskam. Auch sein Kriegsminister von Roon traute sich im verminten politischen Gelände die Führung nicht zu. Doch er wusste, dass es einem Mann gab, der für diese schwierige Situation wie geschaffen war: Otto von Bismarck, der St. Petersburg inzwischen verlassen und im April 1862 seinen diplomatischen Dienst für Preußen in Paris angetreten hatte.

Eigentlich war Wilhelm überhaupt kein Freund von Bismarck, sondern hatte bislang, ähnlich wie sein verstorbener Bruder, die Ansicht vertreten: »Riecht nach Blut. Nur zu gebrauchen, wenn das Bajonett schrankenlos waltet.« Jetzt aber brauchte er einen starken Mann, der notfalls bereit war, für die Krone und gegen das Parlament zu kämpfen. Schon im Juli 1862 hatte es zwischen Wilhelm und Augusta einen heftigen Streit gegeben, nachdem der König angedeutet hatte, das »bête noir« – gemeint war natürlich Bismarck – zum Minister machen zu wollen. Augusta teilte damals diese Schreckensnachricht unverzüglich ihrer Schwiegertochter Vicky mit, worauf diese an Fritz schrieb: »Wenn das wirklich wahr ist, so mag sich der Himmel unserer erbarmen – denn es heißt, sich selbst den Strick um den Hals legen.« Augusta diktierte der Kronprinzessin daraufhin noch ein längeres Protokoll für ihren Sohn, der sich zu diesem Zeitpunkt außerhalb Berlins aufhielt. Aufgebracht schilderte sie, wie Wilhelm erklärt habe, die preußischen Minister drängten auf eine Entscheidung und es gäbe »nur einen Mann für diese Situation – dieses sei Herr Bismarck-Schönhausen. Er stünde auf dem Programm des Königs und würde durch seine Energie und Beredsamkeit das Gouvernement verteidigen.« Augusta betonte in dem Protokoll, sie selbst habe entsetzt ausgerufen, sie sei in hohem Maße betrübt und erstaunt, den König so sprechen zu hören, da sie stets gehofft habe, dass er sich vor einer derart extremen Wahl hüten würde, die ihr nur »Misstrauen und Besorgnis« einflößen könne. Wilhelm jedoch erwiderte, dass allein seine eigene Meinung entscheidend sei, und rückte auch nicht von dieser Ansicht ab, als Augusta auf den »sehr nachteiligen Eindruck« hinwies, den die Ernennung Bismarcks »gerade gegenwärtig machen müsste, zunächst in Deutschland, dann aber auch in England«. Auf Wilhelm machten diese Worte wenig Eindruck, und alle Warnungen Augustas vor dem »politischen Aventurier« Bismarck liefen ins Leere. Der König beendete das Gespräch mit der Erklärung, die »Privatansichten« seiner Frau gingen ihn nichts an. Auch Vicky war entsetzt: »Nur um Gottes willen nicht den zum Minister!«, schrieb sie an ihre Mutter nach England.

Bismarck selbst befand sich zu diesem Zeitpunkt noch in Frankreich. Hier führte er Sondierungsgespräche mit Napoléon III., amüsierte sich ein wenig mit schönen eleganten Damen – und wartete im Übrigen nervös auf Nachrichten aus Berlin. Albrecht von Roon hielt ihn über den Verfassungskonflikt und den aktuellen Stand der Dinge zuverlässig auf dem Laufenden. Als Bismarck erfuhr, dass er als Minister im Gespräch war, reagierte er mit großer Genugtuung, obwohl er ein solches Amt nach eigenen Angaben überhaupt nicht anstrebte. Aber, so hatte er seiner Frau Johanna geschrieben: »Wenn mir die Pistole auf die Brust gesetzt wird mit Ja und Nein, so habe ich das Gefühl, eine Feigheit zu begehen, wenn ich in der heutigen, wirklich schwierigen und verantwortungsvollen Situation nein sage.« Entgegen dem ausdrücklichen Wunsch seiner Frau war Bismarck durchaus bereit, die Herausforderung anzunehmen, allein schon, um den Liberalen Paroli zu bieten. Am 18. September 1862 erhielt er endlich das lang ersehnte Telegramm mit der verschlüsselten Nachricht: »Periculum in mora – Dépêchez vous! – Gefahr in Verzug – Beeilen Sie sich!« Der Absender: sein politischer Wegbereiter, der preußische Kriegsminister Albrecht von Roon.

Königin im Abseits

Nur wenige Tage später, am 23. September 1862, traf Bismarck auf Schloss Babelsberg mit Wilhelm I. zusammen, und nachdem er dem König unbedingte Treue gelobt hatte, wurde er noch am gleichen Tag zum preußischen Ministerpräsidenten ernannt. Als der Kronprinz davon erfuhr, notierte er in sein Tagebuch: »Arme Mama! Wie bitter wird gerade diese, ihres Todfeindes Ernennung sie schmerzen!« Wilhelm hielt es deshalb auch für angebracht, sich bei Augusta zu entschuldigen. Erst nach »Gebet und ernster Prüfung« habe er den Entschluss gefasst, schrieb er an seine Frau, eine andere Möglichkeit habe es nicht gegeben. Eine »innere Stimme« habe ihm gesagt, »dass ich nicht anders handeln durfte, wenn ich den Staat nicht aufs Spiel setzen wollte«. Doch Augusta konnte und wollte ihrem Mann nicht verzeihen. Sie fühlte sich persönlich gekränkt, und das umso mehr, als Wilhelm und Bismarck mit der Zeit eine geradezu symbiotische Beziehung entwickelten. Der König verließ sich voll und ganz auf seinen Ministerpräsidenten, und jetzt war es Augusta, die sich »kaltgestellt« fühlte. Jahrelang hatte sie alle politischen Fragen mit Wilhelm besprochen, hatte Briefe und schriftliche Dossiers verfasst, doch mit der Ernennung Bismarcks war ihr Einfluss, so gering er in Wirklichkeit auch gewesen sein mag, plötzlich vorbei. Das konnte sie ebenso wenig ertragen wie die Tatsache, dass sich der Sohn zunehmend ihrem Einfluss entzog und fest an der Seite seiner Vicky stand. Nicht umsonst hatte Fritz seine Mutter einmal mit dem Attribut »autokratisch« versehen.

Dabei beruhte die Abneigung gegen Bismarck – eine gegenseitige im Übrigen – auf einem doppelten Missverständnis. Augusta glaubte, Bismarck verfolge nur seine eigenen Interessen und arbeite in Wirklichkeit gegen den König. Schließlich hatte sie bei ihrer ersten Begegnung mit dem damals noch jungen Landtagsabgeordneten 1848 die Erfahrung gemacht, dass er durchaus bereit war, sich im Zweifelsfall auch gegen die Krone zu stellen. Bismarck hingegen vermutete, dass es Augusta in Wirklichkeit überhaupt nicht um Preußen ging, sondern nur darum, ihren »Feuerkopf« durchzusetzen, und dass sie rein aus Prinzip zu ihm in Opposition stände. Letzteres kann tatsächlich nicht ganz ausgeschlossen werden. Hinzu kommt: Beide waren zeit ihres Lebens von der uneingeschränkten Richtigkeit der eigenen Auffassung überzeugt und haben sich niemals die Mühe gemacht, die andere Seite auch nur ansatzweise zu verstehen und »vernünftig« miteinander zu sprechen.

Mehr denn je war Berlin für Augusta zum »Fegefeuer« geworden. Ihre Ehe befand sich – wieder einmal – in einer schweren Krise, und wie stets hingen die Probleme auch diesmal mit der Politik zusammen. Wann immer es ihr möglich war, ergriff Augusta die »Flucht« und fuhr zur Erholung nach Baden-Baden, das sie seit 1850 kannte und liebte.

Baden-Baden, Treffpunkt der feinen Gesellschaft

Als erste war es die badische Herzogsfamilie gewesen, die zu Beginn des 19. Jahrhunderts am romantischen Reiz der unberührten Landschaft Gefallen gefunden und Baden-Baden zu ihrem Sommersitz gemacht hatte. Es folgten die Romanows, die Wasas, die Wittelsbacher und schließlich auch die Hohenzollern. Augusta, die 1850 erstmals gemeinsam mit Wilhelm und Luise in Baden-Baden gewesen war, kam bis zu ihrem Tod 40 Jahre später meist zweimal im Jahr in die »Sommerhauptstadt Europas«, um dort die Frühlings- und Herbstwochen zu genießen.

Was die »Reichen und Schönen« damals in das mondäne Modebad lockte, war einmal das Spielcasino, in dem mancher am Roulettetisch ein Vermögen gewann – oder verspielte, gesellschaftliche »Events« wie Pferderennen oder die Heilwirkung der Quellen.

An alldem hatte Augusta kein Interesse. Sie kam ausschließlich wegen der schönen Landschaft, des milden Klimas, der musikalischen Darbietungen, des reichen kulturellen Lebens und vor allem natürlich, um mit ihrer Tochter Luise zusammenzutreffen, die in diesem Jahr – 1862 – ihr zweites Kind zur Welt gebracht hatte, Tochter Viktoria. Zufrieden konnte Augusta feststellen, dass sich Luise rasch in ihre neue Rolle als Großherzogin von Baden hineingefunden hatte und diese schwierige Aufgabe mit Freude und scheinbarer Leichtigkeit bewältigte. Das Zusammenleben mit ihrem Gemahl Friedrich I. war nach wie vor ausgesprochen harmonisch, auch in politischer Hinsicht gab es keine größeren Differenzen. Luise zeigte großes Interesse am Zeitgeschehen und besprach mit Friedrich alle anstehenden Entscheidungen. Das Wiedersehen von Mutter und Tochter verlief demnach jedes Mal ungetrübt.

In Baden-Baden stieg Augusta regelmäßig im Hotel Messmer ab, verbrachte ihre Zeit mit ausgedehnten Spaziergängen und traf viele alte Bekannte. Dazu gehörte unter anderem auch die Herzogin von Hamilton, eine geborene Prinzessin Marie Amalie von Baden (1817/18–1888), das jüngste Kind des Großherzogs Karl von Baden und seiner Frau Stéphanie de Beauharnais. Marie Amalie pflegte Kaspar Hauser deshalb scherzhaft als »meinen Bruder« zu bezeichnen. Hin und wieder traf Augusta auch mit dem Komponisten Franz Liszt zusammen, dem Vater von Cosima Wagner, der 1840 sein erstes Gastspiel in Baden-Baden gegeben hatte und 1842 vorübergehend zum »Hofkapellmeister in außerordentlichen Diensten« nach Weimar berufen worden war. Sie mochte ihn sehr. »Nervöse Naturen«, schrieb Augusta an ihren Bruder Karl Alexander, »so wie du und ich es sind, empfinden stark einen solchen schaffenden, einzig gearteten Geist.« Sie liebte es daher auch, dem Meister besondere Aufmerksamkeit zu erweisen: »Neulich«, berichtete sie dem Bruder, »habe ich ihn als alten Freund der Familie im kleinsten Kreis zu Tisch geladen – das hat er gewürdigt.«

Ansonsten bevorzugte Augusta jedoch das aristokratische Milieu. 1866 begegnete sie in Baden-Baden dem französischen Kaiser Napoléon III. und seiner Gemahlin Eugénie, die sie jedoch beide für Parvenüs hielt und offenbar auch so behandelte. Napoléon III., ein Neffe seines gleichnamigen berühmten Onkels, war ein Mitglied der selbst ernannten Dynastie Bonaparte. Er hatte in den politischen Wirren nach der Revolution von 1848 den Vorteil seines Namens nutzen können und war zum Präsidenten der Republik gewählt worden. Ende 1851 ließ er sich diktatorische Vollmachten übertragen und ein Jahr darauf das erbliche Kaisertum verleihen. Augusta rümpfte über Emporkömmlinge wie ihn und seine Frau nur die Nase. An Karl Alexander schrieb sie jedenfalls, dass sie das »übertriebene Interesse« der deutschen Presse am Kaiserpaar bedauere. Aber zumindest für Eugénie hatte sie ein paar halbwegs freundliche Worte übrig: »Die Kaiserin war kleiner, als ich erwartete, aber ihre vornehmen und feinen Züge hatten einen gewissen Reiz, und ihre Haltung entsprach durchaus dem ihr zugefallenen Rang.« Von der legendären »Sisi« und der »blendenden Schönheit der Kaiserin von Österreich« zeigte sich Augusta hingegen ganz beeindruckt.

Einen großen Bogen machte die Preußenkönigin aufgrund ihrer tief sitzenden Abneigung gegen alles Russische um die »St. Petersburger Kolonie«, die sich in Baden-Baden etabliert hatte und zu der die Dichter Tolstoi, Dostojewski und Turgenjew gehörten. Mit den Romanen *Der Spieler* und *Rauch* haben die beiden Letzteren der badischen Kurstadt ein schriftliches Denkmal gesetzt. Doch Augusta hatte weder zum einen noch zum anderen Kontakt und hat sie auch niemals in ihren Briefen erwähnt. Nicht weniger verabscheute sie die »perverse Menschheit«, das internationale Publikum, das sich regelmäßig zu den Pferderennen einstellte.

Hin und wieder kam auch Wilhelm zu Besuch, aber Baden-Baden galt, ähnlich wie Koblenz, als »Augustas Reich«. Der König erschien regelmäßig am 30. September, um seine Geburtstagsglückwünsche zu überbringen. Baden-Baden war Augustas Kraftquelle, hier verbesserte sich nicht nur ihre stets etwas labile Gesundheit, sondern auch ihr seelisches Befinden. Aber Augusta war keine »Sisi«, die sich auf unbegrenzte Zeit verabschiedet hätte, um auf Reisen zu gehen. Deshalb kehrte die preußische Königin nach einer angemessenen »Auszeit« auch immer wieder pflichtbewusst ins Berliner »Fegefeuer« zurück.

»Eisen und Blut« – Bismarcks »Regierungsprogramm«

In Berlin hatte der neue preußische Ministerpräsident Otto von Bismarck inzwischen das Zepter übernommen. Bei seiner Ernennung hatte er Wilhelm I. versichert, er werde notfalls auch gegen das Parlament regieren. Im Januar 1863 erklärte er unumwunden: Wenn zwischen den drei gesetzgebenden Gewalten – Krone, Herrenhaus und Abgeordnetenhaus – keine Einigung zustande komme, dann gebe es keine Verfassungsvorschrift, wer von ihnen letztlich nachzugeben habe. Nach dieser »Lückentheorie« bleibe nur die Wahl zwischen Kompromiss und Konflikt, und der Letztere sei eine reine Machtfrage. Der Konflikt blieb aus, und so war es Bismarck möglich, sein wichtigstes Ziel, die nationale Einigung Deutschlands, mit »Blut und Eisen« anzugehen.

Schon im September 1862 hatte er eine programmatische Rede gehalten. Darin hieß es: »Preußens Grenzen nach den Wiener Verträgen sind zu einem gesunden Staatsleben nicht günstig; nicht durch Reden und Majoritätsbeschlüsse werden die großen Fragen der Zeit entschieden – das ist der große Fehler von 1848 und 1849 gewesen –, sondern durch Eisen und Blut.« Diese Ankündigung ließ Augusta erschaudern. Für sie als überzeugte Christin und Humanistin war Krieg keineswegs ein Mittel zum Zweck, das sich mit politischen Notwendigkeiten rechtfertigen ließ. Krieg, das bedeutete Blutvergießen, Leid und Tod, ganz gleich, von welcher Seite aus man es betrachtete. Die Anwendung von Gewalt war für Augusta mit keinem Argument zu rechtfertigen.

Heute würde man sie deshalb sicher als Pazifistin bezeichnen. Bestärkt wurde Augusta in ihrer kompromisslosen Haltung gewiss durch die Ereignisse der 1848er Revolution, als sie (beinahe) am eigenen Leibe gespürt hatte, was der Einsatz von Waffen anrichten konnte. Zum ersten Mal in ihrem Leben hatte sie Todesangst verspürt.

Bismarck hatte dafür kein Verständnis. Er wollte Preußen zur wirklichen Großmacht erheben und an die Spitze Deutschlands führen. Dass das nicht ohne Krieg zu machen war, lag für ihn klar auf der Hand. Den Wunsch nach »moralischen Eroberungen« hielt er für unsinnig. Doch bevor Bismarck den preußischen Hauptrivalen Österreich ausschalten konnte, fädelte er einen Krieg gegen Dänemark ein.

Der deutsch-dänische Krieg

Im Jahr 1460 hatten sich die Herzogtümer Schleswig und Holstein in Personalunion mit dem dänischen Königtum verbunden und dabei die Zusicherung erhalten, dass sie »ewich tosamende ungedelet« – auf ewig ungeteilt – bleiben sollten. Aber nur Holstein hatte zum Heiligen Römischen Reich Deutscher Nation gehört und war 1815 ein Glied des Deutschen Bundes geworden, nicht aber das von Dänen mitbewohnte Schleswig. Nun aber wollten die Deutschen am liebsten ganz Schleswig-Holstein in ihrem Bund, die Dänen hingegen zumindest Schleswig in ihrem einheitlichen Nationalstaat haben. Schließlich war der Nationalismus des 19. Jahrhunderts – auf beiden Seiten – mit einem staatsrechtlichen Unikum aus dem späten Mittelalter nicht mehr in Einklang zu bringen. Noch 1852 aber war der Status quo im Londoner Protokoll bestätigt worden. Gleichzeitig hatte man an das bevorstehende Aussterben des dänischen Herrscherhauses gedacht: Die Erbfolge in Dänemark und damit auch in Schleswig-Holstein wurde dem Prinzen von Sonderburg-Glücksburg zugesprochen.

Tatsächlich bestieg der Glücksburger Christian IX. 1863 den dänischen Königsthron. Gleichzeitig machte aber auch Friedrich VIII. von Schleswig-Holstein-Sonderburg-Augustenburg Ansprüche geltend, obwohl sein Vater noch eine Verzichtserklärung unterschrieben hatte. Er forderte sogar die Aufnahme von ganz Schleswig-Holstein in den Deutschen Bund. Die Reaktion kam prompt: Noch im gleichen Jahr verfügte Christian IX. die Einverleibung Schleswigs in den dänischen Einheitsstaat. Das wiederum brachte die deutschen Nationalisten auf den Plan, und der Ruf nach einem Krieg gegen Dänemark wurde immer lauter. Wilhelm I. sträubte sich zunächst, ließ sich dann aber doch von Bismarck überzeugen, nicht ahnend, dass sein Ministerpräsident letztlich nichts anderes vorhatte, als ganz Schleswig-Holstein Preußen anzugliedern.

1864 marschierten preußische und österreichische Truppen in Dänemark ein, das sich gemäß dem Londoner Protokoll ganz offensichtlich ins Unrecht gesetzt hatte. Augusta war verzweifelt und schrieb: »Dieses Stück Zeitgeschichte ist überaus traurig und verhängnisvoll für Preußen. Statt die Verhältnisse auszunutzen, alle guten nationalen Gefühle zu einer gemeinsamen Bewegung zu vereinen, kompromittiert uns der Unheilvolle, bedroht uns mit einer auswärtigen und einer inneren Krise, die einen europäischen Konflikt herbeirufen kann.« Augusta war überzeugt, dass es auch eine friedliche Lösung gegeben hätte: »Aber gerade das will Bismarck nicht«, schrieb sie aufgebracht ihrem Bruder. »Er will die Uneinigkeit Deutschlands, um seine verblendete und selbstsüchtige Politik durchzusetzen, benutzt dieser verhängnisvolle Mann das Schlechte, wo er's findet!«

Doch mit dieser Haltung stand Augusta am Berliner Hof allein, zumal ihre Vorstellungen von einer friedlichen Lösung völlig verschwommen waren. Selbst ihre Schwiegertochter Vicky, wie sie eine entschiedene Gegnerin Bismarcks, hielt diesen Krieg für notwendig, auch wenn sie dadurch in Konflikt mit ihrer englischen Familie geriet. Vickys ältester Bruder, der spätere Edward VII., war mit Alexandra von Dänemark verheiratet. »Ich hoffe und bete«, schrieb Vicky »nach Hause«, »dass der Krieg für unsere braven Truppen ehrenvoll enden und alle Resultate zeigen möge, welche Deutschland erwartet.« Einwände ihrer Mutter ließ Vicky nicht gelten, wollte ihr aber keinen Vorwurf machen, weil sie der Ansicht war, in England würde man die Schleswig-Holstein-Frage gar nicht verstehen*: »Aber für uns Deutsche bleibt sie vollkommen einfach und durchsichtig. Für ihre Lösung sind wir gern bereit, jedes Opfer zu bringen.«

Während sich Vicky als deutsche Patriotin präsentierte, musste Augusta erleben, wie der Erfolg Bismarck recht gab: Dänemark wurde besiegt und musste Schleswig-Holstein 1864 als gemeinsamen Besitz an Preußen und Österreich abtreten. Dass das nicht lange gut gehen konnte, sah Bismarck ebenfalls voraus.

---

* Lord Palmerston, eigentlich Henry John Temple (1784–1865), zweimal britischer Premierminister (1855–1858 und 1859–1665), hatte behauptet, die Schleswig-Holstein-Frage sei derart kompliziert, dass es überhaupt nur drei Männer gäbe, die den Konflikt in seiner ganzen Tragweite erfasst hätten: Der eine sei Albert von Sachsen-Coburg und Gotha, und der sei tot, der zweite ein deutscher Professor, der darüber verrückt geworden sei, und schließlich er – Palmerston selbst. Aber er habe alles schon wieder vergessen.

Franz von Roggenbach – Augustas »Ghostwriter«

Augusta aber wollte nicht zulassen, dass die Dinge ihren Händen entglitten. Hartnäckig bestand sie darauf, dass es ihre »Pflicht« war, Wilhelm den rechten Weg zu weisen. Nur wie, wenn er sie in seine, das heißt Bismarcks, politischen Pläne nicht mehr einweihte? Zwar hatte ihr der König unmissverständlich klargemacht, dass er keine weiteren Belehrungen und Ratschläge mehr wünsche, doch das konnte Augusta natürlich nicht von ihrem Tun abhalten. Freilich benötigte sie jetzt fremde Hilfe, um sich politisch auf dem Laufenden zu halten und an die gewünschten Informationen zu kommen. Die erhielt sie künftig von Franz von Roggenbach, einem liberalen badischen Politiker, der seinerzeit schon zum »Koblenzer Kreis« gehört hatte.

Franz von Roggenbach war ein enger Freund von Augustas Schwiegersohn, Großherzog Friedrich I. von Baden, gewesen, hatte zusammen mit ihm in Bonn Jura studiert und war anschließend in den badischen Staatsdienst eingetreten. Roggenbach befürwortete ausdrücklich die nationale Einigung Deutschlands unter preußischer Führung. 15 Jahre lang zog er mit seinem Freund und Landesherrn Friedrich an einem Strang, doch dann trennten sich ihre Wege. In Baden ging man nach der Krise um Schleswig-Holstein wieder auf Distanz zu Preußen, denn allmählich wurde klar, dass die enge Bindung an Berlin das Großherzogtum in Süddeutschland über kurz oder lang isolieren würde.

Roggenbach, seit 1861 Minister für auswärtige Angelegenheiten, trat 1865 von seinem Amt zurück und suchte nach neuen Aufgaben. Es ist anzunehmen, dass er Augusta noch im gleichen Jahr bei ihrem Kuraufenthalt in Baden-Baden wiedertraf und sich ihre Sorgen um Preußens Zukunft anhörte. So taten sich zwei entschiedene Gegner Bismarcks zusammen. Roggenbach wurde in den nächsten Jahren Augustas engster Vertrauter und führte mit ihr einen streng geheim gehaltenen Briefwechsel über aktuelle politische Fragen. Wann immer sich Augusta in Baden-Baden oder Koblenz aufhielt, traf sie mit Roggenbach zusammen und bat ihn um Rat.

Augustas eigene politische Äußerungen in den Briefen sind leider so spärlich und zurückhaltend, dass man ihnen nur wenig entnehmen kann. Oft klagt sie über ihre schlechte Gesundheit, über Nervenschmerzen und Krämpfe in der Hand, die ihr das Schreiben fast unmöglich machten. Aber sie musste natürlich äußerst vorsichtig agieren, um nicht in den Verdacht zu geraten, Staatsgeheimnisse auszuplaudern. Ohnehin bewegte sich Augusta in dieser Hinsicht auf einem äußerst schmalen Grat.

Gleich der erste erhaltene Brief zeigt den typischen Hergang der Zusammenarbeit mit Roggenbach. Augusta wollte ein Schreiben Wilhelms beantworten, das er zum Vertrag von Gastein – einer Vereinbarung zwischen Österreich und Preußen die Elbherzogtümer Schleswig, Holstein und Lauenburg betreffend – verfasst hatte. Bismarck hatte sich zuvor für eine gemeinsame Führung Deutschlands durch Preußen und Österreich ausgesprochen, da schließlich beide Schleswig-Holstein gemeinsam verwalteten. Zwar dachte er insgeheim schon weiter, aber noch musste er Rücksicht auf Frankreich nehmen, das die Entwicklung Preußens ohnehin mit wachsendem Misstrauen beobachtete. Das Gleiche galt für Bayern und, wie schon gesagt, auch für Baden.

Augusta schickte nun das Originalschreiben Wilhelms an Roggenbach und bat um Stellungnahme. Roggenbach schrieb ihr am 22. August 1865: »Eure Majestät, beehre ich mich, meinen ergebensten Dank für die mir gnädigst mitgeteilten Schriftstücke auszusprechen … Im Ganzen gibt das Schreiben S. Maj. des Königs den Inhalt richtig wieder und hebt die politisch wichtigen Punkte hervor. Mir scheint nicht zu bezweifeln, dass der Vertrag für Preußen sehr vorteilhaft ist …« Es folgen Anmerkungen zu Detailfragen des Vertrags, wie die kritische Beurteilung Roggenbachs einer österreichischen Ansiedlung an der Elbe. Und genau so formulierte es Augusta auch in ihrem Brief an Wilhelm zwei Tage später. So fungierte Roggenbach in den folgenden Jahren gleichsam als Augustas »Ghostwriter« und Ideenlieferant bei der Behandlung aktueller politischer Fragen, die schon bald wieder an Brisanz gewannen.

Der »Bruderkrieg« Preußen gegen Österreich

Wilhelm nahm Augustas, oder besser gesagt Roggenbachs, Ratschläge zur Kenntnis, ohne weiter darauf einzugehen. Er hielt sich auch weiterhin an Bismarck. Augusta stand dieser »Verblendung« und »unheilvollen Voreingenommenheit« ihres Mannes machtlos gegenüber und prophezeite in einem Brief an ihren Bruder Karl Alexander: »Einmal wird er erwachen und leiden, falls er die Fähigkeit besitzt, die Ungeheuerlichkeit seiner Fehler, die Art, in der seine Schwächen ausgenutzt werden, zu erkennen.«

Unterdessen trieb Bismarck seine Politik zielstrebig auf den Bruch mit Österreich hin, was nicht nur im Habsburgerreich selbst für böses Blut sorgte. Bayern stellte sich ebenso wie Baden auf die Seite Österreichs, und auch Sachsen machte klar, dass es sich im Fall eines Krieges auf jeden Fall den Gegnern Preußens anschließen würde. Nicht nur Augusta, fast ganz Deutschland blickte hasserfüllt auf Bismarck. Der Ministerpräsident hatte von Hannover und Kurhessen unbewaffnete Neutralität verlangt, doch beide lehnten ab. Kaum jemand wollte einen »Bruderkrieg« zwischen Preußen und Österreich. Der Hass auf Bismarck entlud sich in einem Attentat am 7. Mai 1866, bei dem er jedoch unverletzt blieb. Der Tübinger Student Ferdinand Cohen-Blind hatte ihm auf dem Fußweg Unter den Linden aufgelauert, wo der Ministerpräsident wie so oft ohne Begleitung vom Palais des Königspaares zu seiner Dienstwohnung in der Wilhelmstraße zurückkehrte. Der abgegebene Schuss verfehlte ihn, und Bismarck war sogar kaltblütig genug, den Attentäter eigenhändig zu entwaffnen.

Das Entsetzen hielt sich in Grenzen. Selbst Äußerungen des Bedauerns über das Scheitern des Anschlags waren zu vernehmen. Auch der Bonner Historiker Heinrich von Sybel erklärte: »Es wird sich niemand getrauen, den jungen Mann für einen schlechten Deutschen zu erklären, der sein Leben darum gegeben hat, um das Vaterland von einem solchen Unhold zu befreien.« Doch Bismarck ging seinen Weg unbeirrt weiter. Der blutige »Bruderkrieg« war nicht mehr zu vermeiden, selbst wenn der Ausgang völlig ungewiss war.

Mit direkter Kritik musste sich Augusta als preußische Königin zurückhalten, doch ihrem Bruder schrieb sie: »Als der Feldmarschall von Wrangel sich gestern von mir in Gegenwart meiner Oberhofmeisterin verabschiedete, bat ich ihn als Mutter, über das Leben meines Sohnes zu wachen.« Dann habe sie ihn aufgefordert, »und zwar als Deutsche, die Rücksichten gegenüber unseren deutschen Mitbrüdern nicht nur militärisch, sondern auch in allen Beziehungen freundlich und versöhnlich zu gestalten. Ich bin stolz auf meine Abstammung und habe ein Recht, als Mitglied des Hauses Sachsen und als Königin von Preußen, in dieser überaus ernsten Zeit, wo eine so große Verantwortung in Ihren Händen ruht, Ihnen das gute Einvernehmen zu empfehlen, das allein den wahren Interessen der Gegenwart und der Zukunft entspricht. Ich sprach mit einem so bestimmten Nachdruck, dass dies ihn … zu beeindrucken schien.«

Im In- und Ausland rechnete man damit, dass sich dieser Krieg lange hinziehen würde. Doch es kam anders, denn nach nur vier Wochen erzielte Preußen unter maßgeblicher Mitwirkung des Kronprinzen den entscheidenden Sieg bei Königgrätz. Während ganz Preußen jubelte, konnte bei Augusta keine Freude aufkommen: »Heute ist die Siegesnachricht eingetroffen«, schrieb sie am 4. Juli 1866, »nach 12-stündiger blutiger Schlacht! Gott allein weiß, was ich empfinde, wenn ich den Jubel der Bevölkerung sehe, die heldenmütige Armee bewundere und dabei der Tränen gedenke, in die unsere unselige Zeit gebadet ist.«

Bismarck hatte hoch gepokert und gewonnen. Der rasche preußische Erfolg löste eine gewaltige Welle der Begeisterung aus, die ganz Preußen erfasste. Die Armee, bislang eher widerwillig akzeptiert, wurde mit einem Mal hemmungslos bewundert. Bismarck war plötzlich zum Volkshelden aufgestiegen und konnte triumphierend feststellen: »Besiegt habe ich sie alle, alle!«

Doch Bismarck erwies sich als maßvoller Sieger: »Man muss einen bedeutenden Gegner entweder ganz schonen oder ganz vernichten«, war seine Maxime. Letzteres wollte er nicht. Österreich musste in die Auflösung des Deutschen Bundes einwilligen und die Regelung der deutschen Einigung künftig Preußen überlassen. Außer einer Kriegsentschädigung aber trafen Österreich keine Nachkriegsverluste.

Größere Veränderungen gab es lediglich in Norddeutschland. Schleswig-Holstein wurde ebenso wie Hannover und Kurhessen Preußen einverleibt. Alle übrigen Länder nördlich der Mainlinie traten dem neu gegründeten Norddeutschen Bund bei. Dass der Herzog von Schleswig-Holstein ebenso von Bismarck vom Thron gestoßen wurde wie Georg V., der König von Hannover, fand Augusta aus ihrer dynastischen Sicht zutiefst empörend.

Der gewonnene »Bruderkrieg« wirbelte auch das Parteiensystem ordentlich durcheinander. Bei den nächsten Wahlen zum preußischen Angeordnetenhaus verloren die Liberalen fast 100 Sitze an die Konservativen. Dass die Mehrheit von ihnen jetzt auch auf Bismarcks Kurs einschwenkte, führte zum Auseinanderbrechen der Fortschrittspartei und zur Gründung der Nationalliberalen.

Am 14. Juli 1867 ernannte Wilhelm I. Bismarck zum Kanzler des Norddeutschen Bundes, der für den Bundeskanzler auf dem Weg zum Ziel bekanntlich nicht mehr als eine Etappe war. Noch endete der preußische Machtbereich an der Mainlinie, die für Bismarck freilich keine unüberwindliche Mauer darstellte, sondern eher »ein Gitter, durch welches der nationale Strom seinen Weg findet«.

Augusta hatte im Sommer 1866 das Berliner »Fegefeuer« demonstrativ verlassen und war zu Tochter und Schwiegersohn nach Baden gereist. Hier wurde darüber diskutiert, wie sich das Verhältnis zu Preußen künftig gestalten sollte. Am Hohenzollernhof war die Königin mit ihren politischen Ansichten inzwischen völlig isoliert. Auch Vicky hatte den Sieg der preußischen Truppen bejubelt, an dem schließlich ihr Fritz einen entscheidenden Anteil gehabt hatte. Wieder gab sie die preußisch-deutsche Patriotin, sprach mit Stolz und Bewunderung von der Armee und nannte jetzt sogar das preußische Volk eine »höher stehende Rasse in Bezug auf Intelligenz und Menschlichkeit, Erziehung und Herzensgüte«. Auch Augusta hätte sich so gerne als Preußin mit Leib und Seele präsentiert, aber die beiden Kriege, die Bismarck in der kurzen Zeit angezettelt hatte, machten es ihr unmöglich, sich wirklich mit diesem Land zu identifizieren. Augustas Preußen war ein Land der »moralischen Eroberungen« und keines, das seine Ziele mit »Blut und Eisen« durchsetzte.

Im Übrigen machte sich die Königin Sorgen, wie sich das Verhältnis zwischen Preußen und Baden künftig gestalten würde. Wieder wandte sie sich Hilfe suchend an ihren »Ghostwriter« Roggenbach, der ihr die möglichen Gefahren der momentanen Lage aufzeigte: »Wenn für den Augenblick die Herstellung eines engeren Bundesverhältnisses als unmöglich betrachtet werden muss, so bleibt es nichtsdestoweniger die stete Aufgabe der preußischen Politik zu verhindern, dass nicht ein Preußen feindlicher Einfluss daselbst an Boden gewinne. Preußen hat wie jede Großmacht das bestimmte Interesse, dass seine schwächeren und unselbstständigen Nachbarstaaten wenigstens nicht zum Werkzeug gefährlicher Kombinationen einer der anderen großen Mächte werden. Warum sollte dies Interesse, insoweit Süddeutschland infrage kommt, vernachlässigt werden, wo doch gerade die geografische und strategische Lage Süddeutschlands mitten zwischen den beiden bedeutendsten militärischen Nebenbuhlern der preußischen Macht von hervorragender unverkennbarer Bedeutung ist, und ein Eintreten Süddeutschlands in eine immerhin nicht unmögliche und sogar vielfach indizierte Allianz Frankreichs und Österreichs besonders gefährlich sein würde?« Roggenbach schlug vor, Baden zu einem preußischen »Protektorat« zu machen: »Das Wesen des Protektorats beruht darin, dass ein Schutz gegeben und dafür eine bestimmte Leistung, vornehmlich Verzicht auf selbstständige Handlungen zugunsten der Schutzmacht, verlangt wird …« Tatsächlich schloss Preußen mit Baden ein Schutz- und Trutzbündnis ab. Die sofortige Aufnahme Badens in den Norddeutschen Bund, wie sie der Großherzog wünschte, lehnte Bismarck ab, um Frankreich nicht vorzeitig zu provozieren.

Keiner zweifelte daran, dass bereits der nächste Krieg bevorstand – und dass er zwischen Preußen und Frankreich stattfinden würde.

Die preußischen Enkelkinder

Augusta war ins Abseits geraten – politisch wie privat. Noch vor wenigen Jahren hatte sie von der Realisierung des Coburger Planes geträumt und ernsthaft geglaubt, selbst an der deutsch-preußischen Geschichte mitschreiben zu können. Jetzt waren alle Hoffnungen geplatzt. Auch von einem »heimlichen, harmlosen Familienleben« wie seinerzeit in Koblenz konnte mittlerweile keine Rede mehr sein. Die Atmosphäre im Palais Unter den Linden war äußerst spannungsgeladen, und die königliche Ehe auf einem Tiefpunkt. Hätte es eine Möglichkeit gegeben, so wäre Augusta am liebsten gegangen. Doch wohin? Außerdem kannte sie ihre Pflichten.

Auch Augustas Verhältnis zu Fritz und Vicky war getrübt. Sie verübelte es dem Sohn, dass er sich so ganz in den Bann seiner jungen Frau ziehen ließ, und sah in Vicky mehr und mehr die Konkurrentin. Bei ihrem Bruder Karl Alexander beklagte sie sich in einem Brief vom 29. Januar 1867 über den inzwischen 35-jährigen Fritz: »So brauche ich dir meine Besorgnis wegen seines Mangels an Reife nicht auszusprechen. Dieser Mangel wird sich ja geben, nicht jedoch jener an Vorurteilslosigkeit, an Urteilskraft und Logik. Es gelingt mir nicht, mich ihm verständlich zu machen. Und so sehr ich seinen vorzüglichen Charakter schätze, so sehr beunruhigt mich seine Zukunft und die Richtung, die er einschlägt oder in die er sich führen lässt. Zärtlich liebe ich seine Frau, bedaure aber nichtsdestoweniger, dass sie so wenig durch Erfahrung lernt, und dass sie sich nicht genügend in die Auf-

Prinz Friedrich Wilhelm und seine englische Frau Vicky, Tochter von Queen Victoria

gaben ihres Berufes vertieft. Aber ich wiederhole es, trotz allem sind es vortreffliche Menschen.« Doch die Klagen rissen nicht ab. Immer wieder beschwerte sich Augusta, dass Vicky ihren »eigenen Kopf« habe und niemals auf ihren Rat höre.

Inzwischen hatte das Kronprinzenpaar fünf Kinder. Nach Wilhelm und Charlotte war 1862 Heinrich zur Welt gekommen, 1864 Sigismund und zwei Jahre später wieder eine Tochter, Viktoria. Doch im Sommer 1866 trauerte man am Hohenzollernhof um den kleinen Prinzen Sigismund, der am 18. Juni mit nur 21 Monaten an einer Hirnhautentzündung gestorben war.

Augusta übte immer wieder heftige Kritik an ihrer Schwiegertochter, weil Vicky ganz entgegen der höfischen Etikette durchgesetzt hatte, ihre Kinder selbst zu stillen. Das hatte es am Hohenzollernhof noch nie gegeben, und selbst Queen Victoria war der Ansicht, königliche Mütter seien »keine Milchkühe«. Vicky hingegen erklärte voller Überzeugung: »Ein Baby an der Brust ... ist doch das höchste Glück im Frauenleben.« Als Babys machten die Kinder im Übrigen noch keine größeren Probleme, sieht man einmal von Wilhelms Behinderung ab. Doch später entwickelten sie sich nicht unbedingt so, wie es sich die Eltern gewünscht hätten. Charlotte war ähnlich schwierig wie ihr älterer Bruder Wilhelm, ganz offensichtlich hyperaktiv, nervös, unruhig und häufig krank. Vermutlich litt die Tochter an der »Königskrankheit«, einem erblichen Leiden, das heute unter dem Namen »Porphyrie« bekannt ist. Schon Georg III. – Charlottes Ururgroßvater – war davon betroffen gewesen, und zwar in einer derart schlimmen Form, dass man ihn damals für wahnsinnig hielt. Die letzten Jahre seines Lebens verbrachte der englische König in geistiger Umnachtung. Nicht ganz so ausgeprägt war die Krankheit bei Charlotte und vermutlich auch bei Vicky selbst. In ihrem Tagebuch schrieb die Kronprinzessin von immer wiederkehrenden »Nervenschmerzen«, die ihr zu schaffen machten, sowie von »Neuralgien«, für die es keine andere Linderung gab als Morphium.

Fatalerweise schaffte es Vicky nicht, zu ihren drei älteren Kindern eine liebevolle Beziehung aufzubauen, sie blieben ihr mehr oder weniger fremd. Später gestand sie auch selbst, sie komme sich vor »wie eine Henne, die Küken ausgebrütet« habe. Hingegen hing die Kronprinzessin mit großer Liebe an den vier jüngeren Kindern, die in den nächsten Jahren zur Welt kamen.

Allem Anschein nach gelang es Augusta, diesen Mangel an Zuwendung zu kompensieren. Wilhelm, Charlotte und Heinrich liebten ihre preußische Großmutter, zumindest wenn man glaubt, was Wilhelm später in seinen *Erinnerungen* schrieb: »Das schönste Verhältnis, das man sich zwischen Großmutter und Enkel vorstellen kann, hat mich mit Kaiserin Augusta verbunden; es war, möchte ich sagen, so innig, wie man es in Romanen liest ... Nicht nur, dass sie mich außerordentlich verzogen und vorgezogen hat, wie das die richtigen alten Großmütter so gerne tun, sie hat sich auch um meine geistige Entwicklung in der gütigsten Weise gekümmert ...« Auch wenn der letzte deutsche Kaiser sich in seinen *Erinnerungen* hauptsächlich selbst ein Denkmal setzen wollte, so steht doch zweifelsfrei fest, dass Augusta zumindest in seinem jungen Leben eine maßgebliche Rolle gespielt hat. Während die Mutter ungewöhnlich hohe Ansprüche an ihren Ältesten stellte und einen »liberalen Friedrich den Großen« aus ihm machen wollte, begnügte sich Augusta mit Zuwendung und versuchte, im Gegensatz zu ihrer Schwiegertochter, auch nicht, Wilhelm mit Gewalt »zurechtzubiegen«. Es fiel Augusta ein Leben lang schwer, ihre Gefühle zu zeigen, doch gegenüber den Enkelkindern ist es ihr nachweislich gelungen. Es scheint, als hätten sie sich gegenseitig die Wärme gegeben, die sie von anderen nicht bekamen.

Der »Drache vom Rhein«

Dass Augusta heute fast in Vergessenheit geraten ist, liegt auch daran, dass sie weder als Königin noch als Kaiserin wirklich beliebt war. Allein in Koblenz hat sie durch ihr soziales Engagement und ihre religiöse Toleranz Sympathien erwecken können. In Berlin hingegen nannte man sie hinter vorgehaltener Hand nur den »Drachen vom Rhein«.

Es entbehrt nicht einer gewissen Tragik, dass Augusta, die sich zeit ihres Lebens mit Inbrunst für den preußischen Staat einsetzte, mit seinen Bewohnern im Grunde nichts anfangen konnte. Die geborene Weimarerin mochte die Preußen nicht, und die wiederum mochten sie nicht. Als Augusta nach Berlin kam, fiel es ihr gewiss nicht leicht, mit der etwas spröden Art der Menschen zurechtzukommen. Aber sie hat sich auch gar nicht darum bemüht. Ihr dynastischer Dünkel machte es ihr unmöglich, gesellschaftlichen Kontakt zu den Bürgern der Stadt zu pflegen. Auch der Hofdame Caroline von Rochow fiel auf: »Nie hörte man, dass sie zu einer hiesigen Dame in nahe Beziehung getreten wäre.« Nun gehörte die Hochphase der Berliner Salons, in denen gebildete Frauen wie Rahel Varnhagen oder Henriette Herz brilliert hatten, inzwischen der Vergangenheit an, aber das bedeutete nicht, dass das gesellschaftliche Leben auf höherem Niveau gänzlich zum Erliegen gekommen wäre. Man mag Verständnis dafür haben, dass Augusta nicht mit Bettina von Arnim verkehrte und auch an Bismarcks Frau Johanna kein Interesse zeigte. Doch selbst mit Marie »Mimi« von Schleinitz, seit 1865 Ehefrau des jetzigen Hausministers, hatte sie keinen Umgang. Dabei führte Mimi einen renommierten Salon in Berlin, der nicht zuletzt ein gut frequentierter Treffpunkt der Bismarck-Gegner war. Warum hat sich Augusta mit ihr nicht angefreundet? Diese offensichtliche Distanz zur Berliner Gesellschaft wurde verständlicherweise als Kränkung empfunden.

Freundschaften mit gebildeten Berlinerinnen kamen somit nicht zustande, aber Augusta hatte ohnehin keine Freundinnen. Zwar bezeichnete sie die Queen als solche, aber ein wirkliches Vertrauensverhältnis hat es zwischen den beiden Frauen nicht gegeben.

Doch es waren nicht nur die Preußen, die bei Augusta wenig Anklang fanden. Seltsamerweise konnte sie, obwohl sie doch unter Goethes Obhut aufgewachsen war, weder mit der deutschen Sprache noch mit der deutschen Kultur etwas anfangen. Schon knapp ein Jahrhundert zuvor hatte ihre Weimarer Urgroßmutter Anna Amalia die Gäste des »Musenhofs« ermuntert, die deutsche Sprache zu benutzen. Das hatte sich inzwischen längst durchgesetzt. Selbst in Hofkreisen wurde kaum noch Französisch gesprochen. Augusta machte da eine Ausnahme. Sie sprach und schrieb bis zu ihrem Tod nicht nur vorwiegend Französisch, sie las auch fast ausschließlich französische Literatur und bevorzugte ganz allgemein den Umgang mit Franzosen. Nie wäre Augusta auf die Idee gekommen, sich mit der zeitgenössischen deutschen Literatur zu befassen. Während sich das gebildete Berlin für Schriftsteller wie Gustav Freytag oder Theodor Storm interessierte, ließ Augusta deren Bücher unberührt. Selbst bei der Zeitungslektüre bevorzugte sie französische Magazine, die naturgemäß ihre eigene Sicht auf die deutschen Ereignisse verbreiteten.

»Steinerne« Majestät

Kurz nach ihrer Hochzeit hatte Augusta bekanntlich begonnen, ihre Empfindungen und verletzten Gefühle, vielleicht auch ihre Unsicherheit gleichsam hinter einer »Maske« zu verstecken. Das hatte sich in den vergangenen 30 Jahren nicht geändert. So wirkte sie zwar stets perfekt, aber auch arrogant und unnahbar. Das Gesuchte und Geschraubte ihres Wesens schreckte die Menschen ab. Zahllose Zeitgenossen empfanden das, was eine Hofdame formulierte: »Sie vermochte wohl nicht, sich ungezwungen zu geben. Nie habe ich einen natürlichen Eindruck erhalten.« Nur gegenüber ihrer Tochter und den Enkelkindern ließ Augusta ihre »Maske« fallen. In den *Erinnerungen* Wilhelms II. heißt es: »Die Kaiserin, die im Allgemeinen einen zeremoniösen Eindruck machte, oft sogar vor Menschen etwas Formelles, ja Steinernes an sich hatte, war im kleinen Kreis oder nur gar unter vier Augen herzlich und liebevoll besorgt.«

Das »Steinerne« in Augustas Auftreten manifestierte sich auch in ihrem Äußeren. Wirklich hübsch ist sie niemals gewesen, das geht auch den Aufzeichnungen der Zeitgenossen hervor, die eher von ihren »aparten« oder »interessanten« Zügen sprachen. Doch betrachtet man die Bilder der alternden Augusta, dann gewinnt man den Eindruck, als habe sie auf ihre Mitmenschen einen geradezu furchterregenden Eindruck gemacht. Ihre eigentlich blauen, tief zurückliegenden Augen wirkten kohlschwarz und im höchsten Grade durchdringend, der Ausdruck war stets ernst und streng. Neben diesem »stechenden Blick« fanden viele auch, Augusta sehe starr und zurechtgemacht aus, da sie meist äußerst pompöse Kleidung trug. Der österreichische Diplomat Creneville, der sie einmal beim Staatsbesuch in Wien kennengelernt hatte, bezeichnete sie später als »lächerliche, schwülstige, geschwätzige Zierpuppe mit einer Totenstimme«. Was aber war »Maske« und was war echt? Es ist kaum möglich, ein wirklich realistisches Bild von Augusta zu zeichnen, die so viele Widersprüche in sich vereinte. Auf der einen Seite liebevoll zu den Enkelkindern und ehrlich um das Wohl der Kranken und Benachteiligten besorgt. Auf der anderen Seite so kühl und arrogant, dass sie selbst Bismarcks Gemahlin Johanna unhöflich behandelte, eine eher schüchterne und zurückhaltende Frau, die sich in großer Gesellschaft nie wohlfühlte. Auch Augustas Einsatz für eine gemäßigt liberale Politik schien mit ihrem dynastischen Dünkel zu kontrastieren, wobei es freilich den Anschein hat, sie wollte das Volk nur »ruhigstellen«, um ihre eigene hohe Stellung nicht zu verlieren. Sprach sie womöglich nur deshalb französisch, um sich den »Pöbel« vom Hals zu halten? Widersprüchlich ist auch ihr aufbrausendes Temperament auf der einen Seite, der sprichwörtliche »Feuerkopf«, während sie andererseits große Probleme hatte, ihre Gefühle und Empfindungen anderen mitzuteilen. So schrieb sie einmal selbstkritisch ihrem Bruder Karl Alexander: »Während eine ganze Gedankenwelt in meinem Hirn und eine ganze Gefühlswelt in meiner Seele stürmt, versagt sich mir das Wort.«

Augusta hatte mehrere Gesichter. Welches davon war echt?

»Für die Umgebung wirklich schwer zu ertragen«

Sie ließ es sich nicht anmerken, aber schon seit Jahren hatte Augusta massive gesundheitliche Probleme, vielleicht waren es schon die ersten Anzeichen der Parkinson-Erkrankung, an der sie später litt. In ihren Briefen an Roggenbrach klagte sie bekanntlich über grippale Infekte, Fieber, immer wiederkehrende »Nervenschmerzen« und einen häufigen »Schreibkrampf«. Doch all diese Beeinträchtigungen konnten sie nicht davon abhalten, ihre »Pflicht« zu erfüllen und Wilhelm mit politischen Ratschlägen zu traktieren. Im September 1866 hatte ihr »Ghostwriter« Roggenbach praktischerweise gleich einen Brief in Ich-Form verfasst, den Augusta am 18. Oktober in nur leicht abgewandelter Form an Wilhelm schickte. Roggenbach, dessen Briefe an Augusta ansonsten sehr devot klangen, schlug hier einen eher vertraulichen Ton an: »Ich danke dir vielmal, dass du dir die Mühe gegeben hast, mir nochmals auseinanderzusetzen, worin die Schwierigkeiten und Hindernisse einer innigen Verbindung Süddeutschlands mit Preußen liegen …«

Augusta konnte es nicht lassen, Wilhelm zu bevormunden. Dafür war ihr scheinbar jedes Mittel recht. In späteren Jahren ging sie sogar so weit, ihr Schlafzimmer im Palais Unter den Linden heimlich durch ein Hörrohr mit Wilhelms Arbeitszimmer im Erdgeschoss zu verbinden. So konnte sie ohne Wissen des Königs dessen Gespräche mit anhören. Bisweilen setzte sie sich auch auf die eiserne Wendeltreppe, die die beiden Stockwerke miteinander verband, um Wilhelm und seine Besucher belauschen zu können. Da die alten Herren meist recht laut sprachen und die Türen gewöhnlich offen standen, konnte sie oben auf der Treppe jedes Wort verstehen. Nicht selten harrte sie stundenlang auf den unbequemen Stufen aus, und ihre Kammerfrauen mussten sie dort frisieren. Auch Bismarck beklagte sich häufig, dass Augusta heimlich hinter der halb offenen Tür stand. In seinen Erinnerungen heißt es: »Als ich einmal den geärgerten und darüber erkrankten Kaiser des Morgens aufsuchen musste, … fand ich ihn im Bette und neben ihm die Kaiserin in einer Toilette, die darauf schließen ließ, dass sie erst auf meine Anmeldung heruntergekommen war. Auf meine Bitte, mit dem Kaiser allein sprechen zu dürfen, entfernte sie sich, aber nur bis zu einem dicht außerhalb der von ihr nicht ganz geschlossenen Tür stehenden Stuhl, und trug Sorge, durch Bewegungen mich erkennen zu lassen, dass sie alles hörte. Ich ließ mich durch diesen, nicht ersten, Einschüchterungsversuch nicht anhalten, meinen Vortrag zu erstatten.«

Alle Menschen, die Augusta kannten, wussten um ihren schwierigen Charakter: »Keine einfache Natur«, schrieb ein Vertrauter, »zu beklagen und zu bewundern …«

Wilhelm hatte lernen müssen, mit dem »Feuerkopf« zu leben und die »harten Prüfungen«, die seine Frau ihm auferlegte, zu bestehen. Schwiegertochter Vicky hat Augustas Wesenszüge einmal folgendermaßen geschildert: »Meine Schwiegermutter ist phrasenhaft und gibt sich nicht natürlich … Sie zermürbt alle, die zu ihrem Hofstaat gehören, auch die Herren, setzt sich nie nieder, redet 14–15 Stunden unausgesetzt laut über aufregende Themen mit Dutzenden verschiedenen Personen und ist niemals allein … Während sie all das tut, klagt sie den ganzen Tag über ihre Gesundheit … Diese Art von Existenz ist ein Gift, das ihr allen Frieden und Ruhe nimmt und sie aufgeregt und reizbar macht. Da sie von Natur aus heftig veranlagt ist, bringt solche Lebensweise ihre Stimmung zu einem Hitzegrad, der für die Umgebung wirklich schwer zu ertragen ist … Wenn sie einmal aus Berlin fort ist, gibt es kaum einen Menschen, vom ersten bis zum letzten, selbst die ihr anhänglichsten, der nicht erleichtert aufatmet. Der König genießt eine solche Abwesenheit wie ein Schulbub seine Ferien …«

Ähnlich urteilte auch Augustas französische Vorleserin, die die Königin folgendermaßen beschrieb: »Schöne Augen, müde, kunstvoll bemalte Züge, die noch ihre frühere Anmut bewahrten. Ein edler, warmherziger, großzügiger Charakter, aber die mannigfachen Kämpfe hatten bei ihr eine starke

Erregung hervorgerufen. Sie sprach sehr fließend und nur allzu viel über die verschiedensten Gegenstände, hat mit einem gewissen Hochmut vertrauliche Wendungen gebraucht … Sie wollte sehr liebenswürdig sein, war es fast im Übermaß, hat nicht ganz natürlich gewirkt.«

Baronin Hildegard von Spitzemberg (1843–1914), Gemahlin des württembergischen Gesandten am preußischen Königshof, fiel bei einem abendlichen Diner im Schloss vor allem Augustas Kontrast zu Wilhelm I. ins Auge. So lautet ihr Tagebucheintrag vom 24. Februar 1872: »Schade nur, dass der Kaiser die Zeit über unwohl war, durch dessen Anwesenheit die Hoffeste stets einen gemütlichen, ruhigen Anstrich erhalten, indessen die Kaiserin durch ihre geistige und körperliche Hast ermüdet …«

In allen drei Schilderungen wird Augustas überbordende Rhetorik erwähnt, scheinbarer Ausdruck ungebrochener Vitalität. Allerdings schrieb Augusta in Briefen an ihre Mutter und Karl Alexander immer wieder von Niedergeschlagenheit, einer alles durchziehenden Reizlosigkeit ihres Daseins und einer »chronischen Schwermut«, von der ihre Umgebung aber nichts erfahren sollte. Dass sie sich nicht so einfach »zusammenreißen« konnte, beweist ein Brief an Maria Pawlowna vom 30. November 1840: »Da ich mich unaufhörlich beobachte und sehr genau kenne, habe ich herausgefunden, dass einem solchen Schwermutsanfall meistenteils einige Tage vorangehen, in denen ich mich leicht und unternehmungslustig fühle, als könne ich es mit der ganzen Welt aufnehmen. Ein schlimmes Zeichen. Erwache ich eines Morgens, ist diese Empfindung verflogen, und ich empfinde eine bleierne Schwere. Am nächsten Tag verfolgen mich schwarze Vorstellungen, Ängste und überflüssige Verärgerungen, am folgenden Tag ziehen in dichten Reihen Erinnerungen an mir vorüber, natürlich nur quälende, wie sie in keinem Menschenleben fehlen, und ist alles richtig vorbereitet, kommt der Anfall … Er setzt sich überall fest, im Kopf, im Herzen, im ganzen Körper; ich wollte arbeiten, es war einfach unmöglich. In einigen Tagen wird der Anfall vorüber sein, dann kann ich Atem schöpfen, brauche nur gegen die gewöhnlichen Alltagsschwierigkeiten, nicht gegen Schreckgespenster anzukämpfen …«

Und genau in diesen Zeilen liegt der Schlüssel zum Verständnis von Augustas merkwürdigem Wesen, ihrem Hang zur Schwarzseherei, der ihr den Namen »Kassandra« einbrachte, aber auch ihrem zeitweise übersteigerten Aktionismus. Mit den Erkenntnissen der modernen Medizin lässt sich zweifelsfrei feststellen, dass Augusta manisch-depressiv war und somit unter einer schweren Psychose litt, die ihre massiven Stimmungsschwankungen verursachte. Typisch für die manische Phase sind hektische Aktivitäten und Rededrang, während die depressive Phase meist durch die Unfähigkeit gekennzeichnet ist, auf Umgebung und Erlebnisse zu reagieren.

Es hat den Anschein, als habe sich Augustas Leiden in den Sechzigerjahren weiter verschlimmert. Sie war jetzt Mitte 50, litt möglicherweise unter den Begleiterscheinungen des Klimakteriums, ihre Ehe war in einem nahezu völlig zerrütteten Zustand, und Glücksmomente gab es in ihrem Leben praktisch keine mehr, abgesehen vielleicht von der Geburt ihrer Enkelkinder. Umso erstaunlicher ist es, dass sie trotz dieser schweren seelischen Belastung stets ein Vorbild an Selbstbeherrschung, fürstlicher Haltung und Pflichterfüllung blieb – eigentlich eine »richtige Preußin«.

»Barmherzige Schwester auf dem Thron« – Augustas Engagement für Kranke und Verwundete

All das Leid und Elend, das die beiden letzten Kriege für zahllose Menschen gebracht hatten, bedrückte Augusta zutiefst und weckte in ihr den Wunsch, Abhilfe zu schaffen. Zum Glück stand sie mit ihrer christlich geprägten Nächstenliebe nicht allein.

Henri Dunant, ein Genfer Kaufmann, hatte 1859 auf dem Schlachtfeld von Solferino* die vielen unversorgten Verwundeten gesehen und begonnen, über organisierte Hilfe für die Opfer nachzudenken. Zwar waren bereits Krankenschwestern sowie Ordensangehörige der Johanniter und Malteser im Einsatz. Doch Dunant hatte den Eindruck, dass diese Hilfe zu wenig effektiv war und auf jeden Fall besser organisiert werden konnte. Damit aber musste bereits in Friedenszeiten begonnen werden. Nach dem Ende des Krieges schrieb Dunant seine Erlebnisse in dem Buch *Eine Erinnerung an Solferino* nieder. Nachdem Augusta 1862 den Band studiert hatte, schrieb sie: »Ich war so bewegt, dass ich die Schrift dem König zu lesen gab.«

1863 lud die Schweizer Regierung auf Anregung Dunants 25 Staatsvertreter zu einer ersten internationalen Konferenz nach Genf ein. Im Jahr darauf einigte man sich über die sogenannte Erste Genfer Konvention, um das Los der verwundeten Soldaten im Feld zu erleichtern. Die daraus entstandene Vereinigung nannte sich nach ihrem Symbol »Rotes Kreuz«. Als erster deutscher Staat unterzeichnete das Großherzogtum Baden die Konvention, nicht zuletzt dank des

---

* Ort einer Schlacht im italienischen Einigungskrieg gegen Österreich (1859–1861).

Engagements von Augustas Tochter Luise. Preußen folgte 1866.

Im gleichen Jahr veranlasste Augusta in Berlin – in Anwesenheit von Henri Dunant – die Gründung des Vaterländischen Frauenvereins. Dieser selbstständige Verein arbeitete eng mit dem Roten Kreuz zusammen und hatte seine Schwerpunkte zunächst in der militärischen Krankenpflege, Kriegsopfer- und Katastrophenhilfe. Doch schon bald kamen weitere Aufgabengebiete hinzu: Unterstützung der Arbeitslosen, Einrichtung von Suppenküchen, Gründung neuer Krankenanstalten und Waisenhäuser. Der Vaterländische Frauenverein existierte bis etwa 1937 und war die größte Frauenorganisation im Kaiserreich.

Die Preußenkönigin wurde zur Schirmherrin noch weiterer Vereine, auch des Augusta-Krankenhauses in Berlin. Dabei kümmerte sie sich keineswegs nur um repräsentative Fragen oder organisatorische Dinge, sondern stattete dem Hospital auch zahlreiche persönliche Besuche ab, um nachzusehen, ob alles nach ihren Vorstellungen und Bestimmungen ablief. Sie scheute noch nicht einmal davor zurück, die Kranken in den Typhus-Baracken zu besuchen, auch wenn sie große Angst hatte, sich selbst anzustecken. Lebhaft interessierte sich Augusta vor allem für die wissenschaftliche Seite der Hygiene und Krankenpflege. Sie wollte aus »ihrem« Krankenhaus eine Musteranstalt machen, vor allem, was die hygienischen Zustände betraf. Bekanntlich stand sie schon seit Längerem in engem Kontakt zu der berühmten englischen Krankenpflegerin Florence Nightingale (1820–1910), die bereits während des Krimkriegs im Auftrag der britischen Regierung die Krankenpflege für die Armee organisiert hatte. Allein durch die Beachtung der einfachsten Hygienevorschriften hatte man die Sterblichkeitsrate in den britischen Lazaretten deutlich senken können. Mit der Gründung der

Nightingale-Schule 1860 in London wurde die Krankenpflege erstmals zum Lehrberuf.

Engen Kontakt hielt Augusta auch zu dem Berliner Arzt und liberalen preußischen Politiker Rudolf Virchow (1821–1902), der an der Charité arbeitete, jener renommierten Klinik, die schon 1710 als »Pesthaus« gegründet worden war. Virchow selbst galt als einer der bedeutendsten Mediziner überhaupt. Ebenso wie die wissenschaftliche Forschung beschäftigte ihn die immer drängender werdende soziale Frage. Deshalb setzte er sich engagiert für eine medizinische Grundversorgung der Bevölkerung ein. Auf ihn geht auch die Einrichtung der ersten kommunalen Krankenhäuser zurück. Virchow, der viel mit Augusta zusammengearbeitet hat, fand nach deren Tod lobende Worte für das Engagement der Kaiserin und Königin: »Die bedeutungsvolle Stellung, welche die Kaiserin Augusta in der Entwicklung der Einrichtungen praktischer Menschenliebe eingenommen hat, ist weit über die Grenzen unseres Landes, ich darf wohl sagen in allen zivilisierten Ländern, gekannt und bewundert worden. Wie die Kaiserin unermüdlich war durch die Gründung von Krankenhäusern und Asylen, durch die persönliche Förderung von Wohltätigkeitsvereinen, durch Aufklärung über die besten Wege, Krankheit und Leid zu mindern, so hat sie das unvergessliche Verdienst erworben …« Augusta – die Pionierin einer fortschrittlichen Gesundheitspolitik.

Auf Augusta geht übrigens auch das Charlottenburger Augustastift zurück, das ursprünglich für die Töchter gefallener Offiziere bestimmt war, später in eine Erziehungsanstalt für die oberen Kreise umgewandelt wurde. In diesem Zusammenhang wurde es 1958 Schauplatz des Spielfilms »Mädchen in Uniform« mit der jungen Romy Schneider.

Jahre später, nach Augustas Tod, wurde in Berlin am 9. Januar 1890 eine öffentliche Mitteilung herausgegeben, in der ihre karitativen Verdienste noch einmal gewürdigt wurden: »Kaiserin Augusta von Deutschland hat von Jugend an sich gleichsam für ihre künftigen Barmherzigkeitswerke eingesetzt. Sie hat die Krankenpflege zunächst aus Büchern gelernt, dann praktisch ausgeübt und suchte bei den berühmtesten Ärzten ihres Reiches und des Auslands fortgesetzte Belehrung und Aufklärung. Kein Zweig der Krankenpflege war ihr fremd und ebenso keiner in der Administration von Hospitälern im Frieden wie im Kriege. Ist doch das weltberühmte Augusta-Hospital in Berlin ihre höchsteigene Musterschöpfung. Durch eine lange Reihe von Jahren leitete die greise Kaiserin die Versammlungen des Centralvereins vom »Roten Kreuze« und des Invalidenvereins, sowie die Jahresversammlungen ihres Augusta-Hospitals immer als Vorsitzende. Keine neue und praktische Erfindung auf dem Felde der modernen Chirurgie und Hygiene entging ihrem für Kriegerheil besorgten Herzen. Keine Erscheinung der reichen Weltliteratur über diese Zweige fehlte auf ihrem Arbeitstische; und wenn die ermüdeten Augen der greisen Kaiserin die Dienste versagten, so wurden ihr viele dieser Bücher und Schriften vorgelesen. Eine übergroße Zahl von Geld- und Ehrenpreisen für gute Bücher und praktische Vervollkommnungen der Spitalsbedürfnisse hat sie aus eigenen Mitteln durch eine lange Reihe von Jahren verteilen lassen. Der Kaiserin Augusta dankt die Menschheit die Technik der Chirurgie von dem berühmten Professor Esmarch in Kiel, das berühmte Buch über die Genfer Konvention von Lüders ... Bei jeder Konferenz oder Weltausstellung prangten Kaiserin Augustas Preise für humanitäre Werke in der Militärsanität.«

Augustas unermüdliches Engagement für die Armen, Kranken und Verwundeten hat ihr viel Lob und Anerkennung eingebracht. Manche jedoch, wie ihre französische

Vorleserin, mutmaßten, die »enttäuschte Gattin« habe sich in die praktische Wirksamkeit geflüchtet, weil ihr politischer Einfluss versagt blieb. Das aber ist schlicht und einfach falsch. Schon gleich nach ihrer Ankunft in Berlin hätte Augusta gerne karitative Aufgaben übernommen, die damals jedoch der Kronprinzessin Elisabeth unterstanden. Und gerade in Koblenz, ihrer vermutlich politisch aktivsten und einflussreichsten Phase, widmete sie den dortigen Wohlfahrtseinrichtungen viel Zeit und Aufmerksamkeit und legte bereits den Grundstein für ihr späteres Engagement als Königin und Kaiserin. Das war viel mehr, als man von einer »First Lady« üblicherweise erwartete. Wilhelm hat jedenfalls anerkennend betont: »Die Kaiserin möchte jeden verwundeten Soldaten in ein Himmelbett legen.« Und selbst Hermann von Petersdorff, der 1900 eine nicht gerade wohlgesinnte Biografie über Augusta verfasste, musste zugeben: »Als barmherzige Schwester auf dem Thron hat sich Augusta unvergängliche Dienste erworben … Sie verzehrte sich fast im aufreibendem Drang, wohl zu tun …«

Was Augustas Gegner gerne unterschlagen haben: Ihr karitatives Engagement und der unermüdliche Einsatz im Dienste des Roten Kreuzes waren weniger eine Genugtuung für die Königin selbst als vielmehr ein beachtlicher Prestigegewinn für Preußen – ganz im Sinne der »moralischen Eroberungen«. Mitten im Waffenklirren zeigte sich plötzlich ein menschliches Antlitz, das Mitleid mit den zahllosen Opfern hatte, die ein Krieg forderte. Auch Kaiserin Auguste Viktoria, die Gemahlin Wilhelms II., hat später wohltätig gewirkt – aber ausschließlich für die deutsche Bevölkerung. Augustas Ansatz hingegen war international und zielte eher auf Ausgleich, nicht auf Konfrontation mit dem politischen Gegner wie zu Zeiten des Ersten Weltkriegs.

»Wünschenswert, mir den Titel nicht zu verleihen«

Kaiserin Augusta

Bismarcks Trick – Die Emser Depesche

Nach dem »Bruderkrieg« 1866 hatte sich die politische Lage entspannt. Vorübergehend gewann Augusta deshalb den Eindruck, als sei das Schlimmste überstanden. 1869 erwähnte sie in ihren Briefen an den Bruder wiederholt die erfreulich friedlichen Aussichten: »Wir genießen jetzt eine politische Ruhe, die uns Gott möglichst lange bewahren möge.«

Doch es war nur die Ruhe vor dem Sturm. Jenseits des Rheins beobachtete man den rasanten Aufstieg Preußens mit großer Unruhe. Bis 1866 war Kaiser Napoléon III. unbestritten der mächtigste Herrscher in Europa gewesen. Nun musste Frankreich mitansehen, wie Preußen durch Bismarcks Machtpolitik immer stärker wurde. Würde es tatsächlich zu einer nationalen Einigung Deutschlands kommen, dann wäre das das Ende der französischen Vormachtstellung. Bismarck musste also fest mit der Möglichkeit eines deutsch-französischen Krieges rechnen. Doch er hatte (noch) nicht vor, den Konflikt aktiv herbeizuführen, vielmehr war er sich ganz sicher, dass sich subtilere Methoden ergeben würden, sodass er selbst eine »weiße Weste« behalten konnte.

Lange musste Bismarck nicht warten. Schon 1870 stellte ein diplomatisches Ränkespiel die Weichen für einen Krieg gegen Frankreich. Die Spanier hatten ihre Königin Isabella (1830–1904) vom Thron gestürzt und die Krone nach einigen alternativen Versuchen, die allerdings nicht auf die Zustimmung Napoléons III. von Frankreich stießen, dem Prinzen Leopold von Hohenzollern-Sigmaringen (1835–1905) angeboten, einem Mitglied der süddeutschen katholischen Linie der Hohenzollern. Erschrocken erkannte Augusta, welcher Sprengstoff sich hinter dieser Kandidatur verbarg, und warnte den König eindringlich vor einem drohenden Krieg. Der jedoch antwortete voller Fatalismus: »Dein Exposé ist in vielen Stücken vielleicht richtig, aber es liegt schon hinter uns. Denn alles ist vergeblich, wenn die *brouilleurs* Krieg verlangen.« Noch aber war es nicht so weit. Als Chef des Hohenzollernhauses musste Wilhelm I. die Zustimmung zur Thronkandidatur geben, was er nur äußert widerwillig tat.

Bismarck hingegen förderte den kühnen Plan von Anfang an – nicht ohne Hintergedanken. Als Frankreich von den geheim gehaltenen Verhandlungen erfuhr, erklärte die Regierung in Paris unmissverständlich, dass sie unter keinen Umständen einen Hohenzollern auf dem spanischen Thron dulden würden. Verständlicherweise verspürte man in Paris wenig Lust, sich von zwei Seiten »in die Zange« nehmen zu lassen, wenngleich ja keine unmittelbare Verbindung zwischen einer möglichen spanischen Politik Leopolds und der preußischen Wilhelms bestand. Leopold reagierte trotzdem unverzüglich und zog – mit Zustimmung Wilhelms I. – seine Kandidatur wieder zurück. Stattdessen bestieg Isabellas Sohn als Alfons XII. (1857–1885) den spanischen Thron, ein populärer Herrscher, dem es schließlich auch gelang, die Unruhen in seinem Land zu beenden.

Bismarck fluchte, denn damit schien sein ausgeklügelter Plan, diese Kandidatur als Ausgangspunkt für einen Konflikt mit Frankreich zu nutzen, reif für den Papierkorb. Augusta hingegen atmete auf – zu früh, wie sich schon bald zeigte. Kurze Zeit später stellte der französische Botschafter Benedetti im Auftrag seiner Regierung den Antrag an den Preußenkönig, auch künftig keiner Kandidatur der Hohenzollern zuzustimmen. Wilhelm, der sich damals gerade in Bad Ems aufhielt, fand, das gehe ein wenig zu weit, und lehnte das Ansinnen zwar höflich, aber bestimmt ab.

Am 13. Juli 1870 machte er Bismarck telegrafisch davon Mitteilung. Dem Ministerpräsidenten und seinen Gästen Roon und Moltke, die gerade beim Abendessen saßen, verging angeblich schlagartig der Appetit, sodass sie, wie Bismarck in seinen Erinnerungen schrieb, »Speise und Trank verschmähten«. Doch die Appetitlosigkeit war nur von kurzer Dauer. Bismarck nahm das Telegramm seines Königs, griff zum Federhalter und strich kurzerhand einige Passagen durch, sodass aus der höflichen Ablehnung Wilhelms eine scharfe Zurückweisung wurde, die Frankreich so nicht hinnehmen konnte. Moltke war ganz begeistert: »So hat das einen anderen Klang! Vorher klang es wie eine Schamade [Trommelklang als Zeichen der Kapitulation], jetzt wie eine Fanfare als Antwort auf eine Herausforderung!« In dieser Form wurde das Telegramm dann auch weitergeleitet und veröffentlicht. Schlagartig besserte sich die Stimmung der drei Herren und sie konnten sich das Abendessen wieder schmecken lassen. Jetzt musste Frankreich einfach den Krieg erklären! So zumindest beschreibt es Bismarck in seinen *Gedanken und Erinnerungen,* und so ist die Episode auch in die Geschichte eingegangen: die »Emser Depesche« als Auslöser für den deutsch-französischen Krieg, den die Franzosen am 19. Juli 1870 erklärten – dem 60. Todestag von Königin Luise. Aber Depesche hin oder her – den Krieg hätte es auf jeden Fall gegeben.

Hier prallten schließlich zwei Kräfte aufeinander: Frankreich, das das alte Machtgleichgewicht mit allen – auch militärischen – Mitteln wiederherstellen wollte, und Preußen, das mit denselben Mitteln danach strebte, endlich die nationale Einheit zu vollenden.

Die Militärs hätten am liebsten gleich nach 1866 den Elan der preußischen Siege ausgenutzt, um einen »Präventivkrieg« gegen Frankreich zu führen. Doch Bismarck wollte nichts überstürzen, allein schon, um nicht vor Europa als »hemmungsloser Kriegspolitiker« zu erscheinen und damit die Stabilität eines künftigen Deutschen Reiches unnötig zu belasten. Doch dann, im Frühjahr 1870, geriet er unter erheblichen Druck: In der deutschen Nationalbewegung machte sich Stagnation breit. Es drohte ein Zusammenschluss der ohnehin preußenkritischen süddeutschen Staaten Bayern und Württemberg, was sämtliche Hoffnungen auf ein geeintes Deutschland zunichte gemacht hätte! Der Zeitpunkt für einen Krieg schien gekommen, es fehlte nur noch der richtige Anlass.

Es war Bismarck sehr recht, dass im Mai 1870 der »Hardliner« Antoine de Gramont zum französischen Außenminister ernannt worden war und nun einen schärferen Kurs fuhr. Am 6. Juli hatte er in einer Rede gedroht, sollte Deutschland in der Thronfrage nicht nachgeben, dann werde Frankreich »ohne Zögern und ohne Schwäche seine Pflicht zu erfüllen wissen« – also Krieg. Es folgte noch ein kurzes diplomatisches Geplänkel: Frankreich, aufgefordert, seine Drohungen zurückzunehmen, stichelte weiter und verlangte obendrein eine Entschuldigung Wilhelms I. Das brachte das Fass zum Überlaufen! Jetzt kochte das Nationalgefühl diesseits und jenseits des Rheins über – auch in den süddeutschen Staaten. Bismarcks Depesche war also lediglich das sprichwörtliche Tüpfelchen auf dem »i«, mit dem der preußische Ministerpräsident und Kanzler des Norddeutschen Bundes den »Schwarzen Peter« der Kriegserklärung geschickt an Frankreich weitergab.

Zur »Gallionsfigur« des Krieges gegen Frankreich erhoben die Preußen ihre legendäre Königin Luise, die »Heldin von Tilsit«. Eine gelungene Kommunikation, denn damit konnte in der Person Wilhelms I. der Kampf um Macht und nationale Größe wunderbar mit der Rache des Sohnes für die von Napoléon I. »verletzte Ehre« seiner Mutter verbunden werden. Schon als im Frühjahr 1813 die Befreiungskriege begannen, war Luise zum Symbol für vergangene Leiden und Unterdrückung durch die Franzosen aufgestiegen, gleichsam zur Schutzpatronin für Volk und Heer. Als Generalfeldmarschall von Blücher Ende März 1814 von Montmartre aus auf Paris blickte und in der Stadt die weißen Fahren der Kapitulation sah, soll er voller Inbrunst ausgerufen haben: »Luise ist gerächt!«

Bereitwillig beteiligte sich jetzt auch Wilhelm an dem Kult um seine vor 60 Jahren verstorbene Mutter. Zusammen mit dem Kronprinzen war er nach Frankreichs Kriegserklärung am 19. Juli 1870, Luises Todestag, zum Mausoleum im Park von Schloss Charlottenburg gefahren und hatte »längere Zeit recht beklommenen Herzens am Sarge gebetet«.

Der deutsch-französische Krieg 1870/71

Gemeinsam marschierten preußische, nord- und süddeutsche Truppen in Frankreich ein. Napoléon III. wurde in Sedan eingeschlossen und musste sich mit seinem Heer am 2. September 1870 ergeben. Noch aber war der Krieg nicht zu Ende, denn jetzt erhoben sich die Bürger von Paris, setzten den gefangenen Napoléon kurzerhand ab und riefen eine neue Republik aus, die dritte. Nun also zog das deutsche Heer weiter nach Paris und belagerte die französische Hauptstadt, die sich verzweifelt verteidigte.

Während in ganz Deutschland die nationalen Wogen hochschlugen, konnte bei Augusta keine Freude aufkommen. Sie schrieb ihrem Bruder: »Es gibt Lebenslagen, in denen man aus dem Glauben die Kraft der Ergebung schöpfen muss … solche Augenblicke sind wortlos.« Ihr blieb nichts anderes übrig, als mit den Damen vom »Vaterländischen Frauenverein« Verbandsmaterial für die verwundeten Soldaten herzustellen und Sachspenden zu sortieren. Und doch schlug ihr Herz für Deutschland: »Gott schütze die gute deutsche Sache«, heißt es in einem Brief an Karl Alexander, »und er möge auch Mitleid mit mir haben, es möge bald ein ehrenhafter, der grausamen Opfer würdiger Frieden uns beschieden werden.« Ihre Stimmung aber blieb niedergeschlagen, denn die verwundeten und sterbenden Soldaten – die deutschen wie die französischen – gingen ihr nicht aus dem Sinn. Ihre Umgebung zeigte dafür wenig Verständnis, weswegen sich Augusta an ihren Bruder wandte: »Ich bin überzeugt«, schrieb sie am 4. Dezember 1870, »dass man die Bedeutung der anwachsenden humanitären Gesinnung unterschätzt. Aber ich vermeide es, hieran zu rühren, da der König humanitäre Empfindungen und Sentimentalität nicht zu unterscheiden vermag.« Wilhelm nämlich hatte in einem Brief an Augusta von »Auswüchsen der Sentimentalität« geschrieben, was sie völlig entsetzte: »Als ich diese Worte las, war ich wie vernichtet. Es ist schwer, sich verständlich zu machen, wenn es sich nur um den Erfolg, nicht um die Verantwortungen noch um die Folgen handelt.« Entschieden verurteilte sie die »Brutalitäten, über welche die kommende Zivilisation Abrechnung verlangen wird«.

Bismarck hingegen sah in Augustas Haltung nichts weiter als ein mangelndes Nationalgefühl, und als Wilhelm zögerte, Paris sturmreif schießen zu lassen, schrieb er dies ihrem »Einfluss auf ihren hohen Gemahl im Sinne der Humanität« zu.

Das war natürlich völliger Unsinn. Nie wäre Wilhelm auf die Idee gekommen, in militärischen Dingen Augustas Rat zu beherzigen. Dazu hatte er seine kompetenten Generäle wie Leonhard von Blumenthal und Helmuth Karl Bernhard von Moltke, die ihm beide versichert hatten, die Beschießung der französischen Hauptstadt sei vom militärischen Standpunkt gesehen überflüssig. Letzten Endes zwang eine Hungersnot die eingeschlossenen Pariser zur Aufgabe und Frankreich zur Kapitulation.

Gründung des Kaiserreichs

Noch während des Krieges hatte Bismarck wegen der bevorstehenden Gründung des Deutschen Reichs Verhandlungen mit den süddeutschen Fürsten geführt. Zwar hatten sich die Könige von Bayern und Württemberg eine Weile gesperrt, weil sie ihre Selbstständigkeit nicht aufgeben wollten, letztlich aber doch dem Beitritt zugestimmt. Der Bayernkönig Ludwig II. wurde von Bismarck bekanntlich mit der Zusicherung großzügiger Zahlungen umgestimmt, mit denen der »Märchenkönig« seine Schlossbauten finanzieren und dem Komponisten Richard Wagner finanziell unter die Arme greifen konnte.

Augusta hat man diese Informationen offenbar vorenthalten, wie sie am 14. Dezember 1870 in einem Brief an ihren Bruder klagte: »Während alle Welt hier die deutsche Frage bespricht, muss ich seit einer Woche geduldig schweigen, denn ich wollte nicht durchblicken lassen, wie man in Versailles sich mir gegenüber zurückhält ... Endlich habe ich die Antwort des Königs auf meine Fragen erhalten, und ich kann nunmehr die vollendete Tatsache feststellen ... Ich bete zu Gott, dass er die Gegenwart und Zukunft segne, dass er den

König, dessen Alter eine große Erschwerung darstellt, erleuchten möge.«

Am 18. Januar 1871 war es so weit. 22 deutsche Fürsten und Vertreter der drei freien Reichsstädte gründeten im Spiegelsaal des französischen Königsschlosses Versailles das neue Deutsche Reich und wählten den König von Preußen zum Kaiser.

Wilhelm freilich war von der neuen Würde wenig begeistert, wie er noch am gleichen Abend an Augusta schrieb: »Eben kehre ich vom Schlosse nach vollbrachtem Kaiserakte zurück. Ich kann dir gar nicht sagen, in welcher morosen Emotion ich in den letzten Tagen war, teils wegen der hohen Verantwortung, die ich zu übernehmen habe, teils und vor allem über den Schmerz, den preußischen Titel verdrängt zu sehen! In einer Konferenz gestern … war ich zuletzt so moros, dass ich drauf und dran war, zurückzutreten und Fritz alles zu übertragen. Erst nachdem ich in inbrünstigem Gebet mich an Gott gewendet habe, habe ich Kraft und Fassung gewonnen.«

Auch Augusta war in »moroser«, niedergeschlagener Stimmung. Sie hatte die Reichseinigung stets gewollt, aber nicht durch »Blut und Eisen«, sondern durch »moralische Eroberungen«, die das Ansehen Deutschlands auch im Ausland gestärkt hätten. Nun aber blickte man in Frankreich voller Hass auf den Nachbarn östlich des Rheins. Ähnlich wie Wilhelm stand auch sie der Kaiserwürde zwiespältig gegenüber. Schon in ihrem Brief an Karl Alexander vom 14. Dezember 1870 hieß es: »Meiner Ansicht nach ist es wünschenswert, dass der neue Titel sich nur auf den Herrscher beschränkt, nicht auf seine Familie. Je mehr dies der Fall ist, umso günstiger für Deutschlands Würde wie für die Wirksamkeit der Bundesregierung. Ich halte es sogar für wünschenswert, mir den Titel nicht zu verleihen, das wäre der alten Monarchie

[Preußen] gegenüber klug gehandelt.« Doch dieser Wunsch erfüllte sich bekanntlich nicht. Als Gemahlin Wilhelms I. wurde Augusta deutsche Kaiserin, und ihr »Todfeind« Otto von Bismarck wurde zum Reichskanzler ernannt.

Das neue Kaiserreich war ein Bundesstaat, in dem Preußen ein deutliches Übergewicht an Fläche, Bevölkerung und Wirtschaftskraft besaß. Der deutsche Kaiser war auch weiterhin König von Preußen, der Reichskanzler blieb preußischer Ministerpräsident.

Nach Bismarcks Vorschlag wurde die Verfassung des Norddeutschen Bundes für das Reich übernommen. Die Vertreter der Landesregierungen saßen im Bundesrat, während der Reichstag die Volksvertretung darstellte, dessen Abgeordnete in allgemeiner, gleicher und geheimer Wahl gewählt wurden. Bismarck hatte sich eine starke Stellung verschafft. Er war der einzige Reichsminister und wurde ohne Mitwirkung des Reichstags oder des Bundesrats ausschließlich vom Kaiser ernannt bzw. entlassen. Dass er hingegen von Wilhelm I. zum Fürsten erhoben wurde, hat ihn nicht weiter interessiert.

Nachdem die Waffen schwiegen, verfolgte Bismarck gegenüber Frankreich den gleichen Kurs wie 1866 gegenüber Österreich: Ausgewogenheit und maßvolles Handeln. So war die Annexion von Elsass-Lothringen, wie sie im Friedensschluss von Frankfurt am Main im Mai 1871 durchgesetzt wurde, überhaupt nicht in seinem Sinne. Bismarck sah ganz klar, dass damit schon der Keim für einen neuen Krieg gelegt war, aber er konnte seine Position nicht gegen die siegreichen Militärs durchsetzen.

»Friedensfürstin« Augusta

Im deutlichen Gegensatz zu Königin Luise, die man vor dem Ausbruch des deutsch-französischen Krieges zur »Rachegöttin« hochstilisiert hatte, präsentierte sich Augusta jetzt öffentlich als Friedensstifterin. Noch 1871 ließ sie ein Staatsporträt von sich anfertigen, das sie als Gründerin des deutschen Roten Kreuzes zeigt. Auf der Medaillondarstellung strahlt sie wie üblich Ernst und Entschiedenheit aus, an ihrer Brust prangt die Brosche des Roten Kreuzes. Zwar zieren das Bild auch nationale Symbole wie Reichsadler und Kaiserkrone, doch deutlicher ins Auge fallen zwei verwundete Soldaten seitlich des Porträts, wobei der linke Soldat an seiner Uniform ganz klar als Franzose zu erkennen ist. Das Bild vermittelt die Botschaft des Friedens und des Interessenausgleichs – ein scharfer Kontrast zur allgemeinen Siegesrhetorik.

Interessant in diesem Zusammenhang ist auch ein Ölgemälde, das Adolph von Menzel (1815–1905) damals angefertigt hat. Es trägt den Titel: »Abreise König Wilhelms I. zur Armee am 31. Juli 1870«. Eine jubelnde Menschenmenge verabschiedet den Preußenkönig, der zusammen mit Augusta abfahrbereit in einer offenen Kutsche sitzt. Augusta aber verbirgt ihr Gesicht – und ganz offensichtlich auch ihre Tränen – hinter einem weißen Taschentuch. Inmitten der nationalen Begeisterung scheint sie nur an das große Leid zu denken, das dieser Krieg für die Soldaten auf beiden Seiten bringen wird.

Bismarck hingegen schrieb später in seinen Erinnerungen: »Man hat mir erzählt, dass die Königin Augusta ihren Gemahl vor ihrer Abreise von Ems nach Berlin beschworen habe, den Krieg zu verhüten im Andenken an Jena und

Als überzeugte Pazifistin im Einsatz für humanitäre Hilfe, auch jenseits des Deutschen Reiches: Kaiserin Augusta

Tilsit. Ich halte die Angaben für glaubwürdig – bis auf die Tränen.«

Doch auch der »Friedensengel« Augusta hatte einen »Feuerkopf«. Nach dem Sieg über Frankreich und dem Friedensschluss in Frankfurt am Main am 10. Mai 1871 wartete ganz Berlin zunächst vergeblich auf den feierlichen Einzug des Heeres. Der Grund: Kaiserin Augusta »kurte« wie stets um diese Jahreszeit in Baden-Baden und war keineswegs bereit, ihren Aufenthalt dort vorzeitig zu beenden. Bismarck bekam deshalb einen Tobsuchtsanfall, zumal Wilhelm I. offenbar nicht in der Lage war, seine Gemahlin zur Rückkehr zu bewegen. Wütend soll er zum Kaiser gesagt haben: »Eine Institution muss fallen, die Ehe oder das Königtum, beide zusammen sind ein Unsinn.« Die Berliner mussten sich noch ein wenig gedulden, bis die feierliche Parade endlich am 16. Juni 1871 stattfinden konnte.

Das Leid des Krieges hat übrigens auch Bismarcks keineswegs kaltgelassen, denn als er später auf sein Leben zurückblickte, gestand er selbstkritisch ein: »Ohne mich hätte es drei große Kriege nicht gegeben, wären 80 000 Menschen nicht umgekommen, und Eltern, Brüder, Schwestern und Witwen trauerten nicht. Das habe ich indes mit Gott abgemacht.«

Der Kulturkampf – Augusta gegen Bismarck

Inzwischen war Augusta fast 60 Jahre alt, aber trotz massiver gesundheitlicher Probleme noch immer der störrische »Feuerkopf« von früher. Sie hatte tatenlos mitansehen müssen, wie Bismarck binnen weniger Jahre drei Kriege angezettelt und letztlich auf ganzer Linie gesiegt hatte. Doch die letzte »Schlacht« stand noch aus, und diesmal wollte Augusta den Sieg davontragen. Es ging dabei jedoch nicht um einen außenpolitischen Konflikt, sondern um einen schweren innenpolitischen Streit: den sogenannten Kulturkampf.

Die liberalen Strömungen des 19. Jahrhunderts zielten nicht nur auf die politische Beteiligung der Bürger ab, sie standen auch der Verquickung von Staat und Kirche kritisch gegenüber. Dabei hatte gerade die römisch-katholische Kirche in den letzten Jahrzehnten ganz erheblich an weltlicher Macht eingebüßt, nicht nur durch die Säkularisation, sondern besonders 1870 durch die Auflösung des Kirchenstaates, der im gleichen Jahr dem Königreich Italien zugeschlagen worden war. Doch das war noch nicht das Schlimmste. Viele Gläubige, gerade auch im Arbeitermilieu, hatten sich der Kirche – der katholischen wie der evangelischen – entfremdet, weil das »Wort Gottes«, das von den Kanzeln verkündet wurde, nichts mehr mit ihrem Lebensalltag zu tun hatte. Ein weiteres Problem kam hinzu: die Kluft, die sich zwischen dem alten Christenglauben und der modernen Wissenschaft aufgetan hatte. Die stieß nun mit der tradierten Glaubenslehre vor allem in den Wunderfragen zusammen. Für jeden Menschen, der mit Ernst Christ sein wollte, war es eine schwere Gewissensfrage, wie weit er in dieser modernen Welt, in der der englische Naturforscher Charles Darwin die Evolutionstheorie entwickelt hatte, seinen Glauben überhaupt aufrechterhalten konnte.

Doch gerade die katholische Kirche gewann in dieser Zeit an innerer Kraft und handelte nach dem Motto: »Jetzt erst recht!« Das Erste Vatikanische Konzil verwarf 1870 eindeutig alle liberalen Ansichten, die mit der kirchlichen Lehre nicht vereinbar waren. Doch noch viel folgenreicher war die Verkündung des Dogmas von der Unfehlbarkeit des Papstes in allen Glaubens- und Sittenfragen.

In Deutschland hatten sich die Katholiken bereits in der

ersten Hälfte des 19. Jahrhunderts politisch zusammengeschlossen; 1870 entstand ihre eigene Partei, das sogenannte Zentrum. Jetzt forderte diese neue Partei, die in der preußischen Verfassung enthaltenen Artikel über die kirchlichen Freiheiten auch in die Reichsverfassung zu übernehmen. Zudem sollte das Reich hinsichtlich der Wiederherstellung des Kirchenstaates aktiv werden. Bismarck lehnte diese Forderungen strikt ab – und erhielt Zuspruch von den Liberalen, die ihn zu schärferen Maßnahmen drängten. Auch die sogenannten Altkatholiken, die das Unfehlbarkeitsdogma ablehnten und sich deshalb abgespalten hatten, unterstützten Bismarcks Kirchenpolitik. Auf beiden Seiten wurde der »Kulturkampf« mit großer Erbitterung geführt. Jetzt nämlich beschnitten neue Gesetze die bisherigen Freiheiten der Kirche. In das Strafgesetzbuch wurde ein »Kanzelparagraf« eingefügt, der jeden Geistlichen mit Gefängnis oder Festungshaft bedrohte, »welcher in Ausübung seines Berufs Angelegenheiten des Staates in einer den öffentlichen Frieden gefährdenden Weise erörtert«. Den Jesuiten und anderen Orden wurden Aufenthalt und Niederlassung im Reich verboten, die Führung der Standesregister, die bis dahin den Geistlichen oblag, wurde besonderen Standesämtern übertragen und die Zivilehe eingeführt. Mit dem »Brotkorbgesetz« wurden 1875 alle staatlichen Zuschüsse für die katholische Kirche in Preußen so lange eingefroren, bis die Geistlichen sich den gesetzlichen Regelungen der Zivilehe, der Schulordnung und Anderem beugten. Bismarck war der Ansicht, »dass man den renitenten katholischen Geistlichen den Brotkorb höher hängen« sollte. Diese drastischen Maßnahmen lösten auch in protestantisch-konservativen Kreisen Bedenken und Widerstand aus.

Augusta bezog ebenfalls eindeutig Position – und zwar zum ersten Mal in ihrem Leben gegen die Liberalen. Für Bismarck schien das nur ein weiterer Beweis dafür zu sein, dass sie grundsätzlich im Kontrast zur jeweiligen Regierungspolitik stand und Opposition lediglich um der Opposition willen betrieb. Er nannte sie eine »bornierte Querulantin« und mutmaßte, falls die »alte Fregatte« nicht schon zum Katholizismus übergetreten wäre, dann würde sie das gewiss bald tun. Natürlich dachte Augusta überhaupt nicht daran zu konvertieren; sie hielt die neuen Gesetze lediglich für reine Willkürmaßnahmen, die Katholiken wie Protestanten trafen, wenn auch nicht im gleichen Ausmaß. Das erste der drei »Maigesetze«, das 1873 erlassen wurde, griff entscheidend in die bisherige Schulordnung ein. Das Aufsichtsrecht der Volksschule, bislang von Geistlichen ausgeübt, wurde jetzt in die Hände von staatlichen Beamten, den Schulräten, gelegt. Das war noch hinnehmbar. Aber dass der Staat die Ausbildung und Anstellung von Priestern und Bischöfen kontrollieren wollte, bedrohte die Kirche in ihren Grundfesten und wurde von vielen Katholiken, aber auch Protestanten als Verfolgung empfunden.

In den Jahren des Kulturkampfs 1871–1878 fochten Augusta und Bismarck ihre letzte Schlacht. Und diesmal stand Augusta tatsächlich auf dem Siegerpodest! Als 1875 die Klöster aufgelöst werden sollten, setzte Augusta bei Wilhelm durch, dass die Kranken pflegenden Orden weiter bestehen durften. So verfügte es das »Klostergesetz« noch im gleichen Jahr.

Vielleicht war es ja auch nur ein Aprilscherz, aber es schien Baronin Spitzemberg ganz ernst zu sein, als sie am 1. April 1877 über den scheinbar bevorstehenden Rücktritt Bismarcks schrieb: »Frau von Arnim bestätigte, dass der Fürst am 15. nach Kissingen gehe, um ›nie mehr wiederzukommen‹, d. h. seinen Abschied zu nehmen! Ich kann noch nicht recht daran glauben – das neue Reich ohne Bismarck, die Wilhelmstraße 76 ohne ihn, man kann es sich nicht vorstellen, und doch sprach man dort schon vom Einpacken und Verschicken der Familienbilder nach Schönhausen! Das lautet doch sehr nach Wirklichkeit! … Mit dem Rücktritt in nächster Zeit hat es seine Richtigkeit; ich redete den Fürsten darauf an, der mir des langen seine Gründe auseinandersetzte und hinzufügte: ›Bringen Sie mir Augusta, Camphausen und Lasker* nebst Anhang um, so kann ich das Amt weiterführen. Aber dieser ewige Widerstand, dieses ewige Prellkissensein reibt mich auf, und wenn ich den Hasen des Geschäfts immer einige Hundert Schritte unerreichbar vor mir laufen sehe, weil ich die Kräfte zur Arbeit nicht habe, erfasst mich auch der Widerwille an derselben immer unwiderstehlicher.‹«

Wie man weiß, wurde weder Augusta umgebracht noch ist Bismarck tatsächlich zurückgetreten. Aber er musste eingestehen, dass er diesmal zu weit gegangen war und seine kirchenfeindlichen Maßnahmen das genaue Gegenteil bewirkten. Die Bevölkerung hielt auch weiterhin treu zu ihren Pfarrern und Bischöfen. Die Zentrumspartei gewann immer mehr neue Anhänger. Bei den Reichstagswahlen 1874 stieg ihre Abgeordnetenzahl von 57 auf 94. Bismarck aber war klug genug, seine Niederlage einzugestehen und die Konsequenzen zu ziehen. Als 1878 der kompromissbereite Leo XIII. zum neuen Papst gewählt wurde, bahnte sich eine Versöhnung an, und die Maßnahmen wurden Schritt für Schritt wieder abgebaut. Bestehen blieben nur die staatliche Schulaufsicht, die staatliche Führung der Standesregister und die Rechtsgültigkeit der bürgerlichen Eheschließung.

In Köln jedoch schwelte der Kulturkampf weiter. Deshalb

---

* Otto von Camphausen (1812–1896), preußischer Finanzminister; Eduard Lasker (1829–1884), liberaler preußischer Politiker.

war zunächst auch unklar, wie man 1880 die Fertigstellung des Doms, dessen Bau nach mehr als 600 Jahren endlich vollendet worden war, gebührend feiern sollte. Natürlich musste man das Kaiserpaar zu diesem wichtigen Ereignis einladen, doch insgeheim hofften Stadt und Domkapitel, Wilhelm und Augusta würden lieber in Berlin bleiben. Aber dann entschloss sich Wilhelm kurzfristig, gemeinsam mit seiner Gemahlin an der Jubelfeier teilzunehmen. Immerhin wäre der Kölner Dom ohne das Engagement seines verstorbenen Bruders wohl auch weiter eine Bauruine geblieben und der Baukran das typische Wahrzeichen Kölns.

Die Zusage des Kaisers stellte die Stadt vor große Probleme. Wie sollte man jetzt den Festakt gestalten, um einerseits nicht das Kaiserpaar zu brüskieren, es andererseits aber auch nicht so aussehen zu lassen, als wolle sich die katholische Kirche mit dem Staat aussöhnen? Schließlich fand man einen Kompromiss. Statt des ursprünglich geplanten Festgottesdienstes im Dom wurde am 15. Oktober 1880 nur das Te Deum gesungen. Wilhelm und Augusta aber besuchten vorher einen evangelischen Gottesdienst in der Kölner Trinitatiskirche und feierten die Fertigstellung des Doms auf ihre eigene Weise. Der Begeisterung der Bevölkerung tat das keinen Abbruch. Sie strömten in Scharen auf die Straße, um dem Kaiserpaar zuzujubeln.

Kaiserliche Repräsentationspflichten

1873 erhielt das deutsche Kaiserpaar eine Einladung nach Wien, um zusammen mit zahlreichen Gästen bei der Eröffnung der Weltausstellung anwesend zu sein. Im Prater – nicht in dem Vergnügungspark, den man heute kennt, sondern in der weitläufigen Parkanlage – hatte man eigens die berühmte Rotunde erbaut, einen gigantischen Kuppelbau, der 1937 einem Feuer zum Opfer fallen sollte.

Unglücklicherweise war Wilhelm erkrankt, sodass Augusta die Reise alleine antreten musste. Sie hatte große Angst davor, schließlich lag der »Bruderkrieg« erst sieben Jahre zurück und die Stimmung in Österreich war noch immer überwiegend deutschfeindlich. Deshalb suchte sie wieder einmal Rat bei ihrem Bruder: »Ich kenne niemanden in Wien. 1. Wie werde ich am wenigsten das Kaiserpaar stören? Und wie kann ich mich am besten der Kaiserin anpassen? 2. Wäre es nicht angezeigt, am ersten Tag mich nicht auf die Ausstellung einzulassen, sondern meine Höflichkeitsbesuche zu erledigen und mich mit einem allgemeinen Rundblick zu begnügen? 3. Welche dieser Besuche werden die geeignete Wirkung auf den Hof und auf die Gesellschaft hervorbringen? 4. Sollte ich nicht bei meinem früheren Bekannten, dem alten Erzherzog Albrecht (Albrecht von Österreich-Teschen) vorsprechen, auch Anstalten und Schulen besuchen, auch die deutschen und österreichischen Ausstellungskommissare? 5. Welche Personen vermeide ich lieber, welche Gegenstände könnten bedenklich sein? 6. Werde ich den feindlichen Dynastien begegnen? 7. Welche sind die besten Läden?«

Augusta hatte sich ungewöhnlich intensiv auf ihren Wien-Besuch vorbereitet, um nur ja keinen Fauxpas zu begehen. Doch alles verlief nach Wunsch, sieht man von einer Kleinigkeit ab. Als Gastgeberin hatte Kaiserin Elisabeth die Aufgabe, sich beim abendlichen Galadiner in der Hofburg besonders um Augusta zu bemühen, aber viel wusste sie wohl nicht zu sagen – oder kam im Redeschwall Augustas erst gar nicht zu Wort. Graf Creneville fiel jedenfalls auf: »Neben ihr macht Sisi den Eindruck einer gelangweilten Taubstummen.« Diesen Eindruck machte »Sisi« bei offiziellen Anlässen freilich häufiger, nicht nur an diesem Abend gegenüber Augusta.

»Abgesehen von dem glänzenden Empfang«, schrieb Augusta an Karl Alexander, »glaubte ich, einen herzlichen Ton herauszufühlen; er rührte mich, ich werde ihn nicht vergessen.« Ihre Ängste waren umsonst gewesen. Es hatte sich in Wien herumgesprochen, dass Augusta seinerzeit entschieden gegen den »Bruderkrieg« gewesen war. Das wurde ihr nun hoch angerechnet. Auf große Bewunderung stieß auch ihr soziales Engagement, das die Wiener bei ihrer eigenen, recht exzentrischen Kaiserin schmerzlich vermissten. Der englische Diplomat Sir Robert Morier hörte jedenfalls in Wiener Hofkreisen, die Sympathien für Augusta seien durchaus echt gewesen.

Aber nicht alle Staatsbesuche verliefen so erfreulich. Dem Schah von Persien, der noch im gleichen Jahr nach Berlin kam, fehlten offenbar die geschliffenen Manieren der charmanten Österreicher. Da er als Nächstes in London Station machen wollte, hielt es der englische Botschafter Lord Odo Russell für angebracht, seine Regierung vorzuwarnen: »Der von den Persern hervorgerufene Eindruck ist nicht gerade günstig zu nennen. Zwar versucht der Großwesir sowie Mirza Malcolm Khan, auf die Gewohnheiten und Umgangsformen des Gefolges einzuwirken. Doch wagt niemand, dem Schah nahezulegen, er täte besser pünktlich zu sein und die königliche Familie nicht warten zu lassen. Ebenfalls, dass er sich nicht hinsetzen möge, ehe die Kaiserin ihren Platz eingenommen habe. Dass er fernerhin es füglich unterlasse, Ihre Majestät beim Ellenbogen anzufassen, um sie zum Aufstehen zu bewegen, noch während der Tafel seinen Arm um den Lehnstuhl der Hohen Frau zu legen, noch seine Stimme so laut erschallen zu lassen, dass die Gesellschaft erschrocken zusammenzuckte. Auch möge er lieber nicht seine Finger in die Schüsseln stecken, auch nichts Gekautes aus dem Mund nehmen und dasselbe, falls die Kost ihm nicht zusage, unter den Tisch werfen.« Nun, manchmal hatte es durchaus seine Vorteile, wenn Augusta ihre wahren Empfindungen hinter der »Maske« versteckte.

Natürlich wurden auch Bismarck und seine Ehefrau Johanna zu allen großen Festen am Berliner Hof eingeladen, hin und wieder sogar in Augustas »Teebüchse« im Palais Unter den Linden. Otto von Bismarck war ein intelligenter und geistreicher Gesprächspartner, der mit geschliffenen, mitunter natürlich auch ätzend scharfen Formulierungen brillierte. Seine Frau Johanna hielt sich in »großer Gesellschaft« lieber zurück. Sie war Hausfrau im besten Sinne des Wortes, liebevoll um das Wohl von »Ottochen« und ihrer drei Kindern besorgt. An Glanz und Glamour, großen Auftritten und eleganter Garderobe hatte sie kein Interesse. Mitunter machten sich die Damen der Gesellschaft sogar über Johannas glanzlose Kleidung lustig. Dabei galt Frau von Bismarck im engsten Kreis als »ungewöhnlich intelligent«. Sie beurteilte die Menschen weder nach ihrem Äußeren noch nach Stellung und Rang, liebte die Natur, die Musik und ernsthafte Freundschaften. Bismarck hatte in Johanna »eine Frau von seltnem Geist und seltnem Adel der Gesinnung gefunden«, wie er selbst 1847 seinem Bruder schrieb. Das sah Augusta naturgemäß völlig anders. Selbst ihrer engen Vertrauten Marie Radziwiłł, einer angeheirateten Nichte der verstorbenen Elisa, fiel auf, dass Augusta beide Bismarcks erstaunlich schlecht behandelte. Beim Reichskanzler mochte das vielleicht verständlich sein, schließlich waren beide »alte Feinde«. Aber Augusta gab sich auch keine Mühe, Johanna von Bismarck näherzukommen. Die Fürstin war und blieb für sie nichts weiter als die unangenehme Lebensgefährtin ihres »Todfeinds«, dazu schlicht, »zigeunerhaft« und unelegant. Dass Augusta seine

Frau so unhöflich behandelte, musste Bismarck tief treffen, und er hat es ihr verständlicherweise auch nie wirklich verziehen.

Annäherung an Bismarck

Doch dann geschah, was wohl niemand mehr für möglich gehalten hätte: Der »Feuerkopf« Augusta wurde allmählich »altersmilde«. Die hitzigen Wortgefechte mit Wilhelm ließen ebenso nach wie ihre unerbittliche Abneigung gegen Bismarck, die mit dem Kulturkampf einen letzten Höhepunkt erreicht hatte. Inzwischen musste sich Augusta eingestehen, dass sie den jetzigen Reichskanzler nicht immer ganz richtig eingeschätzt hatte. Er war nicht nur der »Unheilvolle«, der einen Krieg nach dem anderen vom Zaun brach, sondern ein durchaus loyaler Politiker und seinem Kaiser treu ergeben – selbst wenn Wilhelm I. einmal mit ironischem Augenzwinkern gesagt haben soll: »Es ist nicht leicht, unter einem solchen Kanzler Kaiser zu sein.«

Die Reichsgründung hatte bei vielen die Befürchtung ausgelöst, das vereinte Deutschland werde seine Stärke künftig zur Unterwerfung Europas einsetzen. Bislang war es auch noch nicht gelungen, solche Bedenken zu zerstreuen. Jetzt aber sollte Bismarck die Gelegenheit erhalten, seine Zusicherung, Deutschland sei »saturiert« (gesättigt, zufrieden), auch durch Taten unterstreichen zu können.

Der ganze Balkan, der damals noch zum Osmanischen Reich gehörte, glich einem einzigen Pulverfass. Serben und Bulgaren versuchten im Kampf gegen die Türken ihre nationale Selbstständigkeit zu erlangen. Unterstützt wurden sie dabei von Russland, das den »kleinen slawischen Brüdern« beistehen wollte. 1877 erklärte Russland dem Osmanischen

Uneingeschränktes Vertrauen: Kaiser Wilhelm im Gespräch mit seinem Reichskanzler Otto von Bismarck

Reich den Krieg, und russische Truppen marschierten bis vor die Tore Istanbuls. Das wiederum beunruhigte die Engländer, die eine Ausdehnung des russischen Machtbereichs bis in die Ägäis fürchteten. Auch Augusta, die mit der Queen nach wie vor in Briefkontakt stand, machte sich Sorgen: »Meine Nachrichten aus England beweisen mir, dass die orientalische Frage dort immer ernster wird«, schrieb sie am 15. Juli 1877 an Franz von Roggenbach. Österreich-Ungarn war ebenfalls nicht bereit, das russische Vorgehen hinzunehmen. Es drohte ein unübersehbarer europäischer Krieg. Am 25. September 1877 wandte sich Augusta erneut an ihren Vertrauten Roggenbach: »Nehmen Sie mit diesem Diktat fürlieb, weil ich meinen Arm sehr schonen muss und Ihnen doch baldmöglichst für Ihren Brief danken möchte. Freilich ist er kein Ersatz für das jetzige verfehlte Wiedersehen. Ich richte nun meine Hoffnung auf Anfang November in Koblenz. – Ihre Schilderung der Zeitverhältnisse ... ist wie immer mit meinen Wahrnehmungen übereinstimmend. Der entsetzliche Krieg, der im Osten wütet, der zunehmende Zersetzungsprozess in allen politischen Kreisen, die wachsende Auflehnung gegen die Autorität in Kirche und Staat ... und das Damoklesschwert in Berlin; alles dies setzt ein stärkeres Nervensystem voraus als das meinige, um mit Ruhe beobachtet zu werden, aber ich weiß gottlob, wo ich meine Ruhe zu suchen und zu finden habe, und blicke in dieser Gesinnung dankbar auf das zu Ende gehende, trübe Lebensjahr zurück.«

Das »Damoklesschwert« war Augustas Metapher für Bismarck, dem sie durchaus zutraute, das Land in einen weiteren Krieg zu stürzen. Doch diesmal hatte sie ihren »Todfeind« völlig falsch eingeschätzt. Als 1878 in Berlin ein Kongress zur Lösung der Balkanfrage abgehalten wurde, gelang es Bismarck als »ehrlichem Makler« des Friedens,

Lösungen zu entwickeln, die die Verhältnisse auf dem Balkan schließlich völlig neu ordneten*.

Das Ergebnis überzeugte nicht nur die europäischen Nachbarn von der Richtigkeit der Erklärung Bismarcks, Deutschland sei »saturiert«. Auch Augusta erkannte erstmals den Friedenswillen ihres Gegners und war schließlich sogar bereit, die Leistungen dieses »genialen Staatsmanns« doch noch anzuerkennen. Was sie aber letztlich dazu bewog, näher an Bismarck heranzurücken, hatte weniger mit der Politik des Reichskanzlers zu tun als mit innerfamiliären Komplikationen, die sich seit dem Ende der Siebzigerjahre verstärkten.

Familiäre Misstöne

Doch zunächst einmal machte sich die Hohenzollernfamilie große Sorgen um den Kaiser, denn in diesem Jahr hing das Leben Wilhelms I. mehrmals am sprichwörtlichen seidenen Faden. Innerhalb von drei Wochen wurden gleich zwei Anschläge auf ihn verübt. Beim ersten Attentatsversuch, den der Leipziger Klempnergeselle Max Hödel am 11. Mai 1878 in Berlin unternahm, kam Wilhelm noch mit dem Schrecken davon, doch der zweite Anschlag hätte ihn fast das Leben gekostet. Als der Kaiser am 2. Juni in offener Kutsche Unter den Linden entlangfuhr, feuerte plötzlich ein Anwohner eine Ladung Schrot auf ihn ab. Heftig blutend sank Wilhelm zusammen, getroffen an Kopf, Rücken und Arm.

* Zwar erhielt Russland einen Landgewinn im Kaukasus, aber die europäische Türkei blieb als ein quer von West nach Ost über die ganze Balkaninsel laufender Länderstreifen bestehen. Bulgarien entstand als selbstständiges Fürstentum, hatte der Türkei jedoch Tribut zu zahlen. Serbien, Montenegro und Rumänien wurden unabhängig.

Offenbar verhinderten nur sein dicker Militärmantel und die Pickelhaube, die er wie üblich auf dem Kopf trug, das Allerschlimmste. Der Attentäter, der 30-jährige Dr. Eduard Nobling, hatte nach eigenen Angaben mit einem Mord am deutschen Kaiser in die Geschichte eingehen wollen. Nach dem Anschlag versuchte er sich selbst zu erschießen und starb wenig später an seinen Verletzungen. Der 81-jährige Wilhelm I. aber war so schwer verwundet, dass er die Regentschaft vorübergehend seinem Sohn Fritz übertrug. Als er die Regierungsgeschäfte nach wenigen Monaten wieder aufnehmen konnte, war er populärer als je zuvor. Aus dem verhassten »Kartätschenprinzen« war »unser alter Kaiser Wilhelm« geworden, der »gütige Landesvater«.

Die Familie des Kronprinzen war indes inzwischen vollständig. 1866 war mit Waldemar wieder ein Sohn zur Welt gekommen, 1870 folgte Tochter Sophie und zwei Jahre später das letzte Kind, Margarete. Die jüngsten Kinder entwickelten sich völlig problemlos, besonders Waldemar war der Liebling der ganzen Familie. Im Gegensatz zu seinen Brüdern Wilhelm und Heinrich fiel ihm nicht nur das Lernen leicht, er besaß auch einen fröhlichen Charakter und war endlich der Sohn, den Vicky sich immer gewünscht hatte. Ein Ölporträt des jungen Prinzen, das die Kronprinzessin um 1878 gemalt hat, zeigt einen hübschen Jungen mit dunklen und intelligenten Augen. Doch dann geschah das Schreckliche: Im März 1879 erkrankte Waldemar an Diphterie. Es wurde alles Menschenmögliche für ihn getan, doch vergebens. Das Kind starb am 28. März im Alter von nur 13 Jahren. Vor allem die Eltern litten unendlich. Fritz musste gleich nach der Beerdigung des Sohnes zu einem längeren Kuraufenthalt nach Bad Kissingen, und Vicky erkrankte wieder »an schwerem Rheumatismus und Neuralgien«. Doch die Trauer des Kaiserpaars war ebenso groß, denn auch Wilhelm und Augusta hatten den aufgeweckten Waldemar ins Herz geschlossen.

Inzwischen waren Augusta und Wilhelm schon 50 Jahre miteinander verheiratet und konnten im Juni 1879 im Kreise ihrer Kinder und Enkelkinder Goldene Hochzeit feiern. Die Anteilnahme der Berliner war gewaltig. Zu den Gratulanten gehörte auch Baronin Spitzemberg, die am 11. Juni in ihr Tagebuch schrieb: »Der Tag fing hell und sonnig an, und obgleich einige Regenschauer fielen, blieb es doch schön. Schon von früh an stand es Kopf an Kopf auf den Straßen, darunter viele Fremde, meist Leute vom Lande, kaum einer ohne sein Kornblumensträußchen, die zentnerweise zur Stadt gebracht worden sein sollen.« Augusta präsentierte sich zu diesem Anlass in einer Robe aus Goldbrokat, Spitzenschleier und einem goldenem Myrtenkranz, der die Diamantkrone umschloss. So erschien sie an der Seite des Kaisers auf dem Balkon ihres Palais' Unter den Linden, um sich von der jubelnden Menge feiern zu lassen.

Gesundheitlich jedoch ging es beiden schon seit Längerem nicht gut, und so schien der Thronwechsel nur noch eine Frage der Zeit zu sein. Immerhin war der Kaiser bereits 82 Jahre alt. Doch Augusta bezweifelte ernsthaft, ob ihr Sohn tatsächlich der Richtige für dieses schwierige Amt sein würde. Er schien ihr einfach zu schwach und wankelmütig für diese Aufgabe. Fritz, inzwischen 48 Jahre alt, war ein Mensch, der es allen recht machen wollte. Er gab sich liberal, wollte es sich aber auch mit den Konservativen nicht verderben. Eigenes »Profil« hatte er in all den Jahren wenig gezeigt, und Bismarck bezeichnete den Thronfolger deshalb sogar schonungslos als »Kretin«. Das war er natürlich in keiner Weise, aber auch Augusta ärgerte sich, dass er so ganz und gar im Bannkreis der neun Jahre jüngeren Vicky stand. Manche sprachen sogar von »Hörigkeit«. Der Schriftsteller Gustav

Freytag, ein Freund der Kronprinzenfamilie, charakterisierte das Verhältnis des Paares mit folgenden Worten: »Er begann von seiner Gemahlin zu sprechen, voll zärtlicher Hingabe. Er rühmte ihr reiches Wissen und ihren Geist, zu dem er immer aufsehen müsse, und klagte, dass eine solche Frau nicht überall in ihrem Wert Anerkennung finde ... Seine Hingabe und Unterordnung unter die geliebte Frau war eine völlige. Diese Liebe war das Höchste und Heiligste in seinem Leben, das ihn ganz erfüllte. Sie war die Herrin seiner Jugend, die Vertraute all seiner Gedanken, seine Ratgeberin überall, wo Rat zu geben sie geneigt war. Anlage der Gärten, Schmuck der Wohnung, Erziehung der Kinder, das Urteil über Menschen und Ereignisse, alles richtete sich nach ihrer Persönlichkeit.«

Vielen schien es befremdlich, wie sehr sich der Kronprinz – hoch gewachsen, mit aufrechter Haltung und eindrucksvollem Vollbart doch so ganz das »Bild eines Mannes« – geradezu ängstlich an seine Frau klammerte. Nicht nur seine konservativen Gegner urteilten, Fritz' Charakter sei »aus Kleinlichkeit und Schwäche« zusammengesetzt. Selbstmitleidig klagte der Kronprinz immer wieder, im Schatten seiner kaiserlichen Mutter zu stehen: »Sobald sie da ist, kümmert sich kein Mensch um meine Frau und mich. Meine gute Mutter will, bis sie ins Grab steigt, herrschen.«

Dabei war es höchst fraglich, ob er überhaupt selbst die Kraft und den Ehrgeiz besaß, einmal deutscher Kaiser und König von Preußen zu werden. 1862 war die Krone für ihn zum Greifen nahe gewesen. Doch nachdem er sich damals geweigert hatte, »über den Vater hinweg« den Thron zu besteigen, waren er und Vicky politisch aufs »Abstellgleis« geraten. Allmählich machte sich beim Kronprinzen Resignation breit, der Eindruck, dass das lange Warten auf den Thron völlig nutzlos sei. Diese Antriebsschwäche verstärkte sich dramatisch nach Waldemars Tod: »Unser Waldys Tod gibt diesem geistigen Niedergang den Rest!«, heißt es in einem Brief, den er im Mai 1879 aus Bad Kissingen an Vicky schrieb. »Ich empfinde weder Interesse noch halte ich's der Mühe wert, für die paar Jahre, die ich noch existieren mag, mich mit Plänen und Politik zu befassen …«

Augusta machte sich ihr eigenes Bild. Sie mochte Bismarck viele Jahre lang gehasst haben. Doch seine ungeheure Tatkraft, seine Konsequenz und Weitsichtigkeit haben sie dennoch beeindruckt. Sie musste sich eingestehen, dass ihr Sohn einem Bismarck niemals das Wasser reichen könnte. Auch an Vicky hatte Augusta eine Menge auszusetzen, nicht nur was Etikette und Pflichterfüllung betraf. Während der christliche Glaube in Augustas Leben eine maßgebliche Rolle spielte, galt die Kronprinzessin eher als »freidenkerisch«. Das scheint zu erheblichen Konflikten zwischen den beiden Frauen geführt zu haben. Jedenfalls schrieb eine Berliner Zeitung am 7. März 1880 über die religiösen Differenzen: »Es ist durchaus nicht unwahrscheinlich, dass es zu heftigen Auseinandersetzungen zwischen den beiden hohen Damen gekommen sein mag. Dem Kronprinzen fiel als gutem Sohn einerseits und als Gatte andererseits das schwierige Vermittlungsamt zu, und es scheint, dass doch die Gefühle des Gatten stärker gewesen sind …« Langsam, aber stetig wuchs die Entfremdung zwischen Augusta und Vicky einerseits und zwischen Mutter und Sohn andererseits. Nicht nur politisch trennten sich ihre Wege, auch in Fragen der Religion, die für Augusta nicht weniger wichtig waren, vertrat der Kronprinz andere Ansichten. Vor allem die Toleranz gegenüber den Katholiken, die Augusta während des Kulturkampfs noch einmal öffentlich zur Schau gestellt hatte, gefiel Fritz ganz und gar nicht. Doch das war es nicht allein. Als Prinz Wilhelm konfirmiert wurde, wählte das Kronprinzenpaar einen Pfarrer, der dem 1863 gegründeten Deutschen Protestantenverein angehörte. Ziel dieser Institution war eine liberale Erneuerung der evangelischen Kirche im Einklang mit dem geistigen und wissenschaftlichen Fortschritt der Moderne. Eigentlich wäre der Berliner Hof- und Domprediger Adolf Stöcker (1835–1909), der dieses Amt seit 1874 bekleidete, für die Einsegnung des Hohenzollernprinzen zuständig gewesen. Von ihm hieß es nicht von ungefähr: »Er hat ein Maul wie ein Schwert.« Für diesen fanatischen Kämpfer gegen den angeblich »jüdischen Liberalismus« hatten Vicky und Fritz allerdings nur Verachtung übrig.

Augusta, eine strikte Gegnerin des Protestantenvereins, ließ nichts unversucht, ihrem Enkel Wilhelm doch noch den »richtigen« Weg zu weisen. Offenbar ist ihr das auch gelungen, zumindest schrieb der spätere Kaiser über seine Großmutter: »Sie hat sich auch um meine geistige Entwicklung in der gütigsten Weise bekümmert.« Wie wenig er von liberalen Neuerungen der evangelischen Kirche hielt, hat Wilhelm später unter Beweis gestellt, indem er missliebige Pfarrer einfach suspendieren ließ.

Antisemitismus in Preußen

Das heißt jedoch keineswegs, dass Augusta die antisemitische Einstellung des Hofpredigers geteilt hat. Als ihr Sohn Fritz in den Siebzigerjahren den Antisemitismus öffentlich als »Schmach des Jahrhunderts« bezeichnete, bekannte die Kaiserin, darüber sehr glücklich zu sein, und wertete diese Bemerkung als Beweis für den guten Einfluss, den sie auf ihren Sohn ausübe.

Der Judenhass begann sich damals wie ein schleichendes Gift auszubreiten. Eigentlich war die Gleichberechtigung der Juden, die nur etwa 1,25 Prozent der Gesamtbevölkerung des

Deutschen Reiches ausmachten, 1871 in der Reichsverfassung verankert worden. Doch wie zerbrechlich diese Toleranz in Wirklichkeit war, zeigte sich spätestens, als der Wirtschaftsboom der »Gründerjahre« 1873 durch den Börsenkrach jäh beendet wurde und dieser eine Phase der Stagnation einleitete. Es gab damals nicht wenige, die dafür jüdische Bankiers verantwortlich machten und behaupteten, diese hätten mit angeblich unlauteren Geschäftspraktiken und wilden Börsenspekulationen die Krise erst verursacht. Etwas anderes kam hinzu. Da das Deutsche Reich erst spät zu nationaler Einheit gefunden hatte, glaubten die Nationalisten, mit Sprüchen wie »Am deutschen Wesen soll die Welt genesen« das neue Selbstwertgefühl noch ein wenig »anheizen« zu müssen. In den *Preußischen Jahrbüchern* schrieb der Historiker Heinrich von Treitschke (1834–1896) einen Aufsatz unter dem Titel »Ein Wort über unser Judentum«, in dem er den unheilvollen Satz »Die Juden sind unser Unglück« prägte und von »Überfremdung« sprach. Der alte Judenhass bekam eine neue Qualität, denn er war nicht mehr wie früher ein religiöser Antijudiasmus, sondern zunehmend »rassisch« begründet.

Einen solchen Fall schildert uns Baronin Spitzemberg, die am 11. November 1872 in ihr Tagebuch schrieb: »Prof. Lazarus* suchte mich nach Tische auf. Dem Mann widerfahren gegenwärtig allerlei Kränkungen; die Stelle an der Universität, um die er sich bewarb, bekam er nicht; jetzt sind auch seine Vorlesungen an der Kriegsakademie abbestellt worden, denen sämtliche Schüler derselben bis auf einen anwohnten und welche in den sehr vortrefflichen philosophischen Arbeiten die schönsten Früchte trugen. Als Grund dieser Maßregel wurde die Überhäufung mit anderen Arbeiten angeführt; er

* Moritz Lazarus (1824–1903), jüdischer Psychologe.

liegt aber darin, dass an der Spitze der Akademie nun ein erzfrommer General Ollech steht, dem der ›Jude‹ wohl ein Stein des Anstoßes war! So etwas empört mich, weil ein Kurzsichtiger Hunderte von jungen Männern in ihrer geistigen Bildung und Freiheit schädigt …«

Doch im Deutschen Reich dachten längst nicht alle wie die besonnene Baronin von Spitzemberg, im Gegenteil. Die »Judenfrage« beherrschte auch weiterhin die Debatte. 1880/81 unterzeichneten über 250 000 Bürger eine sogenannte Antisemiten-Petition gegen die rechtliche und soziale Gleichstellung der Juden und übergaben die Unterschriften der Reichskanzlei. Bismarck hat die Petition ignoriert, was ihn freilich nicht gänzlich von diesbezüglichen Vorurteilen freispricht. Auch in diesem Fall erweist sich das Tagebuch der Baronin Spitzemberg als interessante Informationsquelle. Das Ehepaar Spitzemberg bewohnte damals ein Palais in der Voßstraße, die direkt an die Reichskanzlei in der Wilhelmstraße angrenzt. Die Baronin beschreibt am 10. Februar 1876 zunächst ein winterliches Idyll: »Auf den tiefen Schnee ist heute Nacht noch eine dicke Schicht gefallen, sodass wir von unseren Schlafstuben wieder eine reizende Aussicht auf den winterlichen Park haben … Am Nachmittag erscheint des Reichskanzlers Hünengestalt in den Gängen des Gartens, umrast von ›Sultan‹ und ›Flörchen‹ [Hunde Bismarcks], die sich's im Schnee wohl sein lassen. Doch darf dieses Schauspiel von unseren Gästen nur hinter den Vorhängen beobachtet werden: Von anderen Bewohnern der Voßstraße wird solcher Missbrauch mit Begucken durchs Opernglas usw. getrieben, dass der Fürst Riesenmauern will aufführen lassen, in die er zwar versprochen hat, bei Nr. 11 eine Lücke zu machen, die uns aber doch zur Vorsicht mahnen! Noch ein paar Monate, und die Natur baut ihm selbst ein grünes, undurchdringliches Blätterdach, das ihn gründlicher als Mauern neugierigen ›Judenblicken‹ entzieht.« Als Antisemiten kann man Bismarck aufgrund solcher Aussprüche freilich nicht bezeichnen. Zwar war er als Politiker nicht abgeneigt, den Antisemitismus als Waffe gegen die erstarkende Sozialdemokratie zu instrumentalisieren, doch das hielt ihn keineswegs davon ab, privat durchaus mit Juden zu verkehren.

Wie Augusta damals die bedrohliche Entwicklung des Antisemitismus einschätzte, verriet der jüdische Schriftsteller Berthold Auerbach (1812–1882), der sie im März 1881 in ihrem Palais Unter den Linden besuchte. In einem Artikel in der Zeitschrift *Der Israelit* konnte man am 17. November 1890 Folgendes lesen: »Wie unser badisches Großherzogliches Paar und die verstorbene Kaiserin Augusta 1881 über die Judenhetze dachten, ergibt sich auch aus einem Brief, welchen Berthold Auerbach an Jacob Auerbach im März 1881 richtete über eine Unterredung Auerbachs im Berliner Palais der Kaiserin Augusta mit dieser und dem großherzoglichen Paar von Baden. Der Großherzog sprach von der Ermordung Kaiser Alexanders*. Auerbach wies bedächtigerweise, aber jedenfalls mutig darauf hin, wie die fortwährende Judenhetze auch ein Werfen von Dynamitbomben sei. Der Großherzog erwiderte, dass es hoffentlich bald vorübergehe, obwohl er die tiefe Schädigung, die das Volk damit erleide, vollkommen erkenne. Auerbach legte der Kaiserin Augusta dar, wie tief ihn die Judenhetze im Gemüt störe. ›Es ist kein Geringes‹, sagte er, ›dass man sich sagen lassen muss, man gehöre nicht zu den Deutschen und sei ohne Vaterland. Das muss ich noch erleben, der ich bereits 40 Jahre mit bester

---

* Zar Alexander II. (1818–1881), ein Sohn von Charlotte, der verstorbenen Schwester Wilhelms I., kam am 13. März 1881 bei einem Sprengstoffattentat ums Leben. Verübt hatte den Anschlag eine revolutionäre Gruppierung, die sich für die Abschaffung der autokratischen Zarenherrschaft einsetzte.

Kraft für das deutsche Volk arbeite und im Patriotismus niemandem nachstehe.‹ Das wurde Auerbach bestätigt. Die Großherzogin sagte: ›Diese hässliche Sache ist nur in Berlin.‹ Die Kaiserin fiel ein: ›Und auch hier ist sie nur vorübergehend. Berlin treibt über Nacht, man weiß nicht woher, eine Pflanze auf, am anderen Tag ist sie wieder vergangen, sie hat keine Wurzel. Die Sache ist wesentlich schon vorüber oder ganz gewiss im Verschwinden.‹ Auerbach bestritt das und wiederholte, dass man wahrscheinlich am Hof von dieser Verhetzung der Gemüter mit der Verdrehung alles geraden Sinnes nicht genugsam unterrichtet sei. Darauf erwiderte die Kaiserin: ›Wir haben unsere Beziehungen zu den alten Freunden – ich sehe von Ihnen ab, denn Sie sind nicht nur ein Freund, sondern auch ein Dichter – immerfort erhalten und werden es auch immer so zeigen.‹

Die Kaiserin wiederholte, wie unablässig wohltätig die Juden sich bewähren und wie sie selber vor Kurzem das jüdische Altersversorgungshaus besucht habe, wie sie nächstens das jüdische Krankenhaus besuchen wolle, und so solle Auerbach nur ruhig sein, es werde sich alles wieder schon ausgleichen.«

Augusta irrte sich ganz gewaltig. Wie tief die Wurzeln der »Pflanze« des Antisemitismus tatsächlich waren, hat sie allerdings nicht mehr miterlebt. Doch dass sie die Situation damals so völlig falsch beurteilt hat, lag natürlich auch an ihrer völligen Unkenntnis der Materie. Das hatte Auerbach schon klar erkannt. Die Wirtschaftskrise hatte viele Menschen tief verunsichert – Handwerker, Geschäftsleute, aber auch Angehörige des Bildungsbürgertums –, und sie fürchteten den sozialen Abstieg. Wie üblich, suchte man auch diesmal nach einem »Südenbock« und nahm daher bereitwillig alle obskuren Theorien einer »Rassenlehre« für bare Münze. Da Augusta aber keinerlei Kontakt zum »einfachen Volk«

unterhielt, war es ihr weder möglich, die drohende Gefahr zu erkennen, noch dem wachsenden Antisemitismus entgegenzusteuern. Besuche in jüdischen Krankenhäusern reichten da leider nicht aus.

Wilhelm, der Lieblingsenkel

Mit ihrem Enkel Wilhelm verstand sich Augusta nicht nur bestens, sie wünschte sogar heimlich, dass eines Tages er und nicht sein Vater Deutschlands nächster Kaiser werden würde. Der gleichen Ansicht war auch Bismarck.

Dass sich Großmutter und Enkel so nahestanden, lag nicht zuletzt daran, dass das Verhältnis des jungen Prinzen zu seinen eigenen Eltern von Anfang an erheblich belastet war. Gerade Vicky, die das ehrgeizige Ziel hatte, aus ihrem Ältesten einen »liberalen Friedrich den Großen« zu machen, duldete keine Schwächen und Unzulänglichkeiten. Augusta hingegen hatte die Entwicklung ihres preußischen Enkels mit Wohlwollen verfolgt. Er schien willensstärker und zielstrebiger zu sein als sein schwächlicher Vater, hatte sich trotz seiner Behinderung tapfer »durchgebissen«, hatte Reiten und Schießen gelernt. Selbst das Essen mit Messer und Gabel stellte kein Problem dar, dank eines speziell für ihn angefertigten Bestecks. Doch seine Kindheit war ausgesprochen freudlos gewesen. 1866 wurde Wilhelm gemeinsam mit seinem jüngeren Bruder Heinrich dem Prinzenerzieher Dr. Peter Hinzpeter anvertraut. Er war ein Mann von unerbittlicher Strenge, der viel mehr von den Kindern forderte, als sie zu leisten vermochten. Lob bekamen sie nie zu hören, so etwas wie Wärme und Verständnis schien der Lehrer überhaupt nicht zu kennen. Sein Vorschlag, dass die beiden Prinzen ein Gymnasium in Kassel besuchen sollten, führte zu einem regelrechten Familienkrach. Während es Augusta und Wilhelm unmöglich fanden, dass ihre Enkel am öffentlichen Schulunterricht teilnehmen sollten, hielten Fritz und Vicky diese Maßnahme durchaus für pädagogisch wertvoll – und setzten sich 1874 auch damit durch.

Und so ging das lieblose und beschwerliche Leben der Prinzen in Kassel weiter. Vom frühen Morgen bis zum Abend waren sie nahezu ununterbrochen beschäftigt, und vor allem Wilhelm hatte ein derart umfassendes Programm zu absolvieren, das weit über die Erfordernisse der Schule hinausging. Doch er konnte es keinem recht machen. Nicht nur von Hinzpeter kam Kritik, sondern auch von seiner Mutter. Vicky sah nicht, dass Wilhelm ohnehin schon hoffnungslos überfordert war, und verlangte immer mehr: Er sollte umfangreiche Romane lesen, seine Englisch- und Französischkenntnisse verbessern und vieles mehr. Dabei kritisierte sie ständig an ihm herum, bemängelte seine schlechte Schrift, die fehlerhafte Rechtschreibung, die angeblich unzureichenden Leistungen überhaupt. Es ist nicht weiter verwunderlich, dass sich Wilhelm mit der Zeit von seiner Mutter distanzierte, einer Frau, die offenbar so wenig Verständnis für ihn aufbrachte. »Ich kam nie zur Freude über seinen Besitz«, schrieb Vicky schon 1871 in einem Brief an ihre Mutter. Ähnlich wie sich Augusta hinter ihrer »Maske« versteckte, so verbarg auch der junge Wilhelm seine verletzte Seele hinter einem Panzer scheinbar kalter Gefühllosigkeit. Nach außen hin gab er sich forsch und vorlaut und tat so, als könne ihm niemand etwas anhaben.

Vicky war es auch, die den Grundstein für Wilhelms spätere Hassliebe zu England legte. Selbst wenn sie sich inzwischen als Deutsche bezeichnete, so war England doch noch immer ihr eigentliches »Zuhause«. Ihr Bruder Bertie meinte allerdings einmal, dass Vicky, wenn sie in England sei, alles

Deutsche lobe, in Deutschland sei es aber genau umgekehrt. Dass seine Mutter immer wieder von England schwärmte, stürzte Wilhelm in einen tiefen Zwiespalt. Er war doch so stolz, ein Deutscher zu sein, stolz auf seinen kaiserlichen Großvater und ein großer Bewunderer des Reichskanzlers Otto von Bismarck, des »Architekten« des Deutschen Reiches.

Ob Augusta bewusst war, dass sie ihren Sohn früher nicht wesentlich anders behandelt hatte als Vicky ihren Ältesten? Auch Fritz schien damals den Ansprüchen seiner ehrgeizigen Mutter nie zu genügen, selbst wenn er sich nach Kräften bemühte. Versuchte Augusta möglicherweise, frühere Fehler gutzumachen, indem sie so viel Verständnis für Wilhelm aufbrachte?

Wie auch immer – auf jeden Fall wurde Wilhelm, bewusst oder unbewusst, zu einem Instrument im Familienkonflikt. Während Vicky ständig an ihrem Sohn herumkritisierte, nahm ihn Augusta einfach so, wie er war, und gab ihm nicht das Gefühl, ein Versager zu sein. Je mehr sich Wilhelm von seinen Eltern entfernte, desto enger rückte er an die Großeltern heran, wobei er sich auch politisch an Kaiser Wilhelm I. und Reichskanzler Bismarck orientierte. Es ist nicht ganz klar, ob und inwiefern Augusta absichtlich dazu beigetragen hat, die Kluft zwischen Wilhelm und seinen Eltern weiter zu vergrößern. Auf jeden Fall hat sie sich nicht darum bemüht, in diesem Konflikt zu vermitteln. Allerdings wäre sie damit auch wohl kaum auf offene Ohren gestoßen, gerade bei ihrer Schwiegertochter.

Nur einmal sollte Augusta auf Wunsch des Kronprinzenpaares die Vermittlerrolle übernehmen. Im August 1878 hatte sich der 19-jährige Prinz Wilhelm in Auguste Viktoria verliebt, die Tochter des von Bismarck ins politische Abseits beförderten Herzogs Friedrich VIII. von Schleswig-Holstein-

Sonderburg-Augustenburg und seiner Gemahlin Adelheid, geborene zu Hohenlohe-Langenburg. Der deutsche Kronprinz und der ehemalige Herzog kannten einander seit Bonner Studententagen und waren auch politisch auf einer Wellenlänge. Längst waren beide Familien miteinander befreundet und trafen sich regelmäßig, wobei zuletzt auch Friedrichs und Victorias Ältester mit von der Partie war. Auguste Viktoria, in der Familie »Dona« genannt, war drei Monate älter als Wilhelm, ein Altersunterschied, der nicht weiter ins Gewicht fiel. Natürlich hatte das Kronprinzenpaar ein wenig »nachgeholfen«, damit ihr Sohn auf Dona aufmerksam wurde. Und gerade Vicky war der Meinung, die eher stille und zurückhaltende Holstein-Prinzessin sei genau die richtige Frau für Wilhelm.

Am Hohenzollernhof war man ganz anderer Ansicht, denn es gab wieder einmal das Problem mit der Ebenbürtigkeit. Donas Stammbaum war nicht ganz »makellos«: Ihre Großmutter väterlicherseits war »nur« eine Gräfin gewesen. Kaiser Wilhelm I. signalisierte jedenfalls, dass er gegen diese Verbindung sei. Der Kronprinz mutmaßte jedoch, »dass die Schwierigkeiten bei Mama größer werden als bei Papa, zumal sie nicht die ›Anstifterin‹ ist«. Fritz hoffte jedoch, dass seine Mutter deswegen zustimmen könnte, weil Bismarck ebenfalls dagegen war. Der Reichskanzler, der Donas Vater in seiner ihm eigenen provokanten Art als »Idioten von Holstein« titulierte, sprach auch von der Prinzessin selbst abfällig als »Holsteinkuh«.

Im Mai 1879 besuchte Prinz Wilhelm seine Großmutter in Koblenz und besprach mit ihr seine Heiratspläne. Danach war er zuversichtlich, »solch einen großen Sieg errungen und die Kaiserin für unsere Sache gewonnen zu haben«. Vicky gab sich jedoch skeptisch und glaubte, Augustas Einwilligung sei in Wirklichkeit nichts weiter als eine »bloße Kriegslist«. Die Kronprinzessin war der Ansicht, ihre Schwiegermutter habe Wilhelm nur »nach dem Mund« geredet, um es sich mit dem Enkel nicht zu verderben. In Wirklichkeit glaube sie, »der Kaiser werde es schon selbst verhindern, ohne dass ihre Opposition nötig wäre«. Damit aber tat sie Augusta unrecht.

Augusta machte sich nämlich ernsthafte Gedanken, die sie wieder einmal schriftlich festhielt und ihrem kaiserlichen Gemahl als »Gedächtnisstütze« vorlegte. Dabei ging es ihr um drei Dinge: 1. Das Lebensglück des jungen Enkels rechtzeitig zu gründen, 2. den Zweifel an der Ebenbürtigkeit nachhaltig zu lösen und 3. die Bedingungen zur Schlichtung der politischen Unklarheit festzustellen, wobei die »politischen Verhältnisse des Reichs« und speziell die rechtliche Zugehörigkeit der Elbherzogtümer zu Preußen maßgebend sein müssten. Das bedeutete: Hätte Preußen 1866 Schleswig-Holstein nicht annektiert und dem Norddeutschen Bund einverleibt, dann wäre Donas Vater noch immer regierender Herzog und kein »Frührentner« wider Willen. Aus Augustas Sicht wäre diese Hochzeit so etwas wie eine Wiedergutmachung für den »Thronraub« gewesen.

Auch in ihrem Brief an den Kaiser vom 25. Mai 1879 sprach sich Augusta keineswegs gegen die geplante Ehe aus und glaubte sogar, dass sich die Ebenbürtigkeitsfrage und die politischen Unklarheiten lösen ließen. Zweifel äußerte sie lediglich »über ausreichende Bekanntschaft des jungen Paares und Wilhelms Jugend und Unreife«. Ihre Skepsis war durchaus verständlich, denn mit 20 Jahren war der Enkel eigentlich noch viel zu jung für die Ehe. Aber weiter wollte sich Augusta nicht einmischen, sondern die Entscheidung allein dem Kaiser als »chef de familie« überlassen. Das schrieb Augusta auch an Queen Victoria, die der gleichen Ansicht war: »Wilhelm war gestern hier. Ich grüßte ihn von dir und sagte, dass wir beide dem Urteil des Kaisers nicht vorgreifen könnten, trotz unserer herzlichen Teilnahme. Er war ganz vernünftig.« Vicky hingegen hatte für Augustas durchaus angemessenes diplomatisches Verhalten keinerlei Verständnis: »Ich verstehe es nicht ganz ..., da dies offenbar eine Frage ist, die der Kaiser mit ihr besprechen will und in der er ihren Rat einholen möchte«, schrieb sie an ihren Sohn. »Sie liebt es sonst so sehr, sich überall einzumischen und die Geschicke der anderen zu bestimmen, ... dass ich mich darüber wundere, dass sie in diesem Fall diese Leidenschaft nicht zu deinem Vorteil ausübt.«

Aber vielleicht hat gerade Augustas kluge Zurückhaltung den Stimmungswandel bewirkt. Auf jeden Fall gab Kaiser Wilhelm I. im Januar 1880 doch noch sein Einverständnis für die Hochzeit seines Enkels mit Prinzessin Auguste Viktoria.

Die offizielle Verlobung der beiden verzögerte sich, weil Donas Vater noch im gleichen Monat im Alter von 50 Jahren überraschend an den Folgen eines Herzinfarkts verstarb. Doch am 27. Februar 1881 läuteten in Berlin die Hochzeitsglocken, und nur wenige Monate später konnte Wilhelm verkünden: »Ich bin überaus glücklich hier in meinem eigenen Heim und mit der süßesten Frau, die man sich wünschen kann.« Dona sei, schrieb er im Juni 1881, »so lieb, nett und freundlich, dass jeder, der sie sieht, ganz verrückt nach ihr wird. Besonders mein lieber alter Großpapa ist ganz begeistert von ihr.«

Auf Leben und Tod

Während Wilhelm sein junges Eheglück genoss und mit Dona das Potsdamer Marmorpalais am Heiligen See bezog, besuchte Augusta wieder einmal ihr geliebtes Koblenz. Doch diesmal stand ihr Aufenthalt unter keinem guten Stern. Sie hatte einen kleinen Ausflug in die Umgebung gemacht, doch als sie auf der Pfaffendorfer Brücke aus ihrem Wagen stieg, stürzte sie unglücklich und zog sich so schwere Verletzungen zu, dass sie sich nicht mehr davon erholte. Nur wenige Tage später musste sich Augusta einer schweren Operation unterziehen, bei der es um Leben und Tod ging. Am 28. Juni 1881 schrieb Wilhelm an seine Schwester Alexandrine: »Augusta litt seit einigen Tagen an einem Leiden wie Königin Elisabeth*, das wie bei dieser gestern eine schwere Operation benötigte und durch die geschickte Hand von Dr. Busch sehr glücklich verlief ... Stimmung sehr gut und nach völliger christlicher Ergebung in das Unabänderliche und nach Kommunizierung. Gott helfe weiter ... Ich sehe Augusta noch nicht, da man mir die Stunde der Operation verschwieg, war aber gestern in Koblenz.«

Wilhelm machte sich große Sorgen um Augusta, denn nachdem die kaiserliche Ehe endlich in ein ruhiges Fahrwasser geraten war, konnte er sich ein Leben ohne seinen »Feuerkopf« überhaupt nicht mehr vorstellen. Sie war ihm unersetzlich geworden.

Augusta überstand die lebensgefährliche Operation, doch sie blieb von ihrem Leiden gezeichnet und konnte sich künftig nur noch an Krücken fortbewegen, meist saß sie im Rollstuhl. Sie litt schon seit Jahren an Rheuma und der Parkinsonschen Krankheit, sodass ihr Leibarzt meinte: »Eigentlich müsste die Kaiserin schon längst tot sein. Nur ihre Energie hält sie aufrecht und der Wunsch, dem Kaiser bis zuletzt zur Seite zu stehen.« Wie schlecht es Augusta schon vor der Operation ging, berichtet auch Baronin Spitzemberg, die kurz

* Die Witwe Friedrich Wilhelms IV., die seit dem Tod ihres Mannes zurückgezogen auf Schloss Sanssouci lebte, war am 14. Dezember 1873 während eines Besuchs bei ihrer Schwester in Dresden gestorben.

vorher ihren Mann verloren hatte. Am 21. Dezember 1880 kam die Kaiserin persönlich in die Voßstraße 11, um der trauernden Witwe zu kondolieren: »Dienstagabend 9 Uhr kam die gute Kaiserin zu mir, ihre Teilnahme zu bezeigen. Es erbarmte und rührte mich tief, die alte, selbst kranke hohe Frau die zwei Treppen heraufkreuchen zu sehen, von Lakaien geschoben und fast getragen …« Doch ihre Pflichten hat Augusta bis zu ihrem Tod nicht vernachlässigt, mochte es ihr auch noch so schlecht gehen. So schrieb ein Vertrauter 1882: »Die Kaiserin scheint der Auflösung entgegenzugehen.«

Trotzdem achtete Augusta bis zu ihrem Tod penibel auf ein wahrhaft majestätisches Erscheinungsbild, war stets elegant gekleidet, sorgfältig frisiert und perfekt geschminkt, auch wenn sie in dieser Hinsicht wohl etwas zu viel des Guten tat und im wahrsten Sinne des Wortes »zu dick auftrug«.

Der Vorleser

Doch nach wie vor erfüllte Augusta ihre Pflichten genauso wie in den Jahren davor – zwar stets im Kampf mit dem gebrechlichen, schmerzenden Körper, geistig aber nach wie vor ausgesprochen präsent: »Ihr Geist ist reger als je«, berichtete die Kammerfrau der Kaiserin deren Bruder Karl Alexander. Vom Rollstuhl und zur Not auch vom Krankenbett aus setzte Augusta ihre karitative Tätigkeit fort, diktierte Briefe, gab Anordnungen und vertiefte sich in ihre umfangreiche Korrespondenz.

Noch immer beschäftigte Augusta einen Vorleser, und da ihr ausschließlich die französische Literatur am Herzen lag, musste es eben ein Franzose sein. Diese Gewohnheit hielt sie auch nach dem deutsch-französischen Krieg 1870/71 bei, obwohl die Nachbarn jenseits des Rheins überhaupt nicht gut auf die Hohenzollernfamilie zu sprechen waren.

1881 wurde der junge französische Dichter Jules Laforgue (1860–1887) mit der Stellung des Vorlesers betraut. Voller Stolz schrieb er seiner Schwester Marie, wie er von Kaiserin Augusta im Palais Unter den Linden empfangen wurde: »Ich werde der Palastdame Gräfin Hacke vorgestellt, einer freundlichen mütterlichen Dame ... Zwei Lakaien treten vor, ich werde eingeführt. Mir wurde es ganz wirr vor Augen. Allgütiger Gott, die Kaiserin! Sie erhob sich, hieß mich willkommen, beklagte mit mir den Tod meines Vaters ... Um ½ 8 Uhr abends solle ich bei ihr vorlesen. Wieder schlägt mir das Herz. Um einen Tisch sitzen zwei Prinzen, vier Prinzessinnen, die Gräfin Hacke, die Kaiserin, alle in Toilette. Die Prinzen blättern in Bilderbüchern, die jungen Damen sticken, die Kaiserin aquarelliert. Ich lese wie im Traum, versuche meine Stimme zu beherrschen. Bald fasse ich Mut und ich bestrebe mich, möglichst gut vorzutragen. (Es war ein Roman von Melchior de Vogüé in der *Revue des Deux Mondes.)* Es kommt eine etwas bedenkliche Situation. Die Gräfin Hacke sieht mich unruhig an, und geschickt überschlage ich die Stelle: Gott sei Lob und Dank, gerettet.«

Um sich nicht den Unmut der Kaiserin zuzuziehen, mussten Augustas Vorleser peinlich genau darauf achten, die »schlüpfrigen« Passagen zu überspringen. Laforgue aber machte seine Sache gut, war stets sorgfältig vorbereitet und wählte Romane von französischen Autoren aus, deren Namen uns heute nicht mehr viel sagen: Henri Greville, Hector Malot, Octave Feuillet und Pierre Loti. Am Vormittag saß Augusta meist zusammen mit einer Hofdame in ihrer »Teebüchse«, die jetzt ganz offiziell das »Vorlesezimmer« genannt wurde, und ließ sich von Laforgue aus Büchern und Zeitschriften vorlesen. Sie mochte den jungen Franzosen: »Zu mir ist sie überaus freundlich«, schrieb er über die Kaiserin, »oft beschämt sie mich geradezu, so natürlich und vertrauensvoll ist sie im Verkehr.«

Doch die frankophile Augusta war leider ein wenig zu vertrauensvoll, nicht nur bei Laforgue, sondern auch gegenüber ihren anderen französischen Vorlesern. Sie alle nämlich konnten nach ihrer Rückkehr nach Paris der Versuchung nicht widerstehen, ihre Erlebnisse am Hohenzollernhof brühwarm interessierten Reportern zu erzählen und an Zeitungen wie den *Figaro* zu verkaufen. Auch Laforgue legte sich gegenüber Augusta keinerlei Zurückhaltung auf, sondern beschrieb sie mit kritischem Blick und ziemlich spitzer Feder: »Sobald sie dem Haus Hohenzollern einen Erben geschenkt hatte, nahm sie ihre private Freiheit zurück und blieb nur noch erfüllt von der distinguierten, kalten, aber wundervoll imposanten Rolle, die sie sich ausgedacht hatte. Es ist ihr gelungen, sich zu einer merkwürdigen Figur zu gestalten, zu einer kunstvoll und künstlich zurechtgemachten Erscheinung, die logisch und bezaubernd ist, deren verführerischem Reiz alle in Berlin akkreditierten Botschafter, alle einigermaßen zivilisierten Besucher erlagen. Diese magere, gebeugte Stilisiertheit, dieses verwüstete und verschimmelte Antlitz hätten einen Talleyrand, einen Beaconsfield* in Entzücken versetzt.

Weder in ihrem Charakter noch ihrem Benehmen zeigt sich in der deutschen Kaiserin etwas Deutsches. Nach ihren Bildnissen zu urteilen ist sie niemals eine Schönheit gewesen, alles an ihr ist etwas männlich, die sehr hohe Gestalt, die Züge, die Stimme, die Hände. Die von Natur bräunliche Gesichtsfarbe verbirgt sie unter einem kosmetischen Feuer-

---

* Charles-Maurice Talleyrand (1754–1838), französischer Politiker; Benjamin Disraeli (1804–1881), Earl of Beaconsfield, Schriftsteller und zweimaliger britischer Premierminister.

werk, das aber herrlich zusammenpasst mit dem hochmütig komponierten Gesamtbild, mit der Götzenpracht blumenbesäter Toiletten, mit den gezierten Manieren, mit der im Grunde rauen, aber stets zu einer Tonleiter spitziger, brüchiger Klagen sich produzierenden Stimme. Eine lange, schmale, außerordentlich gepflegte Hand gleitet anschaulich über die nervöse Stirn. Die ganze romanhafte Erscheinung wird nur durch Nervendrähte zusammengehalten, und aus dem verzerrten armen Gesicht glühen unerbittliche, unergründliche Augen. Diese schrecklichen Augen haben die Kraft, jeden Ankömmling zu bannen, zu verzaubern. Viele Hofdamen brauchten lange Zeit, bevor sie sich an diesen magischen Blick gewöhnten, und als unverdiente Gnade erscheint ihnen dann jedes Lächeln, das sich dem welken Mund dünn und verdächtig entschlängelt. Nur mit äußerster Anspannung vermag sie ihren Besuchern aufrecht entgegenzutreten. Aber der Geist ist lebendig geblieben, das Gedächtnis überraschend, das scharfe Auge sieht und notiert alles, und das Ohr vernimmt das geringste Zischeln fern im Saal.«

Auch wenn Laforgues Augusta-Porträt für eine französische Leserschaft bestimmt war und keinesfalls den Zweck verfolgte, sie für die deutsche Kaiserin einzunehmen, so kann man sich doch gut vorstellen, dass Augusta tatsächlich so auf Fremde gewirkt hat. Den Hang zu prachtvollen Roben hat sie trotz zunehmenden Siechtums beibehalten und sie scheint tatsächlich ziemlich grotesk ausgesehen zu haben, zumal sie ihren ausgezehrten Körper auch noch mit Gold und Edelsteinen behängte und reichlich Make-up auftrug. Ein Beobachter, der an den Feierlichkeiten zum 90. Geburtstag Wilhelms I. im März 1887 teilgenommen hatte, beschrieb Augusta als »ein Wesen, halb Gerippe, halb Hexe, das man aus dem Grab geholt, zweimal geknickt, bemalt und mit Edelsteinen bedeckt hatte«.

Der französische Spion

Ein anderer Vorleser urteilte nicht weniger bissig als der scharfzüngige Jules Laforgue, der 1887 mit nur 27 Jahren einem Tuberkuloseleiden erlag. Es handelt sich um den französischen Schriftsteller Auguste Gérard (1852–1922), den Bismarck nicht zu Unrecht in Verdacht hatte, ein Spion zu sein. Eine Artikelserie in der Zeitschrift *Nouvelle Revue* löste im Oktober 1883 einen beispiellosen Skandal aus. Ein gewisser Graf Paul Vassili schrieb darin boshafte Dinge über die Berliner Gesellschaft, Kaiser Wilhelm I., seine Familie und andere gesellschaftlich bedeutende Persönlichkeiten. Die Artikel bewiesen intime Kenntnisse der Zustände am Hohenzollernhof. Mit an Sicherheit grenzender Wahrscheinlichkeit steckte hinter dem Pseudonym kein anderer als Auguste Gérard, ehemaliger Freund von Léon Gambetta, einem führenden französischen Republikaner. Seine wahre Identität musste er geheim halten, denn nach dem deutschen Strafgesetzbuch von 1872 wurde Majestätsbeleidigung mit einer lebenslänglichen Zuchthausstrafe geahndet.

Über Augusta war in dem französischen Magazin Folgendes zu lesen: »Die Kaiserin Augusta hat einen gewissen natürlichen Geist; sie bildet sich ein, mehr davon zu besitzen, als sie in Wirklichkeit besitzt … Diejenigen, die ihr ein großes Maß an Intelligenz beimessen, sind im Irrtum, ebenso diejenigen, die sie für bösartig und schädlich halten. Sie ist keineswegs von außergewöhnlicher Intelligenz; sie ist nicht bösartig, aber intrigant, falsch und affektiert. Sie will durchaus eine Rolle spielen und gibt sich unendliche Mühe, damit man sie für wohlunterrichtet, in der Literatur bewandert und auf dem Laufenden befindlich halte über alles, was in der Welt auf dem Gebiet der Wissenschaften und Künste vorgeht; ebenso ist sie außerordentlich bemüht, sich populär zu machen. Aber sie besitzt keine Würde und hat nicht den nötigen Geist, sich entsprechend zu benehmen ... Sie umgibt sich mit Höflingen und Begünstigten beiderlei Geschlechts, die dann zuallererst alles Böse über ihre Beschützerin in Umlauf setzen. Sie ist im Grunde eine gute Frau, sehr fromm und wohltätig, aber lächerlich in ihren Anstrengungen, sich bemerkbar zu machen. Ihr Herz ist ausgezeichnet, ihre Güte unerschöpflich, aber sie kennt nicht die Kunst zu geben und besitzt das Talent, ihren Wohltaten jeden Wert zu nehmen. Ihre Bemühungen, liebenswürdig zu sein, ermüden alle Welt, und sie erreicht das genaue Gegenteil von dem, was sie zu erreichen wünscht. Im Allgemeinen wenig beliebt, ist sie jedoch niemals nach ihrem wahren Wert geschätzt worden. Man glaubt weder an ihre Menschenfreundlichkeit noch an ihre Frömmigkeit noch an irgendeine der Eigenschaften, die sie in Wirklichkeit besitzt. Sie fällt allen zur Last, angefangen vom Kaiser bis hinab zu den Dienstboten. Sie ist ein unglückliches Geschöpf, aber vor allem unglücklich aus eigener Schuld. Wenn sie einst verschwindet, wird alle Welt aufatmen, aber später wird man sie doch bedauern.«

Auch »Graf Vassili« zeichnet ein ambivalentes, aber durchaus glaubwürdiges Bild von Augusta. Wenn er schreibt: »Sie besitzt das Talent, ihren Wohltaten jeden Wert zu nehmen«, dann spielt er wohl darauf an, dass viele glaubten, die Freundlichkeit der Kaiserin sei lediglich gespielt und keine »Herzenssache«. Interessant sind auch die Einblicke, die er uns in Augustas »Teebüchse« gewährt: »Die Kaiserin Augusta liebt die Gesellschaft und kann nicht ohne sie leben. Ihr sehr tätiges Naturell hat das Bedürfnis, fortwährend in Bewegung zu sein, und gegenwärtig, da ihre körperlichen Gebrechen sie an den Fauteuil [Lehnsessel] fesseln, hat sie keine andere Zerstreuung als diejenige, dass sie ihre Intimen um sich versammelt. Sie hatte immer die Gewohnheit, fünf oder sechs Personen einzuladen, dass sie zwei- oder dreimal in der Woche den Abend auf dem Schlosse zubringen. Jetzt sind diese Teeabende alltäglich geworden. Der Kaiser erscheint daselbst am Schluss auf einige Minuten und bringt durch seine Gegenwart einiges Leben in diese Versammlungen, die gewöhnlich sehr feierlich sind und bei welchen man zu seinem Zeitvertreib Tee trinkt und Sandwiches isst. Die Kaiserin versucht, die Konversation aufrechtzuerhalten, aber es gelingt ihr nicht immer wegen der Kälte oder der Schläfrigkeit ihrer Gäste, die sich ordentlich langweilen, ohne es selbst zu gestehen, dermaßen sind sie von der Ehre durchdrungen, indem man sie zu Ihrer Majestät einlädt.« Dann zieht »Graf Vassili« diverse Besucher und Hofangestellte durch den Kakao und fügt abschließend hinzu: »Außer den Personen, die ich genannt habe, empfängt die Kaiserin in ihrem intimen Zirkel niemanden. Zur Fastenzeit gibt sie jeden Donnerstag große Konzerte, zu welchen die Gesellschaft nach einem gewissen Turnus eingeladen wird; aber in der Regel sieht sie immer die nämlichen Gesichter, hört die nämlichen Reden und steht mehr oder weniger unter dem Einfluss der nämlichen Leute, die sämtlich eitel, interessiert, schmeichlerisch sind oder einfach Opfer jener Sympathie, die sie gegen ihren eigenen Willen ihrer Gebieterin eingeflößt haben.«

»Der gescheiteste der königlichen Prinzen«

Während »Graf Vassili« dem Kaiser nur »mittelmäßige Intelligenz« und einen »beschränkten Geist« attestiert, ist er für den jungen Prinzen Wilhelm voll des Lobes: »Ein junger Mann, der eine Zukunft hat, der Geist, Verstand und Herz besitzt. Er ist der gescheiteste unter den königlichen Prinzen, dabei mutig, unternehmend, ehrgeizig, ein Hitzkopf, aber ein vortreffliches Herz, sympathisch im höchsten Grade, hat Schwung, Feuer, Beweglichkeit im Charakter und im Geiste, Schlagfertigkeit in der Konversation, dass man schier glauben möchte, er sei kein Deutscher … Trotz seiner Jugend hat er es verstanden, sich in allen Klassen der Gesellschaft populär zu machen; er ist wohlunterrichtet, hat gelesen, schmiedet Pläne für die Wohlfahrt seines Landes … Er wird sicher ein bedeutender Mensch und wahrscheinlich ein großer Monarch, Preußen wird in ihm vielleicht einen Friedrich II. wieder finden …« Vielleicht hat Augusta ja diese Zeilen über ihren Enkel gelesen. Sie werden ihre eigene Einschätzung bestätigt haben. Sorgen dürften ihr dann aber gewiss andere Informationen des »Grafen« über Wilhelms Ehe bereitet haben: »Sein größter Fehler besteht in einer allzu ausgesprochenen Neigung für die Frauen. Er hat viele Mätressen … Seine Gemahlin ist zu unbedeutend, um auf sein leidenschaftliches Temperament den geringsten Einfluss zu üben. Er vernachlässigt sie jetzt schon und wird sie bald aufgeben, denn sie besitzt keinen Reiz, der ihn anziehen und festhalten könnte …« Hier freilich irrte der »Graf«. Es stimmt zwar, dass Wilhelm bereits im ersten Ehejahr mehrere Mätressen hatte, auch wenn er nach außen hin stets das Bild des treu sorgenden Familienvaters zu wahren wusste. Es stimmt auch, dass Auguste Viktoria keine anregende Gesprächspartnerin für den umtriebigen Wilhelm war. Aber sie war der »ruhende Pol« in seinem Leben, eine immerzu besorgte Ehefrau und Mutter, der nie ein Wort der Kritik über die Lippen kam, so sehr hat sie ihren Gemahl angehimmelt – bis zu ihrem Tod im niederländischen Exil 1921. Nach außen hin bot die Ehe ein glückliches Bild. Schon ein Jahr nach der Hochzeit wurde 1882 der mutmaßliche Thronfolger Wilhelm geboren, es folgten fünf weitere Söhne, bevor 1892 Tochter Viktoria Luise die Kinderschar komplett machte.

Trügerische Harmonie: Das Kaiserpaar im Kreis seiner Kinder, Enkel und Urenkel

Politisch war Wilhelm schon jetzt fest im Bismarck-Lager verankert, zu dem inzwischen auch Augusta gehörte. Der Riss, der durch die Hohenzollernfamilie ging, vergrößerte sich weiter. Dafür sorgte nicht nur der Reichskanzler selbst, sondern auch sein 1849 geborener Sohn Herbert von Bismarck, der dem väterlichen Beispiel folgend ebenfalls in die Politik gegangen war. Der junge Bismarck verstand es ausgezeichnet, Wilhelms ohnehin schwer belastetes Verhältnis zu seiner Mutter Vicky noch weiter zu verschlechtern. Er gab sogar ganz offen zu: »Gegen England kann Prinz Wilhelm niemals genug aufgehetzt werden!«

Die Missklänge in der Familie fielen auch Generalfeldmarschall Alfred von Waldersee (1832–1904) 1884 auf: »Traurig stimmt es, das schlechte Verhältnis (der Eltern) zum Prinzen Wilhelm zu beobachten. Hierbei muss ich mich sehr anerkennend über den Prinzen aussprechen, da er niemand merken ließ, wie er die Unfreundlichkeit seines Vaters empfand. Es kam zu stürmischen Auftritten im kronprinzlichen Palais. Prinz Wilhelm war pro Bismarck, und Herbert Bismarck freute sich öffentlich über das erfolgreiche Bestreben, den jungen Prinzen mit seinen Eltern zu entzweien. Außerdem war Prinz Wilhelm damals antienglisch, außerdem hat ihn die elterliche Geringschätzung gekränkt. Er hat nicht alle Ansichten seiner Großmutter geteilt, bei ihr fand er jedoch herzenswarme Anerkennung … nett und freundlich war die Kaiserin zum Enkel, der ihr ein neues Lebensinteresse wurde.« Auch zu Philipp von Eulenburg soll Augusta gesagt haben: »Ich liebe den Enkel zärtlich, setze große Hoffnungen auf ihn.«

Das Kronprinzenpaar hingegen fühlte sich am Hohenzollernhof völlig isoliert, zumal sich inzwischen herausgestellt hatte, dass Wilhelms Frau Dona genauso dachte wie ihr Mann und kein »liberales Äquivalent« darstellte, was Vicky und Fritz ursprünglich geglaubt hatten. Verzweifelt schrieb Vicky 1885 an ihre Mutter: »Willy benimmt sich uns und vor allem mir gegenüber so schlecht, wie man sich's nur vorstellen kann, er ist unverschämt, undankbar usw. Es macht mich fast wahnsinnig! Natürlich hält seine Frau alles, was er tut und sagt, für reizend und unfehlbar. Der dumme Junge glaubt, alles besser zu wissen als sein Papa – laut rühmt er sich, der Liebling seines Großvaters und des Fürsten B. zu sein …« Damit entwickelte sich alles im Sinne von Augusta. Mit ihrem Sohn und ihrer Schwiegertochter verband sie scheinbar nichts mehr, weder menschlich noch politisch. Fritz und Vicky traten immer mehr in den Schatten, während Prinz Wilhelm schon heimlich von der Kaiserkrone träumte.

»Ich lasse mich nicht gehen!«

Eine besondere Freude für Augusta war es, wenn ihr der alte »Haremsminister« Alexander von Schleinitz einen Besuch abstattete. Schleinitz fungierte seit 1861 als Minister des königlichen Hauses – eines preußischen Amtes zur Wahrung der königlich preußischen Rechte – und war damit unter anderem für die Verwaltung der Krongüter zuständig. Meist saß er zusammen mit der Kaiserin am Kamin, sprach über die aktuellen Ereignisse und bewunderte nach eigenen Angaben »die vollendete Form des Ausdrucks und die überraschende Fülle ihrer Informationen. Von unserem besorgniserregenden Verhältnis zu Russland, vom Kronprinzen, vom Kulturkampf war die Rede, sie sprach über Gambetta mit Geringschätzung, über den sittlichen Verfall der Pariser Kreise mit Verachtung … Ihre Hände zitterten, aber ihr Geist, ihr Urteil und ihre Willenskraft imponierten mir mehr als je.« Als Alexander von Schleinitz 1885 starb, verlor Augusta wieder einen ihrer wenigen Vertrauten.

Ihre Willenskraft aber war ungebrochen. Im Rollstuhl sitzend hielt sie wenig später an der Seite Wilhelms eine Defiliercour ab, angetan mit Silberschleppe und Diamantschmuck verharrte sie bis zum Schluss – mit einer Disziplin, die sie als junge Prinzessin gelernt hatte. Wie schwer ihr dieser Auftritt in Wirklichkeit fiel, vertraute sie nur ihrem Bruder an: »Ich musste zur Cour erscheinen, dem Kaiser und dem Publikum gegenüber Pflichten erfüllen, die meine Kräfte weit überschritten. Aber ich lasse mich nicht gehen.«

Die Krankheit des Kronprinzen und der Tod des Kaisers

Ein grausames Schicksal wollte es, dass sich Augustas heimlicher Wunsch bezüglich der Thronfolge tatsächlich fast erfüllte, sodass 1888 ihr Enkel Wilhelm und nicht der Kronprinz den Kaiserthron bestieg. Fritz war 56 Jahre alt, als er 1887 mit einer schrecklichen Diagnose konfrontiert wurde: Er litt an Kehlkopfkrebs. Zunächst hatte man noch geglaubt, die Geschwulst sei harmlos, zumal ein von Vicky herbeigerufener englischer Arzt irrtümlicherweise genau davon ausgegangen war. Jetzt aber gab es keinen Zweifel mehr, und sein Zustand verschlechterte sich zusehends. Bald konnte er nicht mehr sprechen und seine Gedanken und Wünsche nur noch schriftlich äußern.

Man kann nur darüber spekulieren, wie Augusta die Nachricht von der tödlichen Erkrankung ihres einzigen Sohnes aufgenommen und verarbeitet hat. Ihre wahren Gefühle verschwieg sie, selbst gegenüber ihrem Bruder Karl Alexander, dem sie doch stets alles anvertraut hatte, was ihr auf dem Herzen lag. In einem Brief heißt es nur lapidar: »Gott sei Dank befindet sich mein Sohn in einem günstigen Zustand, aber ich mache mir keine Illusionen.« War sie wirklich so kalt? Hat Augusta tatsächlich gewünscht, dass ihr Sohn, den sie nachweislich für einen ungeeigneten Kaiser hielt, von seiner Krankheit nicht mehr genesen solle? Es gibt Zeitgenossen, darunter auch Vicky, die das ernsthaft behauptet haben. Man kann es tatsächlich nicht ausschließen, aber vielleicht hat Augusta ihren Schmerz und ihre Angst auch nur hinter der berühmten »Maske« versteckt.

Doch zunächst musste Augusta von ihrem kaiserlichen Gemahl Abschied nehmen. Am 9. März 1888 starb der fast 91-jährige Wilhelm I. nach kurzer Krankheit in seinem Berliner Palais. Augusta war an seiner Seite. Damit endete nach knapp 59 Jahren eine Ehe, die alle erdenklichen Höhen und Tiefen durchgemacht, aber zum Schluss einen friedlichen Ausklang gefunden hatte. Es gab in den letzten Jahren keine politischen Meinungsverschiedenheiten mehr, man verstand und stützte sich gegenseitig. Die letzten Hofdamen Augustas hatten sogar den Eindruck von einem »sich rührend liebenden alten Ehepaar« und wollten kaum glauben, dass es früher einmal ganz anders gewesen war. Jetzt aber war Augusta allein.

Berlin trägt Trauer

Auch die Berliner vermissten ihren alten Kaiser, der stets pünktlich zur Mittagsstunde am Eckfenster seines Palais Unter den Linden gestanden hatte, um den Wachaufzug auf der anderen Straßenseite zu beobachten. Die ganze Stadt trug Trauer, so wie Baronin Spitzemberg am 10. März 1888 in ihr Tagebuch notiert: »Endlich hörte der sündflutartige Regen auf, und erst jetzt ergoss sich die Menschheit in vollen Strömen auf die Straßen, viele schon schwarz gekleidet, alle still und ernst, würdig und betrübt. Alle öffentlichen Gebäude tragen Flaggen auf Halbmast, viele Privathäuser hängen umflorte oder Kreppfahnen aus; in den Schaufenstern sind umflorte Kaiserbüsten oder Bilder ausgestellt, die fliegenden Händler bieten Kornblumen in Krepp gehüllt an, und die braven Droschkenkutscher haben ihren Peitschen und Hüten ein Trauerschleifchen angehängt … Der ganze Opernhausplatz, die Linden bis zur Friedrichstraße und jenseits bis zur Schlossbrücke sind abgesperrt und von einem lebendigen Zaun von lautlos harrenden Menschen umgeben, die auch rein nichts zu sehen kriegen, aber doch bleiben, unerwarteter Dinge harrend …«

Sechs Tage später waren die Berliner Straßen erneut voller schwarz gekleideter Menschen, die dem verstorbenen Kaiser die letzte Ehre erweisen sollten, schätzungsweise eine halbe Million. Der Trauerzug mit dem Sarg Wilhelms I. bewegte sich langsam vom Schloss zum Mausoleum in Charlottenburg, wo der Kaiser seine letzte Ruhe fand.

»Die Düsterkeit des Todes«

Die einsame Kaiserwitwe

Tod des Sohnes

Als Kaiser Wilhelm I. starb, befand sich das Kronprinzenpaar gerade nicht in Berlin, sondern hielt sich auf Anraten der Ärzte im italienischen San Remo auf. Doch sobald Fritz und Vicky die Todesnachricht erhielten, machten sie sich unverzüglich auf den Heimweg, trotz des kalten und regnerischen Wetters, das in Deutschland herrschte. Der todgeweihte Fritz war jetzt als Friedrich III. neuer deutscher Kaiser. Am Abend des 11. März 1888 kam das Kaiserpaar am Charlottenburger Bahnhof Westend an und fuhr zum Charlottenburger Schloss weiter, das für die nächsten Wochen als Wohnsitz gedacht war.

Während sich Fritz und Vicky in Italien aufhielten, hatte es in Berlin heftige Diskussionen gegeben, ob der kranke, stumme Kaiser überhaupt regieren könne. Angeblich, so behaupteten interessierte Kreise, würden die Hausgesetze der Hohenzollern einen Thronerben ausschließen, der an einem unheilbaren körperlichen Leiden erkrankt war. Das entsprach keineswegs den Tatsachen, wohl aber den Wünschen derer, die am liebsten gleich den jungen Wilhelm auf den Thron gehievt hätten. Diese Ressentiments beobachtete auch Baronin Spitzemberg, die am 13. März 1888 in ihr Tagebuch schrieb: »Über die Proklamation des neuen Kaisers herrscht in Militär- und besonders in Bundesratskreisen kein sehr günstiges Urteil, indes Bismarck laut Aussage der Fürstin damit sehr zufrieden ist. Überhaupt findet er den Kaiser Friedrich voll Eifers und guter Absichten, seinen Anblick aber so jammervoll, dass es kaum zu ertragen sei; nicht etwa, dass er so übel aussehe, aber die stumme Angst in seinen Augen, wenn er etwas zu sagen wünsche und umsonst nach Worten ringe, sei zum Erbarmen ...«

So milde sich Bismarck gegenüber dem neuen Kaiser zeigte, für Vicky, die neue Kaiserin, fand er kein gutes Wort. Das berichtete zumindest Baronin Spitzemberg nach einem Besuch bei der Familie des Reichskanzlers am 11. April 1888. Man sprach vom leidigen Einfluss der kaiserlichen Ehefrauen: »›Mein alter Herr [Wilhelm I.] war sich seiner Abhängigkeit bewusst‹«, soll Bismarck geäußert haben, »er sagte: ›Helfen Sie mir, Sie wissen ja, wie ich unter dem Pantoffel stehe!‹, und so handelten wir gemeinsam. Dazu ist dieser [Friedrich III.] zu stolz, aber er ist in einer Weise abhängig und unterwürfig, die nicht zu glauben ist, wie ein Hund. Das Peinliche ist, dass man dabei immer höflich bleiben muss, anstatt mit einem Schockschwerenot dazwischenzufahren.« Zu Vicky selbst soll Bismarck nur das Schlechteste eingefallen sein, sie sei eine »wilde Frau«, und wenn er ihr Bild ansehe, so graue ihm oft vor der »ungebrochnen Sinnlichkeit«, die aus ihren Augen spreche. Hingegen sagte er von Augusta: »Die hat mir auch viel Not bereitet, aber sie blieb immer eine vornehme Frau voll Pflichtgefühls. Diese Art stirbt aus.«

Augusta sah ihren Sohn nur noch ein einziges Mal, als er sie im Palais Unter den Linden besuchte. Es war ein stummer Abschied, denn reden konnte Fritz nicht mehr. Wenig später brach Augusta wie jedes Jahr zum Erholungsaufenthalt nach Baden-Baden auf. Dort verkündeten ihr die Kirchenglocken während eines Spaziergangs am 15. Juni 1888 den Tod Friedrichs III. Er war nur 99 Tage deutscher Kaiser gewesen. Leider gibt es keine Aussagen darüber, wie Augusta den Tod ihres Sohnes aufgenommen hat. Es wird wohl so gewesen sein wie immer, wenn ihr etwas wirklich naheging. Sie blieb stumm und zeigte nach außen keine nennenswerten Gefühlsregungen. Damit hatte Augusta nur noch ein einziges Kind, ihre Tochter Luise, bei der sie sich in den wenigen Monaten, die ihr noch verblieben, so oft wie möglich aufhalten sollte.

Nun saß der 29-jährige Wilhelm als der zweite dieses Namens auf dem Thron, so wie es Augusta gewünscht hatte. Sie glaubte den jungen Kaiser bei Reichskanzler Otto von Bismarck in den besten Händen. Der alte Hass, den sie mehr als 30 Jahre gegen ihren »Todfeind« gehegt hatte, war scheinbar völlig vergessen. In ihrem letzten Brief, den Augusta am 24. Dezember1888 aus Baden-Baden an Bismarck schrieb, heißt es: »Lieber Fürst! Wenn ich diese Zeilen an Sie richte, so ist es nur, um an dem Wendepunkt eines ernsten Lebensjahres eine Pflicht der Dankbarkeit zu erfüllen. Sie haben unserem unvergesslichen Kaiser treu beigestanden und meine Bitte der Fürsorge für meinen Enkel erfüllt. Sie haben mir in bitteren Stunden Teilnahme bewiesen, deshalb fühle ich mich berufe, Ihnen, bevor ich dieses Jahr beschließe, nochmals zu danken und dabei auf die Fortdauer Ihrer Hilfe zu rechnen, mitten unter den Widerwärtigkeiten einer viel bewegten Zeit. Ich stehe im Begriff, den Jahreswechsel im Familienkreise still zu feiern, und sende Ihnen und Ihrer Gemahlin einen freundlichen Gruß. Augusta«

Zwei einsame Witwen

Statt sich in der Trauer gegenseitig zu stützen, war die Hohenzollernfamilie heillos zerstritten. Wilhelm hatte sich noch während der tödlichen Erkrankung seines Vaters völlig mit den Eltern überworfen. Es dauerte lange, bis er und Vicky überhaupt wieder miteinander sprachen. Auch Augustas Verhältnis zu ihrer Schwiegertochter war äußerst angespannt. Vicky, die sich als jetzt als Witwe Kaiserin Friedrich nannte, hatte sich ganz in ihrer Trauer um den geliebten Fritz vergraben und fühlte sich im Stich gelassen: »Die Ansicht scheint sich mehr und mehr durchzusetzen«, klagte sie in einem Brief an ihre Mutter, »dass ich am Hof die Dritte bin. Die Kaiserin Augusta erteilt täglich Audienzen und gibt regelmäßig Diners. Sie empfängt besonders alle, die Wilhelms Günstlinge oder von ihm empfohlen sind! ... Mein Haus ist nicht vorhanden, Wilhelm kommt niemals, und ich werde nicht beachtet.«

Doch auch Augusta war nicht weniger unglücklich, fühlte sich einsam und wünschte sich vor allem mehr Aufmerksamkeit von ihrem kaiserlichen Enkel. Aber der umtriebige Wilhelm II. machte sich rar. Augustas Vertraute Marie Radziwiłł, eine 1840 in Frankreich geborene Prinzessin, die seit 1857 mit Elisas Neffen Anton verheiratet war und seitdem in Berlin lebte, stand ihr in dieser schweren Zeit bei. Sie schrieb am 9. April 1889: »Gestern hatte ich ein langes Gespräch mit der Kaiserin Augusta ... Ich fand die Kaiserin sehr niedergeschlagen und nervös. Es macht den Eindruck, als ob sie (was zu bedauern wäre) ungeduldig zu werden beginnt, da sie die wachsende Vernachlässigung durch ihren Enkel spürt. Er gibt sich nicht mehr die Mühe, ihr Neuigkeiten mitzuteilen, hält sie über das, was geschieht, nicht auf dem Laufenden, und unterhält sie, wenn er einmal in der Woche zu ihr kommt, nur mit Nichtigkeiten. Seit er den Thron bestiegen hat, hat er sie nie um ihre Ansicht befragt und nie auch nur zum Schein um einen kleinen Rat gebeten.«

Auch die Begegnungen zwischen Augusta und Vicky waren rar, denn Kaiserin Friedrich lebte vorerst noch im Neuen Palais in Potsdam und kam nur selten nach Berlin. Im

April 1889 aber erwartete man ihren Besuch, wie Augusta auch ihrem Bruder Karl Alexander mitteilte. Dabei machte sie keinen Hehl daraus, wie sehr ihr das bevorstehende Treffen zuwider war: »Meine Schwiegertochter wird morgen auf eine Woche hier erwartet. Wäre die Woche nur überstanden.« Als dies endlich der Fall war, schrieb sie erleichtert, aber erschreckend kühl: »Da ich auf das Sorgfältigste jede Berührung einer empfindlichen Saite vermied, ist dieser gefürchtete Besuch gut verlaufen ... Die Betreffende hat noch immer nicht jenen Trost und jenen Halt gefunden. Ein Beweis, dass Intelligenz nicht zum Glück genügt, man muss sie beklagen.« Was Augusta hier anspricht, ist Vickys angebliche Religionslosigkeit, die ihr die Kaiserin schon immer vorgeworfen hatte. Jetzt sah sich Augusta wieder einmal bestätigt: Weil ihre Schwiegertochter den Weg zu Gott nicht fand, war auch jeder Trost unmöglich. Augusta selbst übte sich, wie es Marie Radziwiłł formulierte, in »christlicher Resignation« und fügte sich klaglos dem »Willen Gottes«, während Vicky verzweifelt mit ihrem Schicksal haderte.

Auch Marie Radziwiłł wusste über den Besuch Bescheid: Augusta »erzählte uns sehr ausführlich von der traurigen Begegnung mit ihrer Schwiegertochter. Es fehlte dabei an jeder Zartheit. Die drei jungen Mädchen, die der Zusammenkunft beiwohnten*, wussten ihrer Großmutter nicht ein liebes Wort zu sagen. Sie begnügten sich mit einem Handkuss. Heute Abend wird mich die Kaiserin Friedrich empfangen. Ich bin auf dieses Wiedersehen, das erste, seit sie verwitwet, sehr gespannt ...«

Augustas Enkelkinder gingen inzwischen ihre eigenen Wege. Charlotte hatte schon 1878 den Prinzen Bernhard von Sachsen-Meiningen geheiratet und glänzte seitdem vor allem

* Vickys Töchter Viktoria, Sophie und Margarete

auf gesellschaftlichem Parkett. Heinrich vermählte sich im Mai 1888 kurz vor dem Tod seines Vaters mit Irene von Hessen-Darmstadt, Vickys Nichte, Tochter ihrer jung verstorbenen Schwester Alice. Weil Heinrich die Marinelaufbahn eingeschlagen hatte, lebten beide unterdessen in Kiel. Die Prinzessinnen Viktoria und Sophie traten 1889 vor den Traualtar. Viktoria heiratete Adolf von Schaumburg-Lippe, die 1870 geborene Sophie entschied sich für Prinz Konstantin, den ältesten Sohn König Georgs I. von Griechenland. Nur das »Nesthäkchen« Margarete blieb noch bei ihrer verwitweten Mutter, bis sie 1893 schließlich Friedrich Karl von Hessen-Kassel ihr Jawort gab.

Vicky war auch dringend auf den Beistand ihrer Jüngsten angewiesen, wie Marie Radziwiłł nach ihrem Besuch bei Kaiserin Friedrich feststellen konnte: »Die Audienz am gestrigen Abend hat mir den peinlichsten Eindruck hinterlassen. Ich stand einer Frau gegenüber, die in Tränen aufgelöst war, verbittert, gereizt gegen die Menschen, gegen das Schicksal, gegen alle und alles und in dem, was sie erlitten hat, nur eine grausame Ungerechtigkeit sieht.« Dabei ging es nicht nur um die Trauer um ihren geliebten Fritz, sondern auch um das Scheitern ihres Lebenswerks. So schreibt Marie Radziwiłł: »›Ja, meine Liebe, 30 Jahre habe ich gearbeitet, nur um im Moment der Erfüllung alles zusammenbrechen zu sehen‹, rief sie und warf sich mir in die Arme.« Doch wie Augusta, so empfahl auch Marie Radziwiłł der verwitweten Kaiserin, sich in Gottes Willen zu fügen, allerdings mit viel mehr Einfühlungsvermögen: »›Ja, Majestät, es ist schrecklich, es ist grausam, Sie sind tausendfach zu beklagen, und ich begreife besser als irgendjemand die Tiefes Ihres Sturzes. Aber was vermag diese innere Auflehnung anders, als Ihre Leiden noch quälender zu machen? Es gibt etwas, das stärker ist als unser Wille, stärker als alles, eine höhere Macht, der man sich beugen muss … und vielleicht werden Sie nach diesem seelischen Kampf Ruhe des Herzens finden.‹«

Doch Vickys Verzweiflung ließ Marie Radziwiłł keineswegs unberührt: »Nach diesem ersten Schmerzensausbruch, der mir wehtat, sprach sie lange von ihrem Gatten. Sie versicherte mir, dass er nicht gelitten habe, nicht wusste, dass er sterbe, auch in den letzten Stunden nicht. In Wahrheit sei sie es, die gelitten habe und leide …«

»Das Verschwinden dieser hervorragenden Persönlichkeit« – Tod der Kaiserin

Augusta lebte noch neun Monate, in denen sie zusehends schwächer wurde. Am politischen Zeitgeschehen nahm sie kaum noch teil, und doch wird sie inständig gehofft haben, dass ihr Enkel Wilhelm II. das Reich tatsächlich »herrlichen Zeiten« entgegenführen würde, wie er es vollmundig versprochen hatte. Dass es bekanntlich anders kam, hat Augusta nicht mehr erlebt.

Anfang Januar 1890 musste Augusta wegen einer fiebrigen Erkältung das Bett hüten. Am Morgen des 7. Januar 1890 wurde in Berlin offiziell bekannt gegeben: »Ihre Majestät die Kaiserin und Königin Augusta hatte in Folge der gestern Abend wieder eingetretenen Steigerung des Fiebers eine unruhige Nacht ohne erquickenden Schlaf. Der Krankheitsverlauf ist indessen ein dem Charakter der Influenza entsprechender, und die Kräfte erhalten sich auf noch ausreichender Höhe.« Doch Augusta erholte sich nicht mehr. Die 78-Jährige starb am 7. Januar 1890 in ihrem Berliner Palais Unter den Linden, in dem sie mit Wilhelm mehr als ein halbes Jahrhundert gelebt hatte. Außer Tochter Luise und Enkel Wilhelm II. war auch Marie Radziwiłł in den letzten Stun-

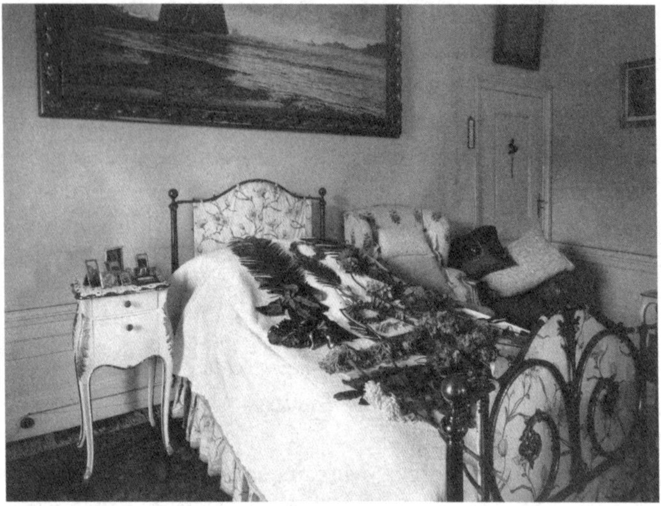

Augustas Sterbebett im Alten Palais Unter den Linden

den an ihrer Seite. Sie hielt die beklemmenden Erlebnisse noch am gleichen Tag schriftlich fest: »Gestern Abend ließ mir Knesebeck* sagen, dass der Zustand der Kaiserin Augusta sich verschlechtert habe. Heute Morgen um 7 Uhr waren die Nachrichten noch schlimmer. Ich stand auf, kleidete mich an und lief zum Palais, das ich erst um ½ 5 Uhr verlassen habe. Ich drang ... bis in das Schlafzimmer, wo jede Stunde, jede Minute, jede Sekunde ... die Eindrücke schmerzlicher, die Gegenstände packender wurden. Die Sterbende lag da, mit jener Verzerrung des Antlitzes, die das Herannahen des Todes verrät. Sie konnte kaum sprechen, kaum sich rühren. Der Mund entstellt, das Auge in der Schlafsucht der Agonie verglast, die Atmung so, dass ihre bebenden Stöße sich nicht

---

* Augustas treu ergebener Kammerherr Bodo von Knesebeck (1851–1911).

mehr zählen ließen, der Körper starr. Und dabei vollkommen frisiert, mit schwarzer Spitzenhaube auf dem Kopf, in einer Art Kasak, die ein ganzes Kleid vortäuschte. Sie saß (man kann es nicht liegen nennen) auf der schmalsten unbequemsten Chaiselongue, die man sich vorstellen kann. Auf der einen Seite ihre Tochter, aufgeregt, mit ihr sprechend, ohne Antwort zu erhalten, über die Mutter gebeugt. Auf der anderen Ärzte, die Hilfe spenden, den Puls fühlen und auf jedes Symptom achten. Zu Füßen des Lagers der junge Kaiser, stehend, steif wie ein Pfahl, ohne ein Zeichen innerer Bewegung. Der Pastor spricht die kalten, salbungslosen Gebete der protestantischen Liturgie. Im Hintergrund des Zimmers sind die kaiserliche Familie und alle Diener des Hauses versammelt. Die übrigen Räume des Palais sind erfüllt von Ministern, Beamten und einem Schwall von Leuten ..., die über gleichgültige Dinge oder die Vorbereitung des Begräbnisses plaudern. Alles ordnen sie nach ihrem Geschmack, noch ehe diese Kaiserin, die letzte Nachlebende einer großen Epoche, ihre Seele ausgehaucht hat. (Die Großen der Erde können nicht einmal in Ruhe sterben.) Der Gesamteindruck war eine Mischung von feierlicher Größe und Enge, von Gleichgültigkeit und tiefer Trauer. Ich frage mich: Was ist die Welt, und wie gering ist die Zahl derer, die wirklich an uns hängen? Ich überdachte alles, was ich mit dieser Frau seit 32 Jahren durchgemacht habe, ihre Güte zu mir, den Beistand, den sie mir gewährt hat ... alle die Erinnerungen einer so großen, so edlen Vergangenheit, die von der Gegenwart so verschieden ist, das Verschwinden dieser hervorragenden, geschichtlichen Persönlichkeit.

Die Agonie war lang, qualvoll, nach den Zuckungen des Gesichts zu schließen. Bis zuletzt war der Todeskampf dieser Frau zu verfolgen, die gestern noch sieben Briefe diktierte und heute früh um 8 zu Knesebeck sagte: ›Ich denke, wir werden morgen miteinander arbeiten können‹, und die, als sie nicht mehr reden konnte, die Lippen kräuselte, um Dinge zu sagen, die wir nicht mehr verstanden. Der unversöhnliche Tod bricht auch den härtesten Willen. Mit dem Hinscheiden der Kaiserin ist die Pforte einer großen Zeit zugefallen.«

Auch Baronin Spitzemberg ließ an Augustas Todestag die Erinnerung an die Kaiserin Revue passieren: »Abends ließ ich alles an mit vorüberziehen, was ich seit 1866 mit der heimgegangenen Kaiserin erlebt habe, was ich von ihr an Güte und Freundlichkeit empfing, und dabei wurde mir das Herz weich von Dank und schwer von Wehmut darüber, dass nun auch sie heimgegangen, fast die Letzte aus jener gewaltigen Zeit, die uns vergönnt war, in voller Jugendkraft mitzuerleben. Für den inneren Wert ihrer Persönlichkeit redet nichts mehr, als dass mit zunehmenden Jahren die Anerkennung ihrer guten und großen Eigenschaften bei Hoch und Nieder zunahm und ihre Schwächen vergessen ließ, was doch sonst im Alter der Fall nicht zu sein pflegt. Gewaltig war ihr Pflichtgefühl und ihre Willenskraft, die sie freilich oft den Menschen überlästig machte, weil man allzu sehr die Absicht merkte; aber eine Fürstin war sie durch und durch, die alte Augusta, und diese Rasse stirbt aus, wie die vornehmen Frauen in unseren Kreisen. Ihrem Enkel, dem Kaiser, wäre sie wohl noch einige Jahre angestanden als Beraterin in so manchen formellen Dingen, in denen der junge Hof absolut unerfahren ist. Ihr selbst ist die Ruhe wohl zu gönnen und der relativ leichte und rasche Tod. Gott gebe ihr den Frieden und das viele Gute, das sie im treuesten Pflichtgefühl für ihr Volk und Land getan und gewollt hat. Mit wird das Andenken der hohen Frau stets ein gesegnetes bleiben!«

Die amtlichen Mitteilungen, die den Tod Augustas »am Dienstagnachmittag« verkündeten, glichen einer einzigen Lobeshymne auf die Verstorbene: »Kaiser Wilhelm II., sein

Haus, Preußen und die ganze deutsche Nation klagen nicht nur um den Tod der ersten deutschen Kaiserin und der sorgenden Landesmutter, die eine Zierde des Thrones war, sondern auch um das Hinscheiden einer der edelsten, mit den schönsten Gaben des Herzens und Geistes geschmückten Frau, welche die Liebe und Verehrung der Zeitgenossen verdient hätte, auch wenn ihr nicht beschieden gewesen wäre, an der höchsten Stelle ihre Tugenden zu üben.« Tatsächlich aber war die Trauer der Berliner keineswegs so groß, wie das Amtsblatt mit seinen Huldigungen unterstellte. Trotz ihrer vielfältigen Wohlfahrtsaktivitäten wurde Augusta nie als »sorgende Landesmutter« wahrgenommen, sondern stets nur als kühle und unnahbare Majestät. Das, was ihr in Koblenz gelungen war, nämlich Brücken zu den Menschen zu schlagen, blieb ihr in Berlin versagt. Gewiss, die optimale Versorgung der Kranken lag ihr stets am Herzen, und dieses Verdienst soll hier nicht geschmälert werden. Auch sonst tat sie so manches, um die Not zu lindern. Der Vaterländische Frauenverein errichtete bekanntlich Suppenküchen, kümmerte sich um Arbeitslose sowie um verwaiste und verwahrloste Kinder. Was aber die Berliner, gerade die unteren Schichten, bei ihrer Kaiserin vermissten, waren Gesten persönlicher Zuwendung. Doch es gibt keinerlei Berichte darüber, dass Augusta jemals einem Fabrikarbeiter die Hand geschüttelt und sich teilnahmsvoll nach seinen Problemen erkundigt haben soll. Sie hat die »Masse« stets gemieden, vermutlich sogar gefürchtet. Aber auch das gehört zu ihren widersprüchlichen Charaktereigenschaften.

Letzte Ruhe in Charlottenburg

Damit Familie, Freunde und alle Anwesenden würdig von Augusta Abschied nehmen konnten, wurde die Verstorbene von Blumen umgeben aufgebahrt. Auch Vicky war unter den Trauernden und schrieb später an ihre Mutter: »Man hätte denken können, sie wollte gerade zu einem Fest gehen, ihr Gesicht war ruhig und friedlich, und sie sah jünger aus. Sie schien keine Falte zu haben; die Augen, die einen so durchdringend anzublicken pflegten, waren geschlossen; dies gab ihr einen freundlicheren Ausdruck, als ich ihn jemals im Leben an ihr gesehen habe. Ihr falsches Haar lag in Locken um ihre Stirn, die Linie der Augenbrauen und Wimpern war sorgfältig wie im Leben gemalt – ein großer Myrtenkranz lag um ihren Kopf, um den ein breiter Tüllschleier arrangiert war, der bis über ihr Haupt, ihren Nacken und ihre Schultern fiel und ihr Kinn verbarg. Die Hände waren gefaltet, daran Armbänder und Ehering. Das Kleid mit der Goldenen Schleppe und Hermelinbesatz, das sie zur Feier ihrer Goldenen Hochzeit getragen hatte, war sehr gut um ihren Körper und ihre Füße gelegt und floss weit über die vor dem Sarg befindlichen Stufen herab. Sie sah wirklich prachtvoll und wie eine ganz junge Frau aus. Sie war die ›Kaiserin‹ selbst im Tode und mit allem Prunk und aller Feierlichkeit umgeben, die sie so sehr liebte.«

Am 9. Januar 1890 notierte Marie Radziwiłł: »Heute Morgen lastete die Düsterkeit des Todes auf dem Palais. Heute Nachmittag werden die katholischen Schwestern aller Klöster in Berlin und Potsdam bei der armen Entschlafenen beten. Danach wird der Sarg für immer geschlossen. Um 9 Uhr abends wird eine religiöse Feier im Palais abgehalten. Um 10 Uhr wird die Tote ins Schloss gebracht, und das

Haus bleibt leer. Die Beerdigung ist für Sonnabend angesetzt.«

Im Anschluss an die Trauerfeierlichkeiten fand Augusta im Charlottenburger Mausoleum, das seinerzeit für die früh verstorbene Königin Luise erbaut worden war, ihre letzte Ruhestätte – neben Kaiser Wilhelm I. Der von geflügelten Löwen getragene Sarkophag der Kaiserin wurde jedoch erst vier Jahre später fertiggestellt. Die Seiten des Sarkophags sind mit Reliefs geschmückt; zwischen Lorbeer und Palmenwedel sieht man auf der einen Seite das Kreuz, auf der anderen den Kelch. Die Gestalt der Kaiserin ist von einem zarten Schleier bedeckt, das mit Diadem und Myrtenkranz geschmückte Haupt neigt sich ein wenig nach links. Die auf der Brust gefalteten Hände halten ein Kruzifix, auf einer in den Boden eingelassenen Tafel ist außer Augustas Namen, dem Geburts- und Sterbedatum die Inschrift zu lesen: »Seid fröhlich in Hoffnung, geduldig in Trübsal, haltet an am Gebet.«

Augustas Erbe

Die Erinnerung an die verstorbene Kaiserin wurde in vielfacher Weise aufrechterhalten – durch nach ihr benannte Straßen und Plätze, Schulen und Krankenhäuser sowie die Errichtung zahlreicher Denkmäler. Doch die Zeit begann schon bald über Augusta hinwegzugehen, und spätestens nach dem Zweiten Weltkrieg konnten in Deutschland nur noch die wenigsten ihren Namen mit dem zweiten deutschen Kaiserreich in Verbindung bringen.

Am 30. September 1890, dem Tag, an dem Augusta ihren 79. Geburtstag gefeiert hätte, wurde ihr Testament veröffentlicht. Zu den Begünstigten gehörten zahlreiche karitative

Einrichtungen wie der Vaterländische Frauenverein, das Augusta-Hospital in Berlin, das evangelische Frauenstift und das katholische Hedwigs-Krankenhaus der Reichshauptstadt, aber auch die Alter-Versorgungsanstalt der jüdischen Gemeinde Berlin. Bedacht wurden weitere wohltätige Institutionen in Weimar, Breslau und Kiel, das Diakonissen-Mutterhaus in Kaiserswerth und das Internationale Komitee des Roten Kreuzes in Genf. Die Stadt Koblenz, in der Augusta viele glückliche Jahre verbracht hatte, erhielt Gelder für wohltätige Zwecke und für den Erhalt der Rheinanlagen, die auf ihre Initiative angelegt worden waren.

Ihre umfangreiche Privatbibliothek aus dem Koblenzer Schloss, die ursprünglich knapp 1500 Bände umfasste, vererbte Augusta ihrer Tochter, der Großherzogin von Baden. Luise handelte ganz im Sinne ihrer Mutter, als sie im Oktober 1920 in einer Schenkungsurkunde »einen Teil der Büchersammlung, welche meiner in Gott ruhenden Mutter, Ihrer Majestät der Kaiserin Augusta, gehörte und im Koblenzer Schloss lange Jahre aufbewahrt wurde«, der Stadt Koblenz als Stiftung überließ. Den Schwerpunkt dieser Bibliothek bildeten historisch-politische und biografische Werke. Einen weiteren großen Anteil stellten religiöse Bücher wie *Die Nachfolge Christi* von Thomas von Kempen, geistliche Übungen, aber auch das Werk Bunsens, des preußischen Gesandten in London: *Gott in der Geschichte oder der Fortschritt des Glaubens an eine sittliche Weltordnung*. Als Beweis der religiösen Aufgeschlossenheit der Kaiserin kann man wohl den Band *Das religiöse Leben im Islam* ansehen.

Noch heute ist Augusta in Koblenz wohl am meisten präsent. Seit 2005 feiern die Koblenzer jedes Jahr im Juni in den Rheinanlagen das Augusta-Fest, um an die deutsche Kaiserin zu erinnern, die mit der Stadt so eng verbunden gewesen war.

Nachwort

Ein neues Zeitalter

Jetzt stand das Palais Unter den Linden leer. Augustas Tochter Luise ließ sich am 1. Februar 1890 noch ein letztes Mal von Marie Radziwiłł durch die Räume führen, um endgültig Abschied zu nehmen, bevor sie zurück nach Karlsruhe reiste. Die Großherzogin hatte innerhalb von zwei Jahren vier Familienmitglieder verloren: zunächst ihren zweitältesten Sohn Ludwig Wilhelm, der im Februar 1888 unter ungeklärten Umständen ums Leben gekommen war, wenig später ihren Vater, dann ihren einzigen Bruder und zum Schluss ihre über alles geliebte Mutter Augusta. Damit war das Band zwischen Karlsruhe und Berlin endgültig zerschnitten. Ihr Neffe, der neue Kaiser Wilhelm II., hatte keine Lust, den Kontakt zu »Tantchen Gottbefohlen«, wie er die Großherzogin spöttisch nannte, weiter zu pflegen. Das schrieb auch Marie Radziwiłł am 1. Februar 1890 an einen Vertrauten: »Ich weiß, dass er [Wilhelm II.] launisch ist, misstrauisch und eifersüchtig über seiner Autorität wacht. In den letzten Wochen seines Aufenthalts in Berlin wollte der Großherzog von Baden ihm Ratschläge geben. Er zeigte sich hierüber sehr verdrossen und ging nicht zu seiner Tante, um ihr Adieu zu sagen …«

Luise von Baden waren noch viele Lebensjahre vergönnt. Als ihr Gemahl Friedrich I. 1907 starb, bestieg ihr ältester Sohn als Friedrich II. den Thron und amtierte bis zum Ende des Ersten Weltkriegs als letzter Großherzog von Baden. Luise zog sich nach dem Krieg ins geliebte Baden-Baden zurück, wo sie 1923 im Alter von 85 Jahren gestorben ist.

Die Trauer Wilhelms II. um Augusta schien nicht übermäßig groß gewesen zu sein, denn wie Marie Radziwiłł beobachten konnte, zeigte er sich nach deren Tod »in munterster Stimmung« und »von unverwüstlicher Lustigkeit«. Augusta musste nicht mehr erleben, wie sehr sie sich in ihrem Enkel geirrt hatte. Er führte jetzt sein »persönliches Regiment«, gab sich überheblich und wollte sich von niemandem mehr in seine »Geschäfte« hineinreden lassen, erst recht nicht von dem alten Reichskanzler Otto von Bismarck. Hatte zwischen beiden zunächst noch gutes Einvernehmen geherrscht, so zeigte die Harmonie doch schon bald erste Risse. Wilhelm II. hielt es einfach nicht aus, im Schatten des mächtigen »Reichsgründers« zu stehen, sondern wollte »sein eigener Kanzler sein«. Die Gegensätze traten immer deutlicher zutage: der Altersunterschied, der Machtanspruch, hinzu kamen politische Meinungsverschiedenheiten. Schon im März 1890 veranlasste Wilhelm II. den Reichskanzler, um seine Entlassung nachzusuchen. Der »Lotse« ging von Bord. Am 20. März schied Bismarck aus allen Ämtern und zog sich grollend auf seinen Besitz Friedrichsruh bei Hamburg zurück, wo er am 30. Juli 1898 gestorben ist.

Hingegen verbesserte sich allmählich das Verhältnis Wilhelms II. zu seiner verwitweten Mutter. Die Zeit hatte so manche Wunde geheilt. Vicky erwarb 1891 eine alte Villa in Kronberg/Taunus und ließ sie zum Schloss »Friedrichshof« im englischen Landhausstil ausbauen. Es wurde 1893 ihr neues Zuhause. Wilhelm kam jetzt häufiger zu Besuch und besaß sogar ein eigenes Appartement. Doch viel Zeit blieb Vicky nicht mehr. Ende der 1890er-Jahre stellten sich gravierende gesundheitliche Probleme ein, deren Ursache weitaus schlimmer war, als zunächst angenommen. Kaiserin Friedrich war an Krebs erkrankt. Sie überlebte ihre Mutter, Queen Victoria, nur um wenige Monate und starb am 5. August

1901 im Beisein ihres Sohnes Wilhelm. Beigesetzt wurde Vicky neben ihrem geliebten Fritz im Mausoleum der Potsdamer Friedenskirche. Marie Radziwiłł blickte anlässlich des Todes der Kaiserin Friedrich noch einmal zurück: »Ich war Zeugin ihrer Ankunft in Berlin und darf sagen, dass nie eine Prinzessin so gut aufgenommen worden ist. Man war von diesem Bunde geschmeichelt und hoffte, es werde Preußen zum Wohle sein. Das Gegenteil ist eingetreten.«

Auch für ihren ältesten Sohn hatte Vicky nur »das Beste« gewollt und das genaue Gegenteil erreicht. Wilhelm sollte nach ihren Vorstellungen ein »liberaler Friedrich der Große« werden, doch letztlich wurde aus ihm ein unsicherer, unsteter, reizbarer und gleichzeitig überheblicher Mensch, der viel zu früh den Thron bestiegen hatte und nun einen verhängnisvollen politischen Zickzackkurs verfolgte. Inwieweit auch die Großeltern Wilhelm I. und Augusta eine Mitschuld traf, sei dahingestellt. Walther Rathenau hat den Kaiser schon 1901 treffend charakterisiert: »Ein Bezauberer und Gezeichneter. Eine zerrissene Natur, die den Riss nicht spürt; er geht dem Verhängnis entgegen.« Die Folgen sind hinreichend bekannt.

Bildnachweis

akg images: 24, 58, 72, 102, 222, 259, 291
Bildarchiv Preußischer Kulturbesitz: 251
Ullstein Bild: 44, 299

Literatur und Quellen

Aretz, Gertrude., Die Frauen der Hohenzollern, Berlin 1933.

O.V., Kaiserin Augusta. Ein Charakterbild, Berlin 1890.

Bauer, Frank, Zar Alexander I. von Russland, Potsdam 2008.

Bismarck, Otto von, Gedanken und Erinnerungen, Stuttgart 1961.

Bissing, Wilhelm Moritz von, Königin Elisabeth von Preußen, Berlin 1974.

Blasius, Dirk, Friedrich Wilhelm IV. 1795–1861. Psychopathologie und Geschichte, Göttingen 1992.

Börner, Karl Heinz (Hg.), Prinz Wilhelm von Preußen an Charlotte, Briefe 1817–1860, Berlin 1993.

Bojanowski, Paul von, Weimar und die Kaiserin Augusta, Weimar 1911.

Bornhak, Friederike Charlotte, Kaiserin Augusta. Züge aus einem fürstlichen Frauenleben, Berlin 1886.

–, Kaiserin Augusta, Berlin 1889.

–, Fürstinnen auf dem Thron der Hohenzollern in Brandenburg-Preußen, Berlin 1889.

Bosbach, Heinz, Fürst Bismarck und die Kaiserin Augusta, Köln 1936.

Brandenburg, Erich (Hg.), Briefe Kaiser Wilhelms I., Leipzig 1911.

Bunsen, Marie von, Kaiserin Augusta, Berlin 1940 *(darin auch Auszüge aus Augustas Briefwechsel mit ihrem Bruder Karl Alexander)*.

Campe, Joachim Heinrich, Väterlicher Rat für meine Tochter, Braunschweig 1789.

Carstens, Francis L., Die Entstehung Preußens, Köln/Berlin 1968.

Clark, Christopher; Kaiser, Wolfram (Hg.), Kulturkampf in Europa im 19. Jahrhundert, Leipzig 2003.
Duncker, Max, Politischer Briefwechsel aus seinem Nachlass, hg. von Johannes Schultze, Berlin 1923.
Ernst II. Herzog von Sachsen-Coburg-Gotha, Aus meinem Leben und aus meiner Zeit, Berlin 1889.
Eschenburg, Harald, Die polnische Prinzessin. Elisa Radziwiłł, die Jugendliebe Wilhelms I., Stuttgart 1986.
Eulenburg-Hertefeld, Philipp Fürst zu, Erinnerungen, Tagebücher und Briefe aus seinem Nachlass, Berlin 1925.
Feuerstein-Praßer, Karin, Die deutschen Kaiserinnen 1871–1918, Regensburg 1997.
–, Die preußischen Königinnen, Regensburg 2000.
Fischer-Fabian, Stefan, Herrliche Zeiten. Die Deutschen und ihr Kaiserreich, München 1983.
Gall, Lothar, Bismarck: Der weiße Revolutionär, Berlin 1985.
Günzel, Klaus, Das Weimarer Fürstenhaus. Eine Dynastie schreibt Kulturgeschichte, München 2004.
Haffner, Sebastian, Preußen ohne Legende, Hamburg 1979.
Häußner, Josef, Friedrich der Große, Königin Luise, Kaiser Wilhelm I., Kaiserin Augusta, Karlsruhe 1912.
Herre, Franz, Friedrich III., Deutschlands liberale Hoffnung, Stuttgart 1987.
–, Kaiser Wilhelm I. Der letzte Preuße, Köln 1980.
–, Kaiserin Friedrich. Victoria, ein Engländerin in Deutschland, Stuttgart 2006.
–, Friedrich Wilhelm IV. Der andere Preußenkönig, Gernsbach 2007.
Hexderhoff, Julius (Hg.), Im Ring der Gegner Bismarcks. Denkschriften und politischer Briefwechsel Franz von Roggenbachs mit Kaiserin Augusta und Albrecht von Stosch 1865–1896, Leipzig 1943.

Hölscher-Lohmeyer, Dorothea, Johann Wolfgang Goethe, München 1991.

Hug, Wolfgang, Geschichte Badens, Stuttgart 1992.

Jena, Detlef, Maria Pawlowna, Graz 1998.

–, Das Weimarer Quartett. Die Fürstinnen Anna Amalia, Louise, Maria Pawlowna, Sophie, Regensburg 2007.

Kastner, Dieter; Torunsky, Vera, Kleine rheinische Geschichte 1815–1986, Köln 1987.

Knott, Anja (Hg.), Hof und Gesellschaft in Berlin 1884. Das Skandalbuch aus Frankreich von Graf Paul Vasilli, Berlin 2006.

Kroll, Franz Lothar, Friedrich Wilhelm IV. und das Staatsdenken der deutschen Romantik, Berlin 1990.

Mast, Peter, Die Hohenzollern. Von Friedrich III. bis Wilhelm II., Graz/Wien/Köln 1988.

Mehle, Ferdinand, Der Kriminalfall Kaspar Hauser, Kehl 1994.

Nelson, Walter Henry, Die Hohenzollern. Biografie eines königlichen Hauses, München 1970.

Ohff, Heinz, Ein Stern in Wetterwolken. Königin Luise von Preußen, München 1989.

–, Der grüne Fürst. Das abenteuerliche Leben des Hermann Pückler-Muskau, München 2007.

Oster, Uwe A., Preußen. Geschichte eines Königreichs, München 2010.

Petersdorff, Hermann von, Kaiserin Augusta, Leipzig 1900.

Pflanze, Otto, Bismarck. Bd. 1: Der Reichsgründer, München 1997.

–, Bismarck, Bd. 2: Der Reichkanzler, München 1998.

Preußen – Versuch einer Bilanz. Katalog zur Ausstellung in Berlin. 5 Bde., Reinbek bei Hamburg 1981.

Pückler-Muskau, Hermann, Andeutungen über Landschaftsgärten, Wiesbaden 2010.

Radziwiłł, Marie, Briefe vom deutschen Kaiserhof 1889–1915, Berlin 1936.

Röhl, John C. G., Wilhelm II. Die Jugend des Kaisers 1859–1888, München 1993.

–, Kaiser, Hof und Staat. Wilhelm II. und die deutsche Politik, München 1995.

Salentin, Ursula, Anna Amalia. Wegbereiterin der Weimarer Klassik, München 2009.

Schiener, Anna, Der Fall Kaspar Hauser, Regensburg 2010.

Schrader, Otto, Augusta, Herzogin von Sachsen, die erste deutsche Kaiserin, Weimar 1890.

Stamm-Kuhlmann, Thomas, Die Hohenzollern, Berlin 1995.

–, König in Preußens großer Zeit. Friedrich Wilhelm III. Der Melancholiker auf dem Thron, Berlin 1994.

Schuster, Georg; Baillieu, Paul, Aus dem literarischen Nachlass der Kaiserin Augusta, Berlin 1912.

Seemann, Annette, Weimar. Ein Reisebegleiter, Frankfurt/Main 2004.

Sinclair, Andrew, Victoria, Kaiserin für 99 Tage, Frankfurt 1983.

Stöver, Bernd, Geschichte Berlins, München 2010 .

Stockmar, Friedrich Christian von, Denkwürdigkeiten, Braunschweig 1872.

Theuerkauf, Ulrich (Hg.), Die Bibliothek der Kaiserin Augusta in der Stadtbibliothek Koblenz und in der Bibliothek der Abtei Maria Laach, Koblenz 2001.

Torke, Hans-Joachim (Hg.), Die russischen Zaren 1547–1917, München 1999.

Tümmler, Hans, Carl August von Weimar. Goethes Freund, Stuttgart 1978.

Vasold, Manfred, Florence Nightingale. Eine Frau im Kampf um die Menschlichkeit, Regensburg 2003.

Vierhaus, Rudolf (Hg.), Das Tagebuch der Baronin Spitzemberg. Aufzeichnungen aus der Hofgesellschaft des Hohenzollernreiches 1859–1914, Göttingen 1970.
Wilhelm II., Aus meinem Leben 1859–1888, Berlin 1927.
–, Meine Vorfahren, Berlin 1829.

Zeittafel

1804, 3. August	Hochzeit des Erbprinzen Karl Friedrich von Sachsen-Weimar-Eisenach mit Großfürstin Maria Pawlowna, Tochter des Zaren Paul I. (Augustas Eltern)
1806	Ende des Heiligen Römischen Reiches Deutscher Nation
1811, 30. September	Geburt der Prinzessin Augusta von Sachsen-Weimar-Eisenach
1813–1815	Befreiungskriege gegen Napoleon
1814/15	Wiener Kongress (politische Neuordnung Europas)
1815	Gründung des Deutschen Bundes
1815, 10. Februar	Rheinland und Westfalen zu Preußen
1816	Sachsen-Weimar als erster deutscher Staat mit einer Verfassung
1817	Wartburgfest
1819	Karlsbader Beschlüsse, Beginn der »Demagogenverfolgungen«
1821	Beziehung zwischen Prinz Wilhelm von Preußen und Elisa Radziwiłł
1822	Koblenz Sitz des Generalgouverneurs der Rheinprovinz
1824/25	Augusta mit ihrer Familie erstmals in St. Petersburg
1825	Augustas erste Begegnung mit Wilhelm von Preußen
1826, Juni	Trennung Wilhelms von Preußen von Elisa Radziwiłł
1826, 14. November	Verlobung des Prinzen Karl von

	Preußen mit Augustas Schwester Marie
1829, 16. Februar	Verlobung von Augusta mit Wilhelm von Preußen
1829, 11. Juni	Hochzeit von Augusta und Prinz Wilhelm von Preußen
1830, Juni	Bekanntschaft zwischen Augusta und Elisa Radziwiłł
1830	Julirevolution in Frankreich
1831, 18. Oktober	Geburt des Sohnes Friedrich Wilhelm, des späteren Kaisers Friedrich III.
1832, 27. September	Tod Elisa Radziwiłłs
1835, 18. Oktober	Einweihung von Schloss Babelsberg in Potsdam
1837, Mai	Einzug ins Alte Palais Unter den Linden in Berlin
1838, 3. Dezember	Geburt der Tochter Luise
1840, 7. Juni	Tod Friedrich Wilhelms III. Friedrich Wilhelm IV. (ältester Sohn Friedrich Wilhelms III.) neuer König von Preußen
1846, Herbst	Besuch Augustas und Wilhelms bei der englischen Königsfamilie
1847, 22. April	Hungerrevolte in Berlin
1847	Einführung des Vereinigten Landtags in Preußen
1848, 18. März	Beginn der Revolution in Berlin
1848, 22. März	Flucht des Kronprinzen Wilhelm nach England
1848, 23. März	Augustas erste Begegnung mit Otto von Bismarck in Potsdam
1848, 4. Juni	Rückkehr Wilhelms nach Preußen
1848, Dezember	oktroyierte Verfassung für Preußen

1849	Badisch-Pfälzischer Krieg (Baden bis 1852 unter preußischer Besatzung) Ernennung Wilhelms zum Generalgouverneur der Rheinprovinz 1850 Umzug des Kronprinzenpaares nach Koblenz
1850	erster Kuraufenthalt Augustas in Baden-Baden
1851	Besuch der Weltausstellung in London
1853, 7. Juli	Tod von Augustas Vater Karl Friedrich von Sachsen-Weimar-Eisenach in Weimar
1853–1856	Krimkrieg
1856	Auftrag Augustas zu den Koblenzer Rheinanlagen
1856, 20. November	Hochzeit von Augustas Tochter Luise und Friedrich von Baden
1858, 25. Januar	Hochzeit von Prinz Friedrich Wilhelm von Preußen und der englischen Princess Royal Victoria, genannt Vicky
1858, 7. Oktober	Einsetzung Kronprinz Wilhelms anstelle seines kranken Bruders Friedrich Wilhelm IV. als Regent (Beginn der »Neuen Ära«)
1859, 27. Januar	Geburt des Prinzen Wilhelm von Preußen, des späteren deutschen Kaisers Wilhelm II.
1859, 23. Juni	Tod der Mutter Maria Pawlowna
1861, 2. Januar	Tod Friedrich Wilhelms IV. Augustas Ehemann als Wilhelm I. neuer König von Preußen
1861, 18. Oktober	Selbstkrönung Wilhelms I. in Königsberg

1862, 22. September	Ernennung Otto von Bismarcks zum preußischen Ministerpräsidenten (Ende der »Neuen Ära«)
1853	Gründung des Roten Kreuzes und Verabschiedung der Genfer Konvention
	Deutsch-dänischer Krieg (Sieg Preußens und Österreichs)
1866	Deutsch-deutscher Krieg (Preußen gegen Österreich, Sieg Preußens, Folgen: Österreichs Ausschluss aus dem Deutschen Bund, Schleswig-Holstein zu Preußen)
1867	Gründung des Norddeutschen Bundes
1870, 19. Juli	Kriegserklärung Frankreichs an Preußen nach der »Emser Depesche«
1870/71	Deutsch-französischer Krieg (Sieg des Norddeutschen Bundes)
1871, 18. Januar	Gründung des Deutschen Kaiserreichs im Spiegelsaal von Schloss Versailles, preußischer König als Wilhelm I. deutscher Kaiser
	Kulturkampf
	Berliner Kongress zur Lösung der Balkanfrage
1881, 27. Februar	Hochzeit des Kaiserenkels Wilhelm und Auguste Viktorias von Schleswig-Holstein-Sonderburg-Augustenburg
1888, 21. März	Tod Kaiser Wilhelms I.
	Augustas Sohn als Friedrich III. neuer deutscher Kaiser
1888, 15. Juni	Tod Kaiser Friedrichs III.

	Augustas Enkel als Wilhelm II. neuer deutscher Kaiser
1890, 7. Januar	Tod Kaiserin Augustas im Alten Palais Unter den Linden in Berlin